U0926000

学校文化变革丛书

丛书主编 杨四耕

微笑不止一个角度

28位教师的教学智慧

主编◎朱 英

华东师范大学出版社

图书在版编目（CIP）数据

微笑不止一个角度：28位教师的教学智慧／朱英主编.—上海：华东师范大学出版社，2013.10
（学校文化变革丛书）
ISBN 978-7-5675-1352-5

Ⅰ.①微… Ⅱ.①朱… Ⅲ.①教学研究 Ⅳ.①G420

中国版本图书馆CIP数据核字（2013）第251862号

学校文化变革丛书
微笑不止一个角度
——28位教师的教学智慧

丛书主编 杨四耕
主　　编 朱　英
责任编辑 刘　佳
审读编辑 朱文慧
责任校对 邱红穗
装帧设计 卢晓红

出版发行 华东师范大学出版社
社　　址 上海市中山北路3663号　邮编 200062
网　　址 www.ecnupress.com.cn
电　　话 021-60821666　行政传真 021-62572105
客服电话 021-62865537　门市（邮购）电话 021-62869887
地　　址 上海市中山北路3663号华东师范大学校内先锋路口
网　　店 http：//hdsdcbs.tmall.com/

印 刷 者 上海商务联西印刷有限公司
开　　本 787×1092　16开
印　　张 18.75
字　　数 305千字
版　　次 2014年1月第1版
印　　次 2016年9月第5次
书　　号 ISBN 978-7-5675-1352-5/G·6942
定　　价 38.00元

出 版 人 王　焰

（如发现本版图书有印订质量问题，请寄回本社客服中心调换或电话021-62865537联系）

一所优质学校应有的文化迹象

建设优质学校是基础教育改革的一个重要追求，而这一追求的实现在很大程度上取决于学校能否发起一场变革,以及在变革中能否生成特定的学校文化。

今天,“文化的力量”正日益凸显其重要功能。一所学校特有的文化,营造了一种特有的相对稳定的组织氛围和言行标准,赋予了这所学校师生有别于其他学校的一种特有的“身份认同”,使他们在认知、态度和行为等方面主动“调适”自身的身份要求和特有倾向。不管我们承认与否,每一所学校都会有一定的文化存在,也有其相应的文化特点。一所学校的文化究竟如何,直接影响着教师和学生的发展,影响着学校的发展乃至学校变革的顺利推进。一所学校能够持续其特色发展离不开学校文化的润育,学校的办学特色集中表现为学校文化的特色,学校文化的发展水平决定着学校的发展水平。学校要想有足够的“磁性”,就必须提升学校的核心竞争力;学校要想具备足够的核心竞争力,就必须拥有持续不断的、强大的变革能力;而强大的变革能力基于特色鲜明、不断适应时代发展的学校文化。学校文化是学校核心竞争力的关键所在,是学校特色发展的根基所在。

文化在本质上是一种价值观,学校文化的核心精神体现在学校教育哲学里。学校文化虽然可以通过学校的建筑与仪式、环境与布局表现出来，但实际上，真正催人奋进、真实感人的文化力量，还是要通过日常教育教学，通过大家鲜明的个性与为人来“呈示”。

一所学校有没有自己的文化，最关键的不是看“大楼”，而是看“人”，看教师们有没有真实的个性，有没有感人的故事，有没有被学生记住，有没有真正影响学生的人生与成长；教师在工作中能否做到劳逸结合，能否给自己更多的积极心理暗示，团队成员和师生之间能否相互激励；教育过程有否充满谅解和同情，教师能否帮助学生缓解焦虑和压力；在学校全部生活中是否充满了对人的细节关怀……我这样说并非要否认和排斥学校的硬件建设。有钱当然要投入，但在投入过程中不妨更注重“软文化”建设，在开掘和利用传统文化资源的同时经营学校文化品质，让未来的历史呈现真正经得起时间的涤荡，形成鲜明深刻、一以贯之的学校教育哲学。因此，我们要积极整合学校文化变革架构，使学校“硬文化”与“软文化”成为不可分割的整体，让学校真正散发出恒久的、迷人的文化芳香。

瑞士洛桑国际管理学院丹尼尔·丹尼森教授在经过对1500多家样本公司研究后，指出：适应性（adaptability）、使命（mission）、参与性（involvement）与一致性（consistency），是理想组织的四大文化特征，这四大文化特征对一个组织的发展具有重大影响。按照丹尼森教授的观点，判断一所学校是否具有真正的文化，可以从以下三个方面考量：一是全体教师有没有都觉得“这件事”很重要？二是全体教师是不是每天都会想“这件事”？三是学校中的每一个人能不能每天都用“这个方法”去做事或者每天都能表现出来？如果肯定地回答第一个问题，表明学校存在着价值观；肯定地回答第二个问题，表明这种价值观已融入了大家的思想；肯定地回答第三个问题，则表明这种价值观已融人了大家的行为，学校文化得到了落实。所以文化作为一种价值观，是一种表现，是一种感觉，尤其是一种别人在你身上感受到的感觉，它最终必然要融人到你的思想与行为之中。这就是为什么我们走进不同的学校会有不同的感受,为什么我们对不同学校中的教师和学生也会有不同的感受的原因所在。

我以为，一所优质学校要有自己的文化信仰，要有适应外部环境变化的能力，要有不断提升变革能量的内驱力，要有永远秉持“学生第一”的教育立场。今天，我们不论培养孩子成为什么样的人，是不是都希望孩子一定幸福？如何能够获得幸福？历史告诉我们：愚蠢的人不谈幸福。人们都在追求幸福，但往往追到了别的，忘却了幸福使命本身。一个自己都不幸福的人，能够教别人幸福吗？学校应当成为一个真实的、合宜的、儿童能处处发现自己的幸福世界。须知，儿童才是学校文化变革的核心价值，我们应努力彰显学校文化的“人学”内涵，让我们的孩子有爱、善良、高贵、干净、宽容、尊重；让他们有学习的愿望、热情与能力；让他们头脑自由，能有尊严地面对世界；让他们心灵丰富，服膺真理与崇尚智慧。这样，教育改变的就不仅仅是那些作为弱势群体的人们的命运，改变的是整个国家的命运、民族的命运，改变的是我们所有人的生活。

在我的概念中，一所学校如果有以下特征，肯定不能算作真正的优质学校：没有主张变革的学校领导；教师没有专业自主权，不能参与学校决策，自我效能感缺失；有相当一部分学生受到不公平的待遇；缺少学习的气氛，没有浓郁的学习氛围；学生成功的路径单一，学校评价教师的维度单一，忽视学校的道德责任等。这些学校往往把外在的或上级的要求作为关注点，重视短期利益和可见的成果，注重外部表现多于内涵发展，在乎的学校的“结果性表征”，引以为豪的是好的生源、好的教师、好的成绩等。

其实，优质学校是一个永无止境的追求卓越的过程，是与时俱进地获得变革理念，提升变革能量的过程，是不断通过“增能”与“进步”实现对自身超越的过程。我坚信，不论学校现有的起点如何，只要充分认识自己，发现自己，采取适当的措施，持续变革，每一所学校都有可能成为真正意义上的优质学校。从本质上说，优质学校是一种理想与实践的文化。如果从文化变革的视角描绘，优质学校大概是这样的：有鼓励不断学习和可持续发展的机制，存在追求卓越的文化机制；有共享的价值观和愿景，学校发展凝聚着历史、现实和未来的智慧；有博大的胸怀，学校汇聚着不同性格、不同才情、不同背景的教师，在这里教师可以充分享受到专业尊严和自由创造的欢乐；把学生的发展作为一种责任，把促进每一个学生健康快乐成长作为使命，而不是把学生分成不同等级；追求卓越，不断创新，不因为是“好学校”而停止探索的脚步。

教育是最应该富有正义感和良知的事业，学校是最应该充满对美好人生憧憬的场所。假如教育失却理想，我们还能有什么？假如学校没有憧憬，我们还能有未来吗？

学校文化变革从其品质来说，是充满生命气息的，是能够让生命活力涌流的，是能够让智慧之花尽情绽放的。近些年来，因为工作关系，我参与了不少学校的文化变革实践与研究，积累了一些认识，有了和一线学校一起“整理”学校文化变革经验的冲动。这便是“学校文化变革丛书”的背景和缘由。华东师范大学出版社的领导和编辑，给予了我们莫大的鼓励，让我们有勇气拿出我们关于学校文化变革的“意见”。我们希望，通过这套丛书，给广大中小学文化变革实践提供些许参考。

杨四耕

2013年5月12日于上海市教育科学研究院

序

厚厚的书稿，淡淡墨香。

看一眼书名,《微笑不止一个角度：28位教师的教学智慧》，听朱英校长朴素而简短的介绍，然后我随手翻阅一下目录，忽然感受到一种微笑带来的力量和掩饰不住的兴奋！朱英校长在前言中说："微笑是人世间最美的表情，是开启儿童心灵之门的钥匙；微笑是人们之间最简易的沟通方式，犹如阳光般温暖，又如春雨般滋润；微笑是开花的茉莉，能让孩子感受悠远的清香，感受到成长的快乐。"让我兴奋的不仅是这种"微笑教育"的理念，更多的是来自28位教师的教学主张和在实践过程中显现出来的自信与能量，让我真实地感受到一群普通教师用心血和智慧，勾勒出的心系儿童，尊重生命，关注科学，潜心教研，追寻教育理想的心路历程和情感表达。这是教师充满张力的生命舞动，是对教育理想和价值的不懈追求，是对嘉定教育品质行动的真实诠释！

我迫不及待地品读28位教师的教学智慧，就像听他们侃侃而谈他们的教学主张，从不止一个角度感受到他们微笑的力量！

紫荆小学是嘉定城郊结合部的一所普通学校，1998年建校，无论从学校规模还是历史积淀同很多百年老校、名校都无法相提并论。但每一所学校都会有自己的独特与质朴，每一所学校都可能在适合师生的发展中创造自己的奇迹。紫荆小学的"微笑教育"，是把目光聚焦于教师的专业发展与持续成长，相继完成了《构建自培机制，提高教师教育专业水平的实践研究》和《构建自主合作的管理机制，建设科学发展的和谐校园》等课题的研究，取得了丰硕成果。这几年，又在大胆尝试《特色学科建设的"三棱锥"模型及其应用研究》，从学科课程、学科教学、学科学法和学科团队四个维度推动学科建设，形成学科结构力，为学校发展和教师成长注入了无限的生命力和创新力。28位教师有主张的教学实践，为化解教师成长的倦怠提供了很好的范例，让我们感受到激活教师专业持续发展的内在动力源泉！

嘉定区推进"传承教化之风，镕铸品质教育"的改革行动，是要创造一种与嘉定品质城市建设相一致的价值追求和教育环境，打造一批批适合学生发展的学校。紫荆小学在寻找学校发展新的生长点过程中，确立了"微笑教育"的办学思想，提出了"造就有思想见解的微笑教师，培育拥有乐观健康心态的微笑学生"的教育图景。新一轮改革行动拉开帷幕：在"微笑教育"理论的指导下，学校管理者提出努力"创造适合学生发展的学校，适合教师发展的管理和适合学校发展的文化"的未来发展定位。全体教师积极响应变革，通过广泛学习，寻求理论支撑；专家引领，获得专业支持；反复求证，提出自己的"教学主张"，构建起自己的课堂模式。这些"主张"，看似朴素，却那么真诚；看似简单，却那么灵动，而每一位教师对自己的教学主张的解说，无不透视出教育哲学的领悟与思考。这是十分难能可贵的，这是教师从能手走向成熟的标志，是从"教书匠"走向"研究者"的新的启动。

教学主张不是专家与学者的专利，更不是闪亮的口号和美丽的装饰。教学主张来自于对教育理论的深思熟虑和教育规律的真切把握；教学主张来自于研究者对一线教师实践经验的提炼和理性归纳；教学主张也来自于教师对自身教学经历的反思与体悟。每个教师都可以也应当有属于自己的教学主张，这种主张，就是自己对教育教学实质的领会，就是自己对学科专业教学方式与策略的价值追求，就是自己作为一个教师的教育理想。教学主张不一定伟大、深邃，常常质朴、平淡，但有没有属于自己的教学主张，却可以成为让教师从平庸走向优秀的标志。我们鼓励每一位教师都能通过自己的实践反思，通过学习理论和积淀专业功力，提炼自己的思考与价值追求表述。当一个个教师都开始行动了，品质的表达就会渐渐清晰；当行动中的教师开始学习和思考，无限的可能就会被焕发出来；当思考中的教师有了自己的教学主张，教育就有了价值与灵魂，适合学生发展的教学就有了全新的解说与呈现；当有自己教学主张的教师找到持续成长的支点，教师就能撬动创造奇迹的巨大空间，引领孩子们共同创造未来！

一所好学校，需要有一批有思想见解的教师，因为他们有教育的理想，有行动的方向，有专业自信和勇气，这些优秀的品质会给学生带来潜移默化的影响。而这种引领教师内在成长的机制是需要有设计的，需要有精神力量的注入的，需要共同愿景之下的自主发展的保障与氛围。让教师都有自己的教学主张，并且通过自身的实践把属于自己的“主张”表达出来、呈现出来，不断地探索、反思、提升，就像给了教师主动发展一个载体，激发教师的思想，激活教师的创造和幸福感悟力，激励教师的生命成长，激越教师对教育理想的不懈追求！

“微笑教育”是嘉定“品质教育”的具体表现和生动实践。紫荆小学的广大教师用他们的实际行动演绎着对“品质”的理解，书稿忠实地记录了他们在追求专业成长过程中的艰辛付出与顽强执着，也寄托了他们对学校未来发展的美好憧憬。他们用质朴的言语，草根式的研究，智慧的行动，实现着“内在自主”的成长，这种成长一定能成为教师专业发展的主流，成为推动学校发展与变革的不竭动力。

我衷心地祝愿他们能实现自己的教育理想，也期待他们能从平凡与质朴中走向优秀，走向成功！

厚厚的书稿不会微笑，但我分明从跃动的主张与智慧中看到了令人欣慰的微笑，它是那样灿烂、温馨、自信……

上海市嘉定区教育局副局长

张德海

2013年10月16日

目 录

“反刍语文”是从仿生学的角度，将牛的那种“反刍”现象借鉴、应用到语文教学实践中来。通过不断温故知新的反刍和触类旁通的迁移，让学生充分消化知识，获得营养，有效地提高语文能力。“反刍语文”符合迁移学习规律，有广泛的实践基础。我们的语文教学需要运用“反刍”现象，在磨砺的基础上学会驾驭语言学习规律。

当我们内心充满正能量的时候，自信、豁达、愉悦、进取就会在我们身上尽情地表现出来。语文教材情感性极强，包含着自然之美、社会之美、艺术之美、生命之美。教师如果能够充分运用这些正向情感浸润孩子们的心灵，引领孩子们领悟字里行间跳动的情愫，那么，无论是在语言实践层面还是在价值观层面，都能超越预期的教学目标。让我们用“正向语文”的思维放飞童真，让孩子们在语言里触摸真、善、美的世界。

语文教学不是一种单纯知识性、技巧性的练习，更不是一种单调、枯燥的机械性训练。语文是生活，是美的生活、趣的生活。语文教学是行走在“美”与“趣”之间的生命韵律。在语文教学过程中感受到了美，也就是感受到了美的生活、趣的生活。“美趣语文”以“美”为基点，以“趣”为谋略，让学生在语文学习过程中获得精神上的愉悦，进而乐此不疲、饶有趣味地去探索语文的魅力。

同其他学科的教学相比，语文教学更是一种情感活动，是一种特殊的情感体验。语文教学必须注重学生的体验，建立知识与生活之间的联系，在实际活动中体验、发现并综合运用各种知识去解决问题，进而让学生在丰富的教学情境中体验和感悟生命的价值和生存的意义，并内化为个人的态度、价值观和信念，从而提高学生的综合素养。

“品悟”就是学生在阅读文本的过程中有感受，有理解，有欣赏，也就是有系列的“品读”和“感悟”。语文教学要指导学生品词析句，提高语文素养，并渗透人文教育，进行情感熏陶，培养良好的个性和品格。通过品悟，让孩子得到人文的关怀和美的熏陶，把书读懂、读活、读美，进而激发学习语文的积极性、主动性，使学生爱学语文、乐学语文、学好语文。

原汁原味儿的“真语文”是这样的：“实”字为先、“学”字当头、引导有方。在语文教学中教师应该从学生实际体验入手，引领他们用心灵感悟文字的张力，用想象填充文字的空白，用情感沟通语言的魅力，让他们在语言里“咬文嚼字”，浓浓的语文味自然就会荡漾在学生心中了。只有让孩子们徜徉在浓浓语文味的课堂中，他们才能读出生命的律动、思想的碰撞和智慧的融合。

数学即生活，数学不应该只传授一些刻板知识，而应该源于生活，寓于生活，用于生活。“活力数学”主张，课堂应该将数学学习与学生生活结合起来，让学生熟知、亲近、现实的生活数学走进学生视野，使数学教材变得具体、生动、直观。努力实现数学的应用价值，让学生学习有用的、活生生的数学。让数学课堂焕发出生命活力，让学生在轻松、愉快的氛围中自主学习、探究并获得基础知识和基本技能。

数学不应该是简单的数学，而是立体的、富有情感、贴近生活、具有活力的知识。在教学中结合教学内容教师尽可能地创设一些生动、有趣、贴近生活的例子，把生活中的数学原形生动地展现在课堂中；教学设计要贴近学生生活，让学生感受到数学的奇妙无穷。在教学中还要同时训练学生从不同角度思考问题，不要求所有的学生都能找出所有答案，而让学生乐在寻求多个答案的过程之中，培养出应用创造性。

“墨韵美术”追求墨韵之趣味、墨韵之个性、墨韵之神韵。对学生的辅导强调掌握中国画的技法精神，重视培养学生的学习兴趣。帮助学生掌握中国画用笔、蔽墨、蔽水、调色等基本方法，使之养成良好的习惯；耐心倾听学生表述作品制作的过程和内心世界，并欣赏他们成功的喜悦；逐步培养学生自信心和保持对国画的兴趣，进而感受中国传统文化的博大精深、内涵深厚。

前　言

微笑不止一个角度

微笑是人世间最美的语言。

微笑不仅仅是一种表情，还是一种行动、一种力量。教师的微笑表达了对工作的热忱，对专业的自信，对儿童的包容，对同伴的友善，对家人的关怀。儿童最善于通过表情表达自己的喜怒哀乐，经常微笑的孩子没有烦恼，经常微笑的孩子身体健康，经常微笑的孩子充满自信，经常微笑的孩子能适应环境，经常微笑的孩子抗挫折能力特别强。会微笑的家长懂得教育，懂得孩子，他们善于聆听孩子的心声，鼓励孩子迎接挑战，提醒孩子分辨是非，教会孩子懂得感恩。有了微笑，教育充满阳光，世界色彩斑斓。让孩子的童年充满温暖的记忆，让童年的自信与健康伴随他们幸福成长，这是每一个“紫荆人”心中的梦想。我们将此职责审慎挑起，因为我们有智慧、有勇气、有能力，我们以自身的改革行动，不断探索和实践，从不同的角度诠释对教育的理解，追求我们心中对美好教育的梦想。

自20世纪80年代起，我国基础教育改革风起云涌，愉快教育、成功教育、赏识教育、情境教育等教育新观念不断涌现，“微笑教育”也是在时代发展的潮流中产生的一种全新教育理念。

我们坚信,微笑是人世间最美的表情,是开启儿童心灵之门的钥匙;微笑是人们之间最简易的沟通方式,犹如阳光般温暖,又如春雨般滋润;微笑是花开的茉莉,能让孩子感受悠远的清香,感受成长的快乐。子曰:“亲其师,则信其道。”当我们弯下腰聆听儿童的心声,他们会悄悄地将自己的秘密告诉你;当我们蹲下身子,回应他们的诉求,他们会把信任交付到你的手中;当我们伸出双手,帮助他们解答心中的困惑,他们便在心田种下了敬佩的种子;当我们快乐着他们的快乐,忧愁着他们的忧愁,悄悄地,我们便走进了他们的世界。

儿童不能缺少师长的呵护。微笑的老师善于捕捉教育的契机,会用温暖传递希望,用智慧点燃智慧,用尊重赢得信任,用快乐创造奇迹。微笑的老师善于改变自己,不断学习,开阔视野;努力实践,锤炼教艺;孜孜以求,提升自我;让自己变得有深度,让教育变得有温度、宽度和厚度。我们努力用微笑开启儿童的心灵之门。

微笑是一种温馨的体态语言。西方有句谚语:“教师就是面带微笑的知识。”当教师面带微笑进入课堂时,学生们感受到的是关爱、尊重、理解和赞许。一个简单的表情,给予儿童无限的信任感和愉悦感,是和谐师生关系的基础。当老师把信任的目光投向儿童,能产生无限的启迪效应和感染效应,儿童会把这种表情传递给自己的伙伴、朋友、老师、家人,甚至陌生人,校园因此充满阳光和希望,家庭因此充满和谐与温馨,社会因此充满理解和宽容。

当然,微笑还是教师专业自信的表现。教师自信的微笑表达了对自我价值的认同和对自身专业能力的信心。我们将其表现在教学内容和资源的选择上,来源于儿童经验和经历的素材多了,回归儿童生活与自然的元素多了,回应儿童诉求与兴趣的内容多了,有利于儿童身心成长的活动多了。我们还会将其体现在教学形式的选择上,创设情境注重成长体验与实践;关注对话与互动,引导自主合作与创新;走出课堂,拓宽学习时空与开阔教育视野。我们对教育充满热忱,以自己的热情、亲情和友情关注儿童的生命成长,用鼓励点燃儿童的自信,用爱心呵护幼小的心灵,用尊重化解心中的疑虑,用赏识激发儿童的创造力,用宽容照亮未来和希望。悄悄地,课堂发生着变化;静静地,我们等候和欣赏着孩子们慢慢绽放的姿态。

微笑不仅是教师一个简单的表情，更是教师的教育理念和教学风格的生动体现。我们组织教师开展“自培式”学习，搜集文献，建立起了“教师自培资源库”，分享我们的教育智慧；我们组织“微笑论坛”，感受微笑的魅力，如沐春风，滋润心田；我们发布“教师誓词”，建构紫荆小学的教育信条；我们还提炼了自己的“教学主张”，建构了自己的“教学建模”，兢兢业业地耕耘在“紫荆园”中。

近年来，我们全体教师将自己多年的教育教学经验进行总结和梳理，遵循“微笑教育”的理念，团结、合作、交流、分享，不断追寻最适合儿童的教育方式，不断寻找自身的教育价值。

通过一次次研讨、一个个课例、一门门课程，在智慧的碰撞中，我们不断完善自己的教学行为，改造我们的课堂教学，提升我们的教学品质。继提出“教学主张”之后，我们又进行了基于教学主张的“教学建模”活动，无论是临近退休的老教师还是新入校门的年轻教师，都能以科学规范的教育理念来指导教育教学行为，教学规范性明显增强，教学过程更加严谨扎实，教学内涵更加深刻隽永。教无定法，贵在得法。一个主张、一个模式、一堂课，随着研究的步步深入，我们的课堂变得轻松、愉悦、曼妙、神奇，孩子们也变得聪明、活泼、开朗、快乐，我们也变得年轻、淡定、从容、柔美。“微笑”改变了课堂气质，改变了师生的成长轨迹……

换一个角度思考，我们的视野开阔了，微笑的课堂可以激发无限的能量；教育的时空拓展了，课堂之外有更加广阔的学习天地。于是有了“正向语文”、“动感数学”、“人文课堂”、“自能数学”、“享受英语”、“梦想课堂”、“‘秀一秀’教学法”等几十种“教学主张”，我们开始了从没有过的教育追梦行动，我们激情满怀，我们勤勉踏实，我们且行且思……于是，我们有了“不一样的见解，不一样的课堂；不一样的老师，不一样的智慧，不一样的生活”；于是，我们有了“微笑不止一个角度”的顿悟……

有人说，教育是灵魂的对话，而非理智知识体系和认识的堆积。教育本身就意味着一棵树摇动另一棵树，一朵云推动另一朵云，一个灵魂唤醒另一个灵魂。有灵魂的教育意味着追求广阔无垠的精神生活，追求人类永恒的终极价值：智慧、公正、自由、希望、真、美和爱，以及建立与此相关的信仰。

我们坚守，前行，我们用微笑架起沟通的桥梁，用微笑滋润干涸的心房，用微笑温暖儿童的记忆，用微笑播撒智慧和希望。我们竭力让迷惘的双眼不再无助，让胆怯的脚步不再徘徊，让稚嫩的心灵不再柔弱。我们把“微笑教育”的理念转化为教师的教育教学行为，让每位教师的教学智慧得以迸发，我们用微笑开启儿童的心灵之门。这就是“紫荆人”的文化追求！

微笑，不止一个角度。微笑着追梦，乐哉！微笑着前行，美哉！

朱　英

2013年8月18日于紫荆园

第1位

温暖语文：用心、用情感知语言的温度

“语言有温度，字词知冷暖。”在教学中，教师应引导学生用心灵拥抱语言，触摸语言的“肌肤”，体味语言的“味道”，使学生对语言有敏锐的感受力，能够从语言中体会“冷暖”之情愫，进而把握语文学习的方法。

教学主张：温暖语文

语文教学具有“人文性”的特点，语文教学是工具性与人文性的统一。然而，在实际操作过程中，特别是在紧张的应试思想的影响下，部分老师将之概念化、实用化，使之成了“工具性”的另一变种，这样的工具性更狭隘，后果更危险。

“人文精神”的核心是人性的张扬与解放，语文教学“人文性”的核心也应当是“人”的教育。故在我们的语文教学中应特别注意以下几个“温度”的提升。

一、提升语言的“温度”

“语言有温度，字词知冷暖。”在教学中，教师应引导学生用心灵拥抱语言，触摸语言的“肌肤”，体味语言的“味道”，使学生对语言有敏锐的感受力，能够从语言中体会“冷暖”之情愫，进而把握语文学习的方法。

“语言有温度，字词知冷暖”，正是教师通过提问的语言本身培养学生对语言敏锐的感受力和鉴赏力。

平时，我们有很多问题的设计意图也很好，但是往往直奔主题，表述呆板，缺乏语文味儿，没有让学生在具体的学习中感受到应该怎么学习语文，所以最终总是效果不好。比如说在教《荷花》这一课时，教师可以通过比较“白荷花从这些大圆盘之间冒出来”，提问这里为什么不写“白荷花长出来啦”，而写它“冒出头”，这样写有什么好处……让学生在比较中去体会字词在这里的感情魅力。通过这样的比照能够感受到字词的独特，也能够感受到遣词造句的独具匠心。用情感去支配语言，这就是语言有温度的原因所在。通过这样的学习，学生会接近语言的真相。词语，貌似静止的符号，却有着深不可测的内涵。

课堂如涓涓细流，像一首清丽的小诗，不曾波澜壮阔，没有峰回路转，但同样动人。没有一句、没有一处是脱离语文发生的，课堂上飘荡着浓浓的语文气息，师生在交往、对话中完成文本的审美过程。回味起来，让人感到很多地方都在启发我们，这就是袅袅不去的清香吧。教师不用引导学生去思考文本以外的东西，所有的学习活动都围绕文章的语言来进行，如读词、用词语说话、关键词语的理解等。同时教师用“景语”、“情语”等促使学生感受语言，提升学生的语言境界。“语言有温度，字词知冷暖”，轻轻柔柔却又袅袅娜娜，平平淡淡却又真真切切，这样的语文课堂不是也一样充满了冷暖与温度吗？

“生活有真爱，细节有真情，语言有温度，字词知冷暖。”说到底，一个个文本就是一座座美丽的百花园，一组组字词就是百花园中那娇艳的花朵，为师者应带着我们的睿智、敏感和警觉，倾听文本发出的细微声响，徜徉在语言之途，尽享语文的芬芳曼妙！

二、提升课堂的“温度”

全国著名特级教师窦桂梅说，语文课堂就是一条有待引发出来的生命之河。这条生命之河应是“温暖”的、“恒温”的，而不是忽冷忽热的。这条“温暖的河”需要教师用激情来开掘，在这温暖的课堂上，学生开始了激情之旅。

1. 让激情在鼓励声中释放

心理学研究表明，人在受到赏识的时候工作或学习效果最好。小学生一旦受到了赏识，无论对于眼前的学习还是日后的长久发展，都是大有裨益的。“你是金嗓子！”“同学们读书的声音像音乐一样美妙动听！”“你领读的声音真准，将来有希望当播音员！”“你能联系身边的事例来学习，真不简单！”……这些话是我在课堂中对孩子们精彩表现的真情流露，朴实而真诚，自然而持久。当孩子们听到我赞美他们时，小脸上漾起了幸福的笑容，发言的声音更响了，思维更活了。王欣扬是我班里最内向的女孩，平常从不敢举手发言，现在她居然也开始举手朗读课文了，而且读得很流利；胆小的孟瑶玥也站起来发言，声音比以前响了许多；一向不爱听讲的李文凯，上课的眼神也专注了许多……因为有了鼓励，教室里的“火车”越开越快；因为有了鼓励，同学们的发言越来越精彩；因为有了鼓励，师生间的交流越来越自然。整个课堂显得温暖而和谐，热闹而井然。让我领会到“使学生在充满赏识的环境中，自觉、快乐地学习，是最受学生欢迎的教育方法”。

2. 思维在情景创设中飞扬

情景一：在学习新课《寄冰》之前，我先让学生看了一封信，我问：“谁知道，这是什么？”孩子们很兴奋地举起了手。“这是信，我们家信箱里经常有的。”“我们家也常收到。”说实在的，现在写信的不多了，本以为学生不太认识信。于是，我趁热打铁问道：“那你知道这些信有什么用吗？”“它是让我爸爸去交钱的。”“它可以告诉我们哪里有房子卖。”“我也收到一封，是让我去参加兴趣班的。”……学生议论纷纷，我适时小结：“当你有话或有事要对别人说时，可以用写信的方式寄给他。不过今天有人要寄的不是信，而是一块冰。”话音刚落，我便在黑板上写下了课题：寄冰。学生又激动起来了，“谁要寄冰呀？”“冰寄给谁呀？”“冰怎么寄？我从来也没听说过？能收到吗？”……学生的兴奋点一下子被激活，思维活跃，把我想要质疑的问题全给提了出来，接下来的课就顺利进行了。

情景二：还是《寄冰》，当课文学到最后，我总结道：“通过课文学习，我们知道了，因为非洲和南极两个地方的气温不同，水的样子也就不一样了。不过，我真为洪洪感到可惜，难道他真的没办法见到冰了吗？聪明的小朋友快帮忙出出主意。”学生略经思索后议论开了：“企鹅也真是的，冰怎么能这样寄，要放到冰箱里寄的。”“啊？连冰箱一起寄，那有多重，还不如请洪洪到南极来看冰。”“南极那么冷，洪洪受得了吗？”“穿件羽绒服保证行。”“我有个好办法，送台冰箱给洪洪，让他自己做呗。”听着学生的议论，我不住地点头。我想，不管他们的办法可行性如何，我只在意他们思维的积极性和学习的热情性。

3. 探究在自主互动中深入

在为《春天在哪里》备课时，我曾经为揭示诗歌分小节的方法而犹豫，到底是直接告诉学生呢，还是让学生自己去文中找答案。在课堂上，我还是选择了后者，意在考察一下学生的探究能力。在整体感知课文以后，我就抛出了问题："这是一首赞美春天的诗歌，它是怎样分小节的呢？说出你的理由，请在四人小组里讨论。"学生们立即行动，在小组里讨论起来。一会儿，各种答案纷纷从同学们的口中说出："可分4小节，因为我们发现小节与小节之间空当特别大。""嗯，你们的小眼睛真聪明！"我适时赞美道，"还有什么更好的理由吗？""我们发现每小节开头一句都有问号。""我们发现，每小节都是先问后答的。""我们发现每小节写一个地方的景色。"学生们多聪明啊，越说越到点子上了，此时我只要做适当的点拨就行了。通过此环节我发现学生已具备一些自学能力，只要老师给予他们足够的信任，放手让他们去探究，一定学得相当不错。正如斯宾塞所说："教育中应该尽量鼓励个人发展的过程。应该引导儿童自己进行探讨，自己去推论。给他们讲的应该尽量少些，而引导他们去发现的应该尽量多些。"

三、提升教师的"温度"

微笑，是老师的一块招牌。老师的微笑能让学生感到温暖无比。

微笑，是人类最甜美的语言、最动听的歌声、最灿烂的阳光、最和煦的春风。正如文学家雨果所说："笑，就是阳光，它能消除人们脸上的冬色。"在孩子的眼中，笑，就是最富魅力的情感传递。课堂是孩子的世界，如果课堂缺少了笑声，如果教师没有了微笑，教室也就变成了学生情感的牢笼，课堂也就成了孩子们心灵的冬天。

"面对学生，不吝啬微笑"，这是我对自己的要求。"让愉悦洋溢在心里，让笑声回荡在课堂"，这是我给自己拟订的课堂评价标准。我要让学生在课堂上感受到的不是严肃紧张，而是活泼温暖，不是师道尊严，而是良师益友。每次上课，我总让自己带着微笑走进教室，学生举手，我微笑着让他答问，回答完毕，我微笑着请他坐下。让学生沐浴在微笑的春风里，让孩子们在轻松愉悦的氛围中积极思考，大胆发言，即使有个别学生不遵守课堂纪律，我也是微笑着去引导教育。

学生小淮被小申撞倒并受伤了，同学们拥着他俩向我走来，七嘴八舌的。他们两个人脸上都挂着泪水，却默不作声。我示意大伙停下，微笑着打量着他们："怎么啦，比赛哭哪？"两个孩子破涕为笑。我面向小淮依然笑着问："你为什么哭啊？""我的腿受伤了。”“受伤了？让我看看，要不要送医务室啊？”我紧张起来。“已经不要紧了，就是刚才有点痛。”小淮不好意思地说。我又面向小申，微笑着问：“那你为什么哭啊？”“做游戏时，我不小心把他弄伤了。”小申低声说。“哦，你是为他担心而哭。那你为什么不马上帮小淮揉揉、说说道歉的话呢？也许，小淮就忍住了当时的痛，就不会哭了。那你也就省得陪哭了，还不快……”话没说完，小申立刻知趣地安慰起小淮来，把大伙儿都逗乐了。在这个小插曲中，自始至终，没有疾言厉色，只有轻言细语，没有横眉怒目，只有满面笑容。

“教育不应该是居高临下的教训，而应是平等的交流。什么时候，学生与老师的眼光平视了，我们的教育也就成功了一半。”我不记得这是哪位教育家的名言，但这无疑是我们公认的至理。教师能否真正弯下腰来与学生平视，把课堂变成学生温暖的心灵家园，关键在于教师能否提升自己的“温度”——给学生一份真诚的笑容。

用每位老师特有的温暖方法，给学生多一点沟通，多一点理解，多一点宽容，多一点关爱，多一点与人为善，让学生感受到老师的温情。

四、提升教室的“温度”

教室是学生学习、生活，老师传道授业解惑，师生交往、交流的重要场所。整洁、温暖的教室环境可以激发兴趣，陶冶情操，给人以启迪和教育。我深深感到，“温暖课堂”不仅是环境布置得温暖，更要使师生的心灵感到温暖。要达到“温暖”的效果，教室的美化布置打造的是温暖舒适的硬环境，师生间的真诚交流沟通是打造“温暖教室”的根基；营造“温暖教室”，更是体现在师生、生生和谐关系的建立上。

教室是“传道、授业、解惑”的地方。一个充满温暖、令人心怡的学习环境，是我们共同追求的。如何让学生置身于其中，快乐地接受新知识、新理念，这就需要有一个浓厚的学习氛围，如同家一般的温暖环境。整洁、美观、有特色的班级环境，能振奋精神。教室环境的布置只是一个环境的烘托，它让我们的学生能感受到教室的温暖，能看到自己和伙伴的进步，得到身心的愉悦，同时也能找到自己与伙伴的差距，可以及时追赶。

生活滋养语文，语文丰润生活。生活中的点滴都可以成为语文课堂的切入点，融入生活的语文课堂才会让学生有真实的性情流露和深刻的生命体验。聪明的教师会把自己在生活中的灵感引进语文课堂，促使学生感悟生活，捕捉生活的体验，这样的课堂才是充满生命温暖的课堂。

教学建模：导入——感悟——品读——拓展

温暖语文是儿童的语文，儿童的语文是快乐的语文，快乐的语文是儿童的生活和生活的享受。快乐的语文不再是生硬的灌输与说教，而是儿童对美好生活的向往和对语文学习的一种急切的期盼。语文唤醒了儿童的心灵，儿童成为语文学习的主人，他们在语文中切身体验，人文的熏陶走进童心，他们的生命价值得到有效的尊重，儿童的文化得到繁荣，儿童的世界因语文而精彩！

"导入——感悟——品读——拓展"阅读教学模式即教师通过创设有效的教学情境，将学生引入情境，开放性地引导，让学生主体参与教学全过程，张扬学生个性，激发创造，使在场的每一颗童心都飞扬起来。

"导入——感悟——品读——拓展"阅读教学模式大体可分为四个阶段：情境导入——激发兴趣，初读感悟——感知文本，深入品读——生活体验，拓展迁移——创新文本。

一、情境导入——激发兴趣

情境导入在于激发学生的情感。教师在上课时用幻灯、录音、课件、视频或图片等，有目的地引入或创设具有一定情绪色彩的、以形象为主体的生动具体的场景，以引起学生一定的态度体验，带学生入情入境，体会文章中的人物感情，加强对课文的理解。形式是多种多样的，有“现场表演”、“利用幻灯”、“故事引入”等等。

二、初读感悟——感知文本

人们认识一样事物的普遍规律通常是先对事物有一个整体的观照，获得一种初步的感知，形成初步的表象，而后深入其理，研究本质。所以课堂上教师要善于创设模拟文本情境，让学生在情境体验中感受生活，建立鲜明的文本形象，然后带领学生整体回顾课文内容，感知文本，这样学生才会主动热情地参与到学习中来。

三、深入品读——生活体验

《语文课程标准》指出：要让学生充分地读，在读中整体感知，在读中有所感悟，在读中培养语感，在读中受到情感的熏陶。所谓品读，就是品味性地读，具体指在阅读教学中，教师引导学生对作者用心斟酌的字词句段进行反复咀嚼、玩味、品析、吟诵，读出意境，读出情味。这就是我们在语文课堂中倡导品读是返璞归真、还原阅读教学语文味的体现。只有真正读进去，读懂了，读对了，阅读才是有深度的，学生才会感到阅读的快乐。

四、迁移拓展——创新文本

叶圣陶先生说：“语文教材无非是个例子，凭这个例子要使学生能够举一反三，练成阅读和写作的熟练技能。”在课堂教学中，要倡导自主、合作、探究的学习方式，让学生借助教材这个例子，主动理解和体验，获得学习方法，提高语文素养。所谓迁移拓展，是以语文教材为凭借和依托，针对本文或本课时的重点进行相关迁移拓展，得法于课内，运用于课外，把课内课外的相关知识融合在一起，使学生具有独立阅读的能力，为他们今后语言的运用打下良好的基础。

教学设计：《海中救援》

教学目标：

1. 认识9个生字，描摹5个生字，积累10个词语；

2. 正确、流利地朗读全文，能读出救援队长、汉斯和汉斯母亲说话的不同语气。

教学重点：想象汉斯母亲等待船员们归来时的表现，用几句话说说。

教学难点：懂得当别人遇到困难和危险的时候，要尽自己的力量伸出援手。

一、情境导入——激发兴趣

教师创设情境：

先出示"救援"齐读？救援是什么意思？（学生纷纷回答：抢救，援救，解救，救助……）在我们的生活中，遇到哪些情况，需要大家去援救？（学生议论纷纷：遇到火灾、车祸、海啸、地震、重病……）当人们遭遇大难时，需要大家伸出援助之手，去帮助他们。今天，我们要一起去参加一次海中救援。（补齐课题，齐读课题）

对于这个课题，你有什么疑问？

归纳如下：1. 为什么要去救援？ 2. 谁去救援？ 3. 怎样救援？ 4. 结果怎样？

二、初读感悟——感知文本

1. 初读课文，了解课文大意。

2. 读准字词。

三、深入品读——体验生活

1. 为什么要去救援？（课文第1节）

重点理解：月黑风高、掀翻、紧急关头。

2. 谁去救援？

理解：志愿救援队。

3. 组成了几支志愿救援队？怎么援救的？（课文第2—6节）

（1）读读描写第一支救援队出海营救的内容，找到关键句与同桌品读。

重点理解：立刻、毫不懈怠、精疲力竭、气喘吁吁、焦急等词。

（2）为什么要组成第二支志愿救援队？哪个成员让你感动？为什么？

① 指名学生介绍汉斯的家庭情况。

② 品读汉斯妈妈的话语，体会为什么要用“哀求”的语气？

③ 汉斯是一个怎样的人？找出相关语句品读体会汉斯的坚强。

④“又过了一小时，对汉斯的母亲来说，比永久还永久。”体会这句话的含义。

⑤ 结果怎样？说出你此时的心情。

四、拓展迁移——创新文本

1. 课文里，给你留下印象最深刻的是谁？请用一个词语赞美他。

2.“是啊，在汉斯妈妈的心里也是这么认为的。”请你给课文加个结尾，想象一下汉斯妈妈迎接儿子归来时的表现。她会怎么做？怎么说？会流露出怎样的表情？

（张艳萍）

第2位

简约语文：追求自然和质朴的教学

简约，是一种课堂感受，是一种精湛设计，是一种高效整合，是一种教学境界。简约，它要求教师在“深入”解读教材上下功夫，在“浅出”教学蕴含上做文章。因此，教师要大胆地处理教材，依据年段目标、单元目标、课文特点等，选择能让学生终身受用的“核心内容”进行教学。说到底，简约语文不是刻意的精雕细琢，而是追求教学的自然和质朴。

教学主张：简约语文

简约，字面上的解释就是“简单，不详细”，如果把它运用在文学上，是一种力求语词简明扼要的文体风格；运用在语文教学上，它“是一种课堂感受，是一种精湛设计，是一种高效整合，是一种教学境界”。

中国教育学会小学语文教学专业委员会理事长崔峦曾经一针见血地指出，我国当前语文教学中存在着三大误区：一是内容太多、太杂，老师驾驭不了，无论“西瓜”还是“芝麻”统统要捡，“眉毛胡子一把抓”。二是教学过程太繁琐、太复杂，内容多、重点多、环节多。三是教学的方法、策略使用不当，具体表现为“三多三少”——教师活动多，学生活动少；师生对话多，学生个体与文本对话少；教师分析内容多，抓住文本语言引导学生理解、积累、运用少。

“简约大师”于永正在总结、反思自己的教学经验时感慨地说起：“快五十了才明白，教语文其实很简单，就是让学生识字、写字、读书、作文，就是读读写写、写写读读。”

简约语文，不是简单、机械地减少教学内容，减少教学的知识容量，而是要求教师认真地钻研、解读教材，对文章进行科学、合理的整体把握，在深入解读教材上下功夫，在浅出教学内容上做文章。教师要大胆地处理教材，依据年段目标、单元目标、课文特点等，选择能让学生终身受用的“核心内容”进行教学。

最“简约”的往往就是最为基本的，它指的是语文本身应该承载的东西，诸如识字、写字、读书、背诵、作文等等；最“简约”的往往又是最为有效的，教师的教应力求用最简单的手段拉动学生最丰富的情感体验，学生的学应该力求用最短少的时间读出

“简单”背后的深刻；最“简约”的往往也是最和谐的，课堂上不是教师的一相情愿，而是更加追求教学的情趣和灵动，课堂上不是刻意的精雕细琢，而是更加追求教学的自然和朴实。

那么，如何才能把“简约语文”真正落实到位呢？

一、扎扎实实教学

“简约”的语文教学，首先是指从目标到环节，从方法到语言都不蔓不枝、干干净净，教学过程井井有条、清清爽爽，以简驭繁，返璞归真。凭借简单的导入、简练的内容、简洁的语言、简便的媒体、简明的板书，实现省时高效的教学理想。

著名特级教师薛法根认为：语文教学中，我们需要放弃一些与学生学习无关的东西。有所为，有所不为，不必将每句话、每个句子都讲得那么透彻，留点余地和空间就是给学生自由和发展。他赞成三个“不讲”：学生已经懂了的不讲；学生能自己读懂的不讲；老师讲了学生还是不懂的不讲，留到以后再讲。

只有合理取舍，才能筛选出真正需要教师精心教学的重要内容，使教学既有较大的涵盖性，又更加精炼简洁，节约大量时间，以收到良好的教学效果。

1. 简单的导入

导入是语文课堂教学的重要一环，是进行课堂教学的第一步。成功的导入能迅速集中学生的注意力，激发学生的求知欲和学习热情。良好的开端是成功的一半，精彩的导入环节无疑可为整堂语文课教学奠定良好的基础。对于简约课堂而言，导入不在花而在于实，不在繁琐而在于简单。

（1）围绕课题，有效质疑

围绕课题进行质疑，是一种很常见的导入方法。对于低年级学生而言，教师应该教会学生如何抓住课题中的关键字词进行质疑，而不是让学生没有目的地乱说一通，或者没有任何筛选，认为学生提出的每个问题都是重要的。

如，二年级语文《西湖名堤》，在这个题目中，“名堤”是个题眼，首先应让学生明白

"名"和"堤"分别是什么意思？然后再针对整个课题质疑：西湖有哪些名堤？

同理，教学《医生的心思》时，学生会提出以下问题："心思"是什么意思？这个医生是谁？他的心思是什么？

（2）抓住关键，欣赏感悟

很多课文中，总有那么一两句有着承上启下作用或者引领、总结全文的句子，在教学中完全可以抓住这样的关键句子展开教学，让学生在欣赏的基础上进行感悟理解。

如二年级语文《歌声》一课，板书课题后，随即出示课文中与"歌声"有关的句子："是她，用自己的歌声，给人们增添了勇气和力量，是歌声救了大家。"指名学生感情朗读，然后进行质疑学习：她是谁？发生了什么事？为什么她的歌声能给人们增添勇气和力量？她用什么样的歌声救了大家？

（3）范读导入，激发兴趣

我一直以为，作为一名语文教师，教师本身的朗读水平是很重要的。对于学生来说，教师声情并茂的范读，不仅能激发学生朗读的兴趣，更能提升学生的朗读水平。这一点，在特级教师贾志明和于永正的课堂上有着最完美的体现。

在低年级的语文教材中，童话类的课文是比较多的。对于这样的课文，学习伊始，教师如果运用自己的朗读功底，声情并茂地朗读全文，学生犹如身临其境，也成了故事中的某一角色，学习兴趣自然而然被调动了起来，在接下来的教学过程中，学生的思维定然是相当活跃的。在平时的教学中，这也是我经常运用的"法宝"之一。

如《鸬鹚》一文，开篇运用优美的文字描写了渔人悠闲自得地吸着烟，鸬鹚站在船舷上等待渔人的命令。周围景色迷人，显现出一种宁静的美。这一小节是要求学生背诵的。写景的文字对二年级的学生而言理解起来是有一定的难度的，更何况这样的景色与学生的生活实际有着很大的距离，所以为了让学生能更形象、更深入地理解这段文字，我充分运用课文中的插图，一边声情并茂地朗读，一边出示这一段文字，再展开教学，使背诵要求有效地在课堂上落实到位。

当然，课文导入没有固定的或一成不变的方法，即使是同一篇课文，不同的教师也会使用不同的方法。总之，教师要根据所教学生的心理特点，结合教学内容，采用灵活多样的方法导入新课。

因此，教学导入的简单，是落实“简约语文”的基石。

2. 简练的内容

课堂教学的时间是有限的，学生的学习精力也是有限的。要提高课堂教学的效率，就要追求教学内容的简练。我们总觉得在语文教学中，往往有品不完的内容、提不完的问题、理不完的知识点、说不完的话语。于是，我们在教学中总希望面面俱到，但结果却是蜻蜓点水，连一面也没有落到实处。所以，在确定教学内容时一定要克服教学内容的“泛化”现象，做到该教的就教，不该教的就不教。

在教学前，我们应该围绕文中的中心句、中心词、主人翁等方面提炼出一两个核心问题。“一条线”理出来了，可以围绕这条线再精选出“几段话”、“几个词”。“几段话”就是瞄准课文的重点与难点、学生的疑点、语言发展的生长点精选出课文的重点段落来，集中内容，重点学习，提高课堂教学的效率。“几个词”就是在“几段话”中寻找几个关键词作为抓手，进行语言实践活动，让学生置身于阅读文本的生命场中，悟义、悟情、悟道、悟法，实现与文本的有效对话。

因此，教学内容的简练，是构建“简约语文”的核心。

3. 简洁的语言

阅读教学是学生、教师、文本之间对话的过程。有效对话是构建简约有效语文课堂的桥梁。师生在共同架设桥梁的过程中，彼此分享思考、经验和知识，彼此交流情感、体验与观念，共同成长。

在很多情况下，我们看到的是教师在课堂上枯燥乏味地讲，讲了不少“正确的废话”，学生在教室里没精打采地听，漫无目的地说，说了不少“正确的空话”。语文教学的魅力不见了。

语文课堂上，教师的引导、过渡、讲解、总结、评价的语言，要力求准确、精练、生动、简洁，要努力用最简洁的语言，表达最丰富的内容，要富于启发性、情感性、艺术性，让学生从中受到积极而有益的感染、启发和熏陶。

曾经听过一些特级教师的语文课，他们的教学语言清新、质朴，没有华丽精致的辞藻，没有气势如虹的排比，但是学生却在他们的带动下充分地说，投入地读。

因此，教学语言的简洁，是提升“简约语文”的内涵。

4. 简便的媒体

简便，即简单方便。投影仪、多媒体等电化教学手段，已经越来越多地被运用到语文教学中。尤其是上公开课，几乎成了现代教育媒体的大展台，声、光、电齐上，图、文、像兼备。有时候，多媒体的运用确实发挥了很好的作用，但是过多过滥，就变成了一种资源浪费，一种形式上的“作秀”。

课件的作用是服务于教学，而不应受其牵制，整堂课跟着课件走，课件不免繁多冗杂，一下课，学生留下印象的东西不多。多媒体的不当使用，有时反而束缚了学生的思维，扼杀了学生在阅读、交流过程中的独特体验和创造力。

比如，低年级的写字教学，教师只要握着一支粉笔就能带着学生学习书写，学生就能直观地看到每一笔的运笔方法。如果教师和学生一样拿着铅笔在投影仪上一笔一画地写，学生有更为直观的感受，这样学生才能真正把握写字的技能技巧；有的教师经常使用电脑打出每个笔画的运笔过程，其实，这个方法只是好看而已，不如前面的有效。

适合学生的，便是正确的、有效的。听于永正、贾志敏等老师的课，我们会发出一种“绚烂之极归于平淡”的感慨。他们的课堂，基本没有现代教育手段，只凭着一支粉笔一张嘴，就能把语文课上得绚丽多姿、精彩纷呈。

因此，教学媒体的简便，是履行“简约语文”的品质。

5. 简明的板书

板书设计在语文教学的过程中是必不可少的一个环节，也是课堂教学中一种重要手段。成功的板书不仅有助于学生对课文的理解，为教师的教学起到画龙点睛的作用，还能在学生的心目中打下深深的印记。

对于低年级学生而言，板书的目的在于吸引学生的注意力，激发学生的学习兴趣，从而加深学生对教材的巩固与理解，所以板书的设计应该简洁明了、新颖别致。合理使用板书，或概括内容、突出主题，或抓住重点、巧化难点，或随机应变、体现过程，都能有效地提高课堂教学的质量。

因此，教学板书的简明，是提炼“简约语文”的结晶。

二、实实在在读书

朗读，是学生与文本、学生与作者、学生与文中人物交流对话的过程。古人云：“书读百遍，其义自见。”文本所蕴含的喜怒哀乐正是在朗读的过程中逐步显现出来的。从另一个角度讲，朗读本身是“人云亦云”，是在模仿作者说话，这模仿的过程其实也就是学说话、学语言的过程。朗读，应贯穿于整个语文教学的始终；语文课堂，应不时传出琅琅的读书声。

1. 读中学习

朗读的方式很多，指名读、分组读、分角色读、自由读、齐读……朗读方式的选择，一是不能脱离文本内容本身，有的文章适合个人朗读，有的文章适合齐读，有的文章适合分角色；二是不能脱离教学要达成的目标，要根据不同的目标选择不同的朗读方式。

我认为，在语文教学中，每篇课文至少有四读——

第一遍是速读，学生快速阅读后了解全文的概貌，有利于提升学生的概括能力。

第二遍是细读，在初读的基础上，把遇到的问题、看不懂的地方再细细地读一遍，直至上下融会贯通，把握好文章的要点。这一读旨在读懂，提高学生独立阅读的能力。

第三遍是精读，选择文中的优美语句或重要段落进行朗读，在字里行间品味文字的魅力，提升学生的感悟能力。

第四遍是慢读，即学完课文后的再一次全文朗读，在总结的基础上细细回味本课的所学所得。

语文教学，以读为本。在课堂上，只有保证让学生有充足的时间去阅读，去品味，去感悟，学生才能真正学有所得，真正获得一些感性或理性上的共鸣。

因此，让学生在读中学习，是架起“简约语文”的桥梁。

2. 读中积累

叶圣陶先生说过：“教材无非是一个例子，凭这个例子要使学生能够举一反三，练成阅读和作文的熟练技能……”

于永正先生说：“只有会攒钱，家底才厚，才有后劲。以往，我们在语文教学中偏重于教学生怎么花钱——怎么说，怎么写，而忽略了攒钱——语言的积累。不读不背，脑子里没有丰富的词汇，用什么去说、去写、去思呢？”

可见，在语文教学中，语言的积累是多么重要。在低年级语文教学中，选择佳段，由引到放，指导学生细读仿写，是一个值得提倡的语文课堂实践活动。

读是吸收，写是倾吐，倾吐能否合乎法度，显然与吸收有密切关系。学生在读中丰富了语言，获得了写的技巧，培养了形象思维和逻辑思维的能力以及观察事物和分析问题的能力，为写提供了必要条件。

在平时的课堂教学实践中，我发现现行的小学低年级语文教材，蕴藏着极其丰富的说写结合的资源。这些资源，不仅为学生构建了对话的平台，也促进了学生的说话能力，更提高了学生的写话能力。

如，学完《丑小鸭》一课后，让学生选用文中的一些词语，介绍一下丑小鸭变成白天鹅的过程，再让学生写下来，在写的过程中，学生不仅能灵活地运用课文中的词语，还对课文内容进行了概括。学完《我爱故乡的杨梅》后，则可以让学生模仿课文片段，从形状、颜色、味道三方面来介绍一种自己喜欢吃的水果。这样的说写练习，学生说得兴趣盎然，写得自然也轻松愉快。

因此，让学生在读中积累，是延伸“简约语文”的保证。

语文教学的“简约”，说到底是要在语文教学中尽量排除一些形式化的、不必要的东西，把时间挤出来，让学生和文本之间能进行更深入的充满智慧的对话，最大限度地实现课堂教学的最优化，力求做到“简约而不简单，平淡而不平庸”。“简约的结构，深入的对话”，这样的课堂才是简约课堂，这种“简约”是对冗繁的语文课堂的一种“清洗”，是对语文学习本质的一种回归，是学生自主意识的一种彰显。

教学建模：简单导入——简洁点拨——简明比较——简约积累

“简约语文”讲究的是教学过程井井有条、清清爽爽，以简驭繁，返璞归真。在课堂上，让学生和文本之间能进行更深入的充满智慧的对话，最大限度地实现课堂教学的最优化，力求做到“简约而不简单，平淡而不平庸”。

“简单导入——简洁点拨——简明比较——简约积累”的阅读教学模式较好地实现了“简约语文”的核心理念。大体可以分为以下四个步骤：简单导入，直奔主题——简洁点拨，图文结合——简明比较，读中学习——简约积累，巩固拓展。

一、简单导入，直奔主题

导入是语文课堂教学的重要一环，是进行课堂教学的第一步。成功的导入能迅速集中学生的注意力，激发学生的求知欲和学习热情。对于简约课堂而言，导入不在花而在于实，不在繁琐而在于简单。简单的导入，有助于直奔主题，从而省去了不少所谓的铺垫。

二、简洁点拨，图文结合

在低年级语文教学中，动画或者插图的适当运用，总能起到事半功倍的作用。在课堂上，教师结合课文内容，选用相应的插图帮助学生阅读并理解文本，在特有的气氛渲染下，教师进行简洁的点拨，让理性的文字在学生的心中灵动起来，让学生透过文本深深地感受到文字的魅力。

三、简明比较，读中学习

语文教学，以读为本。在课堂上，只有保证让学生有充足的时间去阅读，去品味，去感悟，学生才能真正学有所得，真正获得一些感性或理性上的共鸣。

有了读才有比较，有了比较才有进步。让学生在读中进行比较，在比较中知道文字的微妙变化，从而分清这微妙变化所产生的作用。让学生在"简明比较，读中学习"，有效提高学生学习的能力。

四、简约积累，巩固拓展

掌握了"读中比较"的方法，才能达到巩固积累的目的。在语文教学中，语言的积累是非常重要的。学生在读中丰富了语言，获得了写的技巧，培养了形象思维和逻辑思维以及观察事物和分析问题的能力。

积累的方法多种多样，简约的积累才是有效的巩固，有效的巩固才能拓展学生的思维。只有让学生潜藏丰厚的文化底蕴，才会有厚积薄发的那一刻。

教学设计：《鸬鹚》

一、简单导入，直奔主题

1. 学习生字，揭示课题。板书"鸬鹚"，同时学习这两个生字。

2. 出示图片，简介"鸬鹚"。

二、简洁点拨，图文结合

1. 出示课文插图，教师范读第1节。

2. 指名朗读，简洁点拨，梳理内容。

3. 指导朗读，感受湖面的宁静。

过渡：如此宁静、悠闲的场景，是如何被鸬鹚打破的呢?

三、简明比较，读中学习

1. 学习渔人指挥鸬鹚捕鱼的句子（第2—4节）。

（1）交流句子。（2）动作演示。（3）指导朗读，教师引读。

2. 理解“鸬鹚不断地跳上跳下”的场景，并说一说鸬鹚捕鱼的经过。

3. 师生合作朗读第5小节，体会渔人与鸬鹚之间的默契。

过渡：犒赏好鸬鹚，该回家了。“渔人站起来划着小船回去了”，真可谓满载而归啊！

4. 引出第6、7小节，指名朗读。

5. 学习描写鸬鹚的句子，并与第一小节中相似的句子进行比较学习。

6. 学习这两小节中描写湖面的句子。

（1）指名朗读，比较异同。师：同样是描写湖面的句子，有什么不同的地方吗?（体会湖面的动与静）

（2）出示另两句描写湖面的句子，朗读理解。

四、简约积累，巩固拓展

1. 积累文中描写湖面的四句句子，自由朗读，初步感受这些句子的异同。

2. 选择其中最喜欢的一句句子抄写下来，并在句子的旁边进行简单的插画制作。

（张爱军）

第3位

享受英语：让学习进入内心的自由状态

享受是一种内心的自由感受。享受英语需要我们唤醒学生的内在学习需求，需要我们引领学生带着强烈的好奇心去学，让他们乐此不疲、沉浸其中。在“知道——明白——使用”的过程中意会学习的意味与策略，并将这些意味与策略自然地运用到未知生活世界。享受英语处处体现着“游戏”性质的学习情致，它使得教师享受“教”，学生享受“学”，在快乐中感受幸福。

教学主张：享受英语

英语是小学基础性课程的一个组成部分。在上海，每个孩子都从一年级开始接触英语，通过小学五年、初中四年、高中三年的学习来达成课程目标：能用英语解决生活中的基本需求。小学是英语学习的第一步，迈好第一步是英语教育教学目标达成的基础。作为第二语言，英语不如语文、数学、自然等学科有学习的必须性，但从国家的发展、个人的终身发展来说，英语是与世界交流的语言，英语是两者发展的必须。因此，小学英语的教育目标绝非是字、词、句的学习，而是持久学习兴趣的培养、良好学习习惯的养成、有效学习方法的择用和持续学习热情的激发。

在字典中，享受解释为使用某些东西而得到物质上或精神上的满足。持久学习兴趣的培养、良好学习习惯的养成、有效学习方法的择用，以及持续学习热情的激发，伴随这些良好状态的心理感受一定是快乐的、自信的，是一种享受。享受的感受是个体乐意、主动去学习英语的积极、持久的内因，这样主动的学习态度是学有所成的基础和保障。教学是教与学的双边活动，主要是教师教的活动和学生学的活动。教师是学习活动的策划者、组织者、引导者、指导者，学生是协调者，也是评价者之一。学生是学习活动的主体，是教学成效的内因，教师是外因。开展教育工作，先要厘清教学活动的参与者和各自的角色、各自的任务、各自的作用，发挥各自主观能动性，并相互高效合作，学以致用，使得教师享受“教”，学生享受“学”。

我的教学主张是享受英语，是指教师和学生在教和学的双边活动中，积极参与、实践体验、边学边用、享受教学，促进教师的幸福发展和学生的幸福成长。享受是一种内心感受，享受英语是在教学的过程中师生愉悦的心理感受，不能直接给予，却能为此感受的获得作好必要的活动设计与实施，让教学活动有利于学习兴趣的培养和学习热情的激发；让教学实施过程有助于学习习惯的养成和学习方法的自我选择，为英语的实际使用和终身学习打好基础。

一、“享受英语”的课堂特征

享受英语源自享受的课堂，享受的课堂是教师的追求，也是学生的向往。新课标下的英语课堂应该充盈着诗意的浪漫，呈现出艺术的绮丽，洋溢着生活的气息，飞扬着生命的快乐！新时期的英语教师要树立科学的教师观和学生观，构建享受课堂要面向全体学生，让导入精彩亮丽；让活动卓有成效；让探究充满情趣。让课堂真正成为教师和学生精神生活的乐园！

1. 享受的课堂应该是艺术绮丽的

英语课堂应是开放灵动、妙趣横生、绚丽多姿、起伏跌宕的，散发着艺术的魅力。朗朗上口的童谣，线条流畅的简笔画，入情入境的角色扮演，别具匠心的竞赛游戏……教师更像一位艺术家，标准流利的口语，活泼大方的仪态，横贯东西的知识面，多才多艺的专业技能，使教师在驾驭课堂时得心应手，游刃有余。从细节上看，教师一个得体的手势，一句赞扬的话语，一脸灿烂的微笑，会使课堂熠熠生辉，使学生赏心悦目，他们会因为教师充满智慧、活力的美丽形象而深深喜爱英语。从整体上看，英语课堂犹如奏乐，按照主旋律，曲调抑扬顿挫，音节疏密相间，节奏明快和谐，动静错落有致，教学结构如行云流水。颇具创意的教学“小亮点”，让丰富多彩的思考交汇；富有戏剧性的“波澜动感区”，使一次次再创造精彩演绎；柔性转换的“舒缓区”，令学生有沉静的思考、绵绵的回味。课堂自始至终流淌着律动之美，给学生以独特的艺术享受。

2. 享受的课堂应该是链接生活的

“教育即生活”，“生活即教育”。 教育和生活是共生的。生活是教育的源泉。教育应保持着生活的素材，弥漫着生活的气息，彰显着生活的色彩。而语言是天然与生活联系在一起的，英语课堂只有走向广阔的生活空间，才会充满生命的活力。创设生活化的课堂环境，让课堂回归生活，让学生在轻松愉快的生活场景中交流思想、表达情感、锻炼才能。教室可以是一家“超市”、一个“花园”、一家“茶座”，学习活动可以是调查采访、角色扮演、游戏竞赛、画外配音，当然还可以是唱一唱、画一画、尝一尝、做一做……学以致用，知识才能转化为能力，才能为英语课堂引入一泓不绝的活水。

3. 享受课堂应该是快乐飞扬的

快乐是什么？快乐是一种内心愉悦的体验，是一种惬意幸福的感觉。快乐的英语课堂，就是让每一个学生的情趣得到充分张扬，并让他们获得温馨、愉悦和成功的心理体验；快乐的英语课堂，就是引导学生带着自己的知识、经验、思考、灵感、兴致参与学习活动，每个学生都是学习的主人；快乐的英语课堂，就是让每位学生都得到老师或同学的肯定、鼓励、欣赏和赞美，享受到自我实现的满足；快乐的英语课堂是顺乎孩子天性的，没有传统的约束，民主、平等、宽松、和谐、互动、合作谱写着一支快乐的交响曲。学英语是快乐的，是一种享受；教英语同样是快乐的，也是一种享受。快乐的英语课堂，师生将共同沐浴在灿烂的阳光下，师生绽放的笑容无疑将成为课堂上永不凋谢的花朵。

二、“享受英语”的操作要点

1. 教学内容生活化是享受英语的设计关键

《新英语课程标准》明确指出：教师要“创造性地设计贴近学生实际的教学活动，吸引组织他们积极参加”。享受英语把与教学相关的一切都看作是教学内容，包括教材内容生活化，课堂环境生活化，课外作业生活化，课外环境生活化（校园英语活动）。教学内容是教学之本，孩子学习英语年龄越小，我们越要注重教育的生活化。从生活经验中选取教学内容，使孩子感到亲切、自然、充满人情味，能使孩子适应生活、获得经验、得到发展，孩子容易接受。学习能用的英语是享受英语教学的指导思想，把教材内容拓展和延伸为生活中用英语解决问题的一个个场景。通过学得和习得，在课堂中体验英语的功用，让学生活学英语、乐学英语，引导他们在生活化的活动中学习和运用语言。

2. 语言操练意义化是享受英语的实施关键

有效的语言操练要围绕教学目标开展，确保听、看、讲、想、做，加上动静转换这七个基本元素的有机结合。语言意义性操练介于机械性操练和交际性操练之间，起着承上启下的桥梁作用，把语言形式的操练转向语言内容的操练，使学生的认知逐步从知识外部特征转向知识内在的联系。如有意义的句型转换，问答，用词造句等，目的在于通过一定的情景进行有意义的操练来进一步理解句子结构的意义、用法，让学生掌握基本结构，特别是用不同的词句来表达同一意义的能力。由此可见，意义性操练不仅是机械性操练的提高和升华，更是实现交际性操练的前提条件，小学阶段英语语言操练环节中意义性操练成效如何，直接关系到儿童对英语学习的态度和兴趣，更是儿童以后英语学习成败的关键。

3. 教学过程情感化是享受英语的情感要求

教学内容的信息，以不同方式传递，会产生不同的教学效果，这就需要教师根据教学内容的性质和学生的认知特点灵活地选择适当的传递信息的方式。享受英语通过构建平等的师生关系、发挥语言的传情作用、优化教学情境等来以情优教。享受英语的课堂是充满爱的课堂、和谐的课堂，教师要用积极的情感去感染学生，主动挖掘学科中的育人因素，使得课堂获得科学性与艺术性的统一、人文性与工具性的统一。

三、"享受英语"的操作关键

1. 教师是终身学习的实践者

要实现教的享受，教师首先要具有广博的文化知识、一定的教育理论知识、扎实的教学专业知识。享受小学英语教学，教师具有扎实的专业知识是必备的条件。这里的专业知识泛指英语知识与小学英语教学相关的专题。养成积累专业知识的日常学习习惯，不断丰富自己的语言技能，充盈和加固自己的语法等语言知识，具有良好的口语能力，用英语组织课堂活动。加强英语教学专题学习，选择适合自己的某种教学理论，深入学习和思考某些书籍。我选择朱浦老师的书——教学专题透析、教学问题思考、教学理论探究。曾阅读过此套书，但再次阅读时，有新的理解，新的思考，新的感悟。这套书很全面，可以作为经常性阅读的经典教学理论与指导实践的书籍。每次阅读，不要死记内容，而要注重理解；可以泛泛而读，也要细细品味；可以从头至尾，也可选择主题一个个拜读；从量的积累到质的飞跃，一定可以深有收获。研读课标和教材，做到心中有数。教师还需要养成定期阅读英语报纸杂志的习惯。知识的储备需要与时俱进，不断更新。英语教师定期养成阅读英语杂志的习惯是不断更新知识的简单有效的方法。订阅一份适合孩子年龄段的小学生英语报，可以帮助教师拓宽课堂的广度，适度拓展课堂。订阅一份当地或是国家级的英语研究杂志，可以引导教师了解教学前沿问题和最新发展动态，把握教学改革的方向。

2. 课标是享受教学的标杆

课程标准是教学的标杆，识记课标的内容很重要。我们要熟记课标中对不同年龄段学生、不同技能方面的培养与学习目标，逐渐落实在教学中。课标是教学的依据，是纲领性文件，我们教得累，一个原因是我们不知道要教什么，所以我们什么都想教。我们教什么，一年的课程学习目标、一个学期的目标、一个月的目标、一天的目标是什么，要由大及小，又要小围绕大。根据我们的学科教材特点，一种方法是结合课标和教材，梳理和确定年级课程目标，学期教学目标、模块教学目标、单元教学目标，将各级层的教学目标层层细化至课时教学目标。这样确立的课时教学目标不但是相对独立的，更是系统性的。教师熟悉每一册教材能更好地系统落实教学目标，在同一主题下做到不同年级段不同深度，科学合理有效地制定和落实教学目标，把握基础和拓展的关系，有的放矢地进行英语教学。

3. 学生是课程最大的资源

在享受教学中，学生不但是学习的主体，更是课程最大的资源。在设计和实施课程中，教师要换位思考，从学生角度来思考怎么学，对什么话题感兴趣，对什么事情有探知欲，喜欢怎样的学习方法，怎样的学习策略，在什么情况下愿意听、想要说、乐于读、肯实践、学得会。我们的课堂需要教师的引和导，学生的做和悟。导学指的是在我的教学中注重学生自身的参与、自身的投入和自身的实践，注重教师有设计地引导学生参与、投入、实践教学活动，促进学生对知识的理解、对语言的运用、对学习方法的个性化选择、对世界的看法的初步形成。今天的学习目的之一是去探索如何自主学习，离开老师去学习各学科知识，去发现各科学真理。教学中，无论是采用游戏教学法、情景教学法、动作教学法，或是全身反应法、合作学习法、故事阅读法，学生的所得所悟是教学活动的意义所在，因此，导学是教师培养学生英语综合能力的必须手段。导学的关键在于教师课前的设计、课中的指导、课后的引导。“导”的意义在于让学生自己去听、说、读、写；教师始终观察和审视，伴随着学生的学习活动，可能是学生在课前预习问题的解答，可能是在开展英语任务活动中遇到困难的解决，也可能是课后自主阅读或写作时需要个别辅导。导学是学生个体的辅导，也有小组团队合作、全班朗读等的集体辅导，是学生在需要时，教师以专业水准的介入来解决学生迫切需要解决的困惑，这样的指导有针对性、时效性，避免了“填鸭”的弊端，凸显了主动学习的有效性，在积极愉悦的过程中学以致用，并产生获得知识、解决任务带来的美好感受，为英语的后继学习提供了精神燃料。导学案的设计是教师个性化的备课，我主张个人备课和集体讨论改进的方式进行，个人课前再次调整。享受学习过程，必然需要学习者的积极参与和主动思考。导学是一种主动的监视与帮助，教师的教学机智也应在导学中一览无遗。

4. 对话是教学活动的主旋律

在享受课程中，尽力建立新型师生关系，坚持主体性对话式教学。语言学家吕叔湘先生说:“教学，就是教学生学，主要不是把现成的知识教给学生，而是把学习的方法教给学生。”在课堂中，教师已转变教学理念，教学过程中更多地体现出了以学生为主体、将课堂上的话语权还给学生的教学方式。而对话式教学正是体现了学生主体性的一种呈现方式。对话式教学体现在学生与教材的对话。在预习时，学生对教材中字词的发音产生疑惑，可以通过配套录音、字典、伙伴间的帮助解决。学生对于教学中某个小事故不可只停留在了解、记忆的层面，而是要透过教材去感受、经历、体验，在这一过程中学生体现主体性。对话式教学体现在老师和学生间的对话。课堂中，教师引导学生去感受、经历、体验教学中的情景与故事。教学内容深层次的思想主题需要教师通过对话引导学生去得出自己的见解，体现教学的育人性和人文性。在对话中，要注意学生始终是课堂的主角，通过师生的相互交流、相互补充，实现教学相长。学生在这一过程中受到启发，增长见识。对话式教学体现在学生与学生间的对话。在对话式的课堂中，教师善于组织学生开展完成某一任务的讨论、进行某一问题的研究，通过问题的讨论与研究促成学生之间的对话，各抒己见，相互交流。学生之间的对话气氛更轻松，容易展开积极的交流，体现学科的实用性和工具性。伙伴间共享知识，共享经验，共享情感。学生也由此从课堂的边缘地位回到主体地位，形成生动活泼的动态生活学习画面。对话式教学还体现在学生个体的自我对话中。在英语学习中，学生感受到语言美、书写美，在故事中感受到情感美，在色彩与音乐中感受不同的审美。在写作时，自己的所见、所闻、所感、所想就是一次次的自我阅读、观察与欣赏，通过自我对话，发现另一个自己，激发自我潜能，塑造完美人格。

5. 能力是学习的最终目标

享受英语要唤醒和激发学生的需求，带着目的去学；通过乐在其中的学习，将知识转化为技能；在知道——明白——使用的过程中意会学习的策略，无意识地将这些学习策略使用在生活中去探知未知的世界。享受英语的学习中，处处体现学习者自身的学习需求与学习情绪。包括三层意思：课前——好学；课上——乐学；课后——能学。这三个方面都意在培养学生的自学能力，实现教为了不教、学为了会学的理念。好学，乐学，能学，这样的状态都呈现出学生良好的情绪，并在学习的过程中良性循环，产生积极的作用，实现良好的效果。有了方法就如有了开展活动的方向、打开门的钥匙。教师指导学生如何预习，良好的预习为课堂活动中减少了语言的障碍而得以顺利开展，获得成功体验和知识，课后有效的巩固和对知识的活用，让学生掌握基本的语言技能。形成技能后，在实际生活中就能自然而然地用来表达与交流。

教学建模：入境——体验——交际

享受英语的课堂充盈着诗意的浪漫，呈现出艺术的绮丽，洋溢着生活的气息，飞扬着生命的快乐！建立新型的师生关系，面向全体学生，让导入精彩亮丽；让活动卓有成效；让探究充满情趣。构建享受的课堂，让课堂真正成为教师和学生精神生活的乐园！

“入境——体验——交际”的课堂教学模式让教师和学生在教和学的双边活动中，积极参与、实践体验、边学边用、享受教学，促进教师的幸福发展，学生的幸福成长。

“入境——体验——交际”大体可分为三个阶段：创设语境，引入话题——品读感悟，体验练习——对话交流，实际运用。

一、创设语境，引入话题——主文本的呈现

语境是语言赖以生存的环境，在一定的语境中，交际者通过语言学习与实践，培养语感，获得知识，形成技能。话题让学生有言有语，可言可语，在一定的语境中围绕话题展开学习，让学生学习可以用的语言，感受语义功能，为用语积累知识与技能。

二、品读感悟，体验练习——主文本的学习

通过对话题的某一主文本的理解、品读来感受语言的结构、功能与语用；在获取主文本信息时深入了解语言内容及语用功能，边学边用，学以致用，学得与习得并举，通过主文本的学习与练习，逐渐形成语言技能。

三、对话交流，实际运用——文本语言输出

在熟练朗读主本文的基础上，运用所学的语句、语篇展开真实的调查、访问等任务，实

践运用；提供学生用语言交际的语境，学以致用。

教学设计：《Three Meals a Day》

一、创设语境、引入话题

1. Listen and enjoy：'What's in the fridge?'

2. Talk about Chinese breakfast.

二、品读感悟、体验练习

1. Talk about Alice's breakfast.

2. Talk about my breakfast.

3. Talk about lunch.

（1）Listen and watch: Midge's lunch.

（2）Learn the words:

I like ...

Put some ... in the pot.

___, would you like some ...?

What vegetables do you have for lunch?

（3）Group work: Have hot pot with friends.

（4）Read and answer: Alice's lunch.

（5）Pair work: About lunch.

三、对话交流、实际运用

1. Do a survey：Lunch

2. Try to say：My lunch

3. Some tips for three meals.

（陆　英）

第4位

“秀一秀”教学法：分享美术学习的创意

美术教学应尽可能多地鼓励孩子们到生活中去认识美、发现美和创造美，鼓励孩子们在认识美、发现美和创造美的过程中分享美。“秀一秀”是巧妙地在课堂中创造各种机会给孩子们，以此激发他们的学习兴趣，让孩子们愿意把自己的想法、做法以及作品拿出来跟大家分享。孩子们在美术学习中尽情地展示自己的才艺，整个课堂教学始终高潮迭起，孩子们实际上成了课堂的主人。

教学主张："秀一秀"教学法

在我的美术教学中，主张的是让每个孩子在课堂中都有"秀"出自己个性的机会，并能享受美术带来的快乐和美的体验，尤其是课堂评价这个过程。一直以来，我们对美术课堂的评价只是关注了学生学习结果的评价，基本就是对学生作业进行打分评价，而没有对学生在整个教学过程中的表现进行评价，这样的课堂教学是无法生成的，跟二期课改的精神也是相违背的，容易使学生的个性和创造能力得不到发展、审美能力得不到提高。那么，如何正确评价学生的美术学习，让他们"秀"出自己，感受快乐，体验成功呢？

一、过程评价"秀"想法

文学家罗曼·罗兰说："不要只在乎事情的结果，只要曾经努力。"在小学美术教育中这句话尤为适用。努力的过程就是学生素质发展的过程，我们不能简单地以学生的一次比赛或最终呈现的作品，作为评价标准来给学生的能力进行定位，那是非常片面的。

我所教的低年级孩子都喜欢画画，而且好动手，他们都愿意在课上把自己跟人家不一样的一面展现出来，可是大多数孩子都非常胆怯，不敢表达。我上课时，就创造各种表现机会给孩子们，例如：说的机会，演的机会，示范的机会。鼓励孩子说出自己的想法，说话要完整有条理，说得好的我当场表扬；答案不对的我更是鼓励他："你说对了一半，谁来帮他说完整。"时间长了，很多孩子会在发言时第一句话就说："我给××补充一下！我觉得××说得不完整！"等等。我也积极鼓励孩子质疑，把自己心里的想法说出来让大家分享，或征求同学们的帮助，解决不了的问题我再进行解答，我们每个人都在这个环节中收获了知识，增长了见识。孩子们觉得很开心、很有成就感，所以课上很多孩子思维非常快，一有问题就举起手，然后深沉地说："老师，我有个问题！"最惊讶的一次是在二年级一个班讲《色彩的冷暖》一课，说到三原色和三间色时，几个孩子连续提出的问题就是我在教学设计中一步一步要接着讲的内容，孩子们和我的默契程度让我无比激动。"你的问题真好！""你问的就是老师要讲的！""你的想法真特别！"我一边说一边拿出自己做的小奖状赠给他们，孩子们连声谢谢，听课效率越来越高，更愿意在课堂上表达自己的想法了。

巧妙地在课堂中创造各种机会给孩子们，可以激发他们的学习兴趣，培养乐观、开朗、热情的个性，还可以使学生愿意把自己的想法讲出来跟大家分享。小朋友在这样的美术活动中尽情地展示着自己的艺术才华，真正成为课堂的主人。

二、多元评价"秀"创意

新课程标准下我们的教学目标和学习成果是多样的，教学评价也应是多元的。除了对美术技能技法评价外，还要兼顾认知情感态度和价值观的评价。

我对教学评价的方法也做了研究，除自评、互评、师评外，还有师生互评、阶段评、趣味评、叙述评等方式，其中最注重的是学生自己对自己的评价。如在作业展示这一环节我常用：比一比、看一看哪个同学的作品最有趣？想一想、评一评哪一幅作品最好？你喜欢谁的画，讲一讲为什么？说一说你今天画了什么？你是怎么想到这样画的？你觉得自己今天的表现如何？哪里是你画得最骄傲的？哪里有点遗憾没画好，等等。学生非常乐意跟大家分享自己创作的过程，有时是争着抢着要说。对低年级孩子来说，有的想法只能言表而无法落笔表现，所以在介绍时他们都很投入。这时老师和同学都要仔细聆听，等他说完大家还可以即兴跟他双向交流。或是发表自己的见解，利用大家的力量，让他把画表现得更好，这时课堂的气氛也热闹非凡。我在旁边也时不时夸张地说上一句："哇！大家看啊！这画好美！""超有想象力的哦！"而且还要加上夸张的语气和肢体语言。这时大家都会对小画家投以羡慕的目光，他满脸笑容，更专心地投入美术活动了。

这样既关注到了学生的知识与技能目标的评价，也关注到了学生的学习过程与方法、情感、态度、价值观的评价，学生不但"秀"出了自己的创意，同时也"秀"出了自己的思想和语言，能力得到充分施展。

三、客观评价"秀"个性

儿童作品是儿童一定阶段的内心世界的外现，具有儿童特殊的美术语言，与成人美术有着极大的区别。我在评价学生作品时，从不以成人的角度主观、武断地评价儿童作品，一直以孩子的审美观来做参照，以保护学生个性为目的，只要他们能把自己的画说出美好的意境，有自己独特的见解和风格，我就给予充分的肯定，让学生找到自信，维持他们的天然和童真，激发个性的施展。

其实上我们小三门课的老师都感觉，纪律是最大的问题。在每节课上我首先做的是选出一个优秀的孩子做"小老师"，佩戴标志，并拥有很多特权：带头检查、领唱儿歌、喊起立、安排组长、收理作业等等，他们喜欢去管别人，所以每次都很期待，然后不断要求自己做好。每个小小组再选出3个组长：作业组长、纪律组长、整理组长，上课时都要佩戴头饰，然后合理分工帮助老师一起管理班级，锻炼小朋友的能力。对每个孩子的课堂表现我主要以小红星和小红旗作为评价方式，为了方便评价，我自己设计了作业纸，上面有学生自评和老师评星两种评价方式，只要学生亲自参与美术活动并动手表现的我都给小红星；画得好、说得好的最多可以得三颗星；如果作品上有个性表现的，我还会以小红花作为奖励；所有的作品收集在一个文件袋里作为美术成长袋，满5星了就在书本上加一星。

上美术课不带工具是最让我头疼的，为了鼓励孩子每次带好，我都会在上课时进行检查并给带工具的敲小红星。对于上课积极发言、认真听讲的，我会在书上敲一面小红旗，满5颗红星或5面红旗时可以换一朵小花，集满5朵不一样颜色的小花就奖一只小蝴蝶，上面有奖杯的哦；得到了小蝴蝶我就给他们发奖，奖品也是自己做的——蝴蝶书签。小朋友很喜欢，为了得到更多的红星、红旗、小花和蝴蝶，他们积极地准备每次的工具和材料，认真地参加美术活动，创意地表现美术作品，而且不用老师天天盯着，他们会主动找你评星换奖励。事实证明这些方法很受学生欢迎，孩子在作品中的表现个性十足，上课的积极性也大幅度提高，每个孩子都想我们的美术课时间长一些。

这样的评价机制避免了以成人的角度主观、武断地评价，那些具有自己独特见解、独特风格的画都会得到大家充分的肯定，从而使学生找到了创作自信，找到了思维飞扬的激情，找到了自己个性施展的地方。

四、坦诚评价"秀"特色

在课堂教学绘画创作时段，我发现很多小朋友会一边自己在画一边去看别人的画，如果看到别人有点不好的事情，他马上会大声叫喊："哎，你们看啊，××的画难看死了，画的是什么东西啊！"说完还要把他的画拿起来给全班学生看。这时被点名的孩子非常生气，用身体死命地挡住画面不让别人看到，那个同学就去争抢画纸，在一片激烈争抢之后，有时作品就被撕扯坏，被点名的孩子非常丢脸地大哭起来，然后把画团成一团后塞在书桌里不画了。他绘画的积极性也被彻底打消，从而丧失了继续绘画的兴趣。我没想到同伴消极的态度产生的负面影响这么大！看来，我应该发挥同伴的激励和帮助作用，让学生学会欣赏同伴，婉转地为同伴提出要求，不要只盯着同伴的缺点，促使伙伴保持绘画的特色。

在二年级一个班上《装饰的骏马》一课时，我们在集体评价评小红星的时候，有个孩子来汇报说小陈的作品颜色糊掉了，她在下面哭得很伤心，说是不知道被谁弄到了水，颜色都化开来了，她想放弃，不愿意上来评星了。我拿过画一看，其实画得挺好，就是糊了点颜色，她要求完美，冲着三颗星的，这下就受不了了。我把她的画放在投影上，她还在哭，我让大家欣赏："你觉得这幅画怎么样？你评给她几星？"小朋友一下看出了缺陷，有些嘴快的学生马上说了："画都糊了，很难看，只能得两星！"小陈哭得更厉害了。这时有个孩子说话了："老师老师，我觉得她画的这匹马跑得最快！应该给她三星！"我问："为什么？""因为她在马的旁边还画出了风，连风都画出来了，马不是跑得飞快吗？"多有想象力的孩子啊！我马上当着全班小朋友的面说："你看，小伙伴说得多好，这些被水糊掉的颜色就像一阵风一样，变得很有特色，老师再给你加一星！谢谢这个同学的真诚评价！"说完我就盖上了三颗小红星，说："这画我要收藏！"并带头鼓掌，这下小陈停止了哭，脸带微笑并说了声"谢谢！"我趁势对全班孩子说："在评星时先要看到别人画得好的地方，不要急着讲别人的不好，因为你的话别人是很在乎的，如果换了你肯定也不愿意的，对吗？"时间久了，孩子们都会在评价时不过激地表达看法，不是随便嘲笑别人，而是用坦诚的话语肯定同伴的想法和评价他人作品的特色之处了。

这样的设计，不仅培养了学生对人、对事物客观公正、善于对待他人进步的精神，同时又以发展的眼光看到了别人的长处，保持住了他人作品的特色。同伴的坦诚评价犹如润滑剂一般，能使学生在与同伴的磨合中，不断反省自己，提高自己，发展自己。

总之，只要我们本着保护学生个性、培养学生的兴趣、提高学生审美及综合能力的目的，在评价过程中运用一切能用的方式方法，让我们的学生真正做到敢想、敢说、敢画、敢做、敢"秀"，那么，我们的评价过程就不会偏轨，我们的美术课堂才会真正变得充满活力。

教学建模：情境——讨论——创作——评价

我的教学主张是"秀一秀"教学法，主张的是让每个孩子在课堂中都有"秀"出自己个性的机会，并能享受美术带来的快乐和美的体验。其实美术课中的每个环节都可以让孩子充分展示自己的才能，可以是说的、想的，可以是演的、画的，也可以是做的、玩的，旨在让学生在美术学习过程中，尽情地展现自己的各种才能，激发学习兴趣，不但学到美术技能和本领，又可以收获成功和快乐，从而爱上美术活动。

"情境——讨论——创作——评价"绘画教学模式就是在绘画类美术教学中，教师通过创设生动的教学情境，提出新鲜有趣的问题引入课文学习，引导学生思考问题后进行深入的观察，然后明确要求进行创作实践，最后进行美术作品评价。让学生主动参与教学全过程，展示自己的各方面才能，张扬自己个性，激发创造能力，使他们在课上都能学有收获，学得快乐。

"情境——讨论——创作——评价"绘画教学模式大体可分为五个阶段：情景表演，

导入新课——讨论交流，初步表现——合作探究，尝试画法——明确要求，想象创作——成果展示，欣赏评价。

一、情景表演，导入新课

学生的活动大多是在相应的情景中展开的，因此情境对学生的活动具有推动、暗示、移情作用，能使学生活动达到最佳状态。因此，在这一阶段，教师要结合课文，精心创设一场情景，一个故事或一段经历，让学生作为主角表演相关角色，用一根主线将问题融入其中，使学生沿着主线解决复杂的问题，激励学生全面参与，主动学习，培养创新能力和实践能力。

二、讨论交流，初步表现

讨论就是以学生为主体，通过积极思考，相互交流探讨，以求得认识的深化。讨论能最大限度地激发学生的智能，使思维迅速的发散和集中，扩大信息交流和思维容量。这与新课程倡导"自主、合作、探究"的学习方式也是相吻合的。教师在情境中展开教学活动，带领学生进入课文内容，出示跟课文有关的图片让孩子观察比较，感知艺术之美，调动学生的学习兴趣组织思考讨论，鼓励学生主动学习，自己寻求解决问题的方法，从而营造良好的教学氛围。

三、合作探究，尝试画法

在课改教学中小组合作学习是新课堂倡导的三大学习方式之一，这不仅符合教育的宗旨，更能激发学生求真、向善、爱美的潜能，使他们积极主动、合理有效地参与到教学过程中来。在这个过程中教师让学生尝一尝、试一试，实践一下自己的发现，展示一下自己的感觉。布置全班同学用自己从探索中发现的方法去画画，与此同时，请几个有代表性的同学讲讲自己的发现，上讲台表演自己的发现，让他们充分显示一下自己的创造才能。在这样的教学观念的影响下，课堂上学生同伴群体的资源得到了充分重视。学生在小组合作的具体实践活动中，体验到实现自我价值的自信，经过每节课反复多次的内心积极体验，唤醒并树立学生的主体意识，使他们认识到"我真行！""我并不比别人差！"

四、明确要求，想象创作

教师在借助创设的情境，让学生进入角色思考今天的任务，并通过欣赏大量的图片影像等资料，在教师的引导下，学生交流本次创作的主题和要求。教师则根据学生的交流总结归纳一些简要的学习要求，不但向学生提出明确的方向，而且让孩子养成做事有规律的好习惯。至于他们怎样完成，可以让学生自由地在同座或邻座间讨论后完成，也可以一个人独立完成。在学生创作练习的同时，教师进行巡回辅导，重点帮助学生加深对美的理解，目的在于全面提高每个学生创造美的能力。

五、成果展示，欣赏评价

在本课结束前用几分钟展评学生的作业，总结本课所学，鼓励学生在创造美的活动中继续探索，鼓励学生到生活中去认识美、创造美。这个过程时间虽短，却是整个教学过程的高潮和升华，学生最享受的就是这个环节。教师可采用多种方法进行教学评价，如学生自评、小组评、同学评、教师评价等等。教师可以把开头的情境继续延续到这里，创设情境来进行作品的展示和评价，给学生一个模拟场景，让他们更深入感受自己劳动成果的实际运用，并更好地参与其中，评价的热情也非常高，印象也更加深了。最后加上画龙点睛式的小结，既可使学生对本课时所学知识系统化、理性化，又能使其结晶升华，产生新的飞跃。

我们教师是教学情境的创设者，是教学活动的组织者和指导者，是学生心语的倾听者和积极的反映者，教师在美术课堂上适当借鉴主持人的角色，能够在教学中更充分地体现出学生的活力，它会使我们的课堂富有创意、生机盎然，它会使学生触景生情，进入角色，并全身心投入，让学生学中有乐，乐中有学，让每一堂美术课都成为学生精彩的艺术舞台！

教学设计:《未来飞行器》

一、情景表演,导入新课

1. 今天老师带来了一个好朋友,好问小精灵,请她来给大家打个招呼吧?(小精灵出场表演说白)

2. 可爱的小精灵遇到问题啦!我们来帮帮她,你有什么好办法?

3. 你们想得真好,今天我们做回小小设计师,设计一架先进的未来飞行器,带着大家飞到太空去自由遨游!(出示课题)

二、图片观察,初步表现

1.(出示模型)人类发明飞机是受哪种动物的启发?所以它们大多有个大机身,一对像鸟翅膀一样的机翼,还有像尾巴一样的尾翼,外形是我们学过的什么形状组成的?

2.(出示作品)老师用简笔画把它画出来了,请你也很快地画一架这样的飞机,注意线条要流畅。(学生试画,简单讲评)

三、深入探究,学习画法

1. 飞机给人类带来了很多方便,(图片)这种飞机你见过吗?有什么不一样?外形像什么呀?(板书:造型有变化)

2. 这是架怎样的飞行器?看它怎么起飞?真美,老师告诉你一个小秘密哟!(板书:功能更多样)

3. 这架飞行器怎么在水里呀?看看它是怎么飞、怎么游的?

小结:这些都是设计师叔叔根据生活想象出来的未来飞行器,美观又环保,厉害吧?

4. 小朋友闭上眼睛幻想一下,你心目中的未来飞行器是怎样的?有什么特别功能?(小组讨论,桌上比划)

5. 学生交流想法,请一个孩子试着画画看。(学生演示)

6. 教师给学生的画添加改变作补充,欣赏同龄人的作品。(投影)

7. 设计师叔叔已经在研制了呢!我们去看看。(播放影片)

四、明确要求，想象创作

1. 多神秘的太空啊，现在我们穿过时光隧道，幻想500年后的未来世界，我们都是设计师，把你想象的未来飞行器画出来吧。提出绘画要求：

★用基本形画一架未来飞行器

★★画外形有变化的未来飞行器

★★★能表现造型独特、功能多样的未来飞行器

2. 作品完成后剪下大概外形贴在背景图上。（教师示范）

3. 学生作业，教师巡回指导。

五、成果展示，欣赏评价

1. 小朋友把剪下的飞机展出在背景图上。

2. 集体欣赏作品，请学生说一说自己独特的设计。

3. 学生互评，选出你喜欢的，说说为什么。

4. 教师点评，评出最佳造型奖、最佳创意奖、最佳表现奖。（小精灵说话）

5. 教师总结全课。

（顾萍萍）

第5位

自能数学：一道靓丽的学习风景线

自能数学是突出“自”、体现“能”的教学实践样态。突出“自”，即突出学习的个体性、自主性和自为性。每一个学生的学习都是通过自己的大脑，运用一定的方法和思维独立地学习、理解；体现“能”，即获得学习的能力、思考的习惯、求知的欲望和探究的意识等。在课堂教学中，教师要让学生尽可能拥有更多的时间、空间，使之自觉、自主、自悟、自探，最后达到自能。

教学主张：自能数学

何谓自能数学，当然不能简单地理解为依靠学生自己的能力来学数学，当属学生“不待老师讲”、“达到不需要教”的学习数学。“教是为了不教”，叶老的这句话，道出了教学的本质，更指明了我们教学的终极目的——正所谓“授人以鱼，不如授人以渔”。从学生的发展和需要看，教师的教学不仅仅是为学生提供一些必要的知识储备，更重要的是为学生的终身学习和长远发展提供一些必需的心理准备和技能准备。因此，如何培养学生自能学习的习惯，如何培养学生积极探究的意识和能力，是我们数学教学过程中一个亟待解决的课题。

自能数学是以“数学”为载体、突出“自”、体现“能”的教学实践样态。首先，以“数学”作为载体。数学要求学生有一定的逻辑思维能力和高度的想象力，其所具有的思考性、知识的发散性和思想的延伸性，要求学生必须充分利用自学这种学习方法。通过在数学学科上自学能力的培养，使得在学生可塑性较强的小学阶段，培养学生具备各种学习品质和能力，发展智力。其次，突出“自”。自能读书突出学生学习的个体性、自主性和自为性。每一个学生的学习都是通过自己的大脑，运用一定的数学分析方法和思维方法，独立地学习、理解内容，获取知识并形成技能。在数学学习实践中，学生的自我意识、自主意识、自控意识得到强化，虽然也有教师的启发诱导，但主要还是由学生自学自思、自我感悟、自问自解、“自求得之”。最后，体现“能”。这里的“能”是指学生学习的主观能动性，这是自能数学教学的核心，是学生的学习能否取得好的效果的关键性因素。它包括数学学习的基本技能（分析的技巧，逻辑思维能力），还包括积极思考的习惯、主动求知的欲望和深入探究的意识等。

自能数学并不是一种固定的教学模式和具体的教学方法，它是我们的数学教学所应追求的训练目标，其训练的形式、方法和途径应该是灵活多样的。训练自能数学不是立竿见影、一蹴而就的事，需要进行不懈的探索和长期的实践，主要应该把握以下几个要点。

一、激发学生数学学习热情

苏霍姆林斯基曾经说过："在人的心灵深处，都有一种根深蒂固的需要，这就是希望自己是一个发现者、研究者、探索者。在儿童的精神世界里这种需要特别强烈。"心理学研究结果表明，一个人在一般情况下只能发挥其能力的20%—30%，如果受到充分激励后可发挥到80%—90%。人们在受到某种激发和鼓励的情况下，可产生趋向目标的内在动力，驱使人们自觉地创造条件，最大限度地发挥积极性、主动性和创造性，奋发进取，直达目标。可以说，运用激励教育是促进学生自我完善、走向成功的重要保证。

学生参与学习是学生心理的一种需要，也是发自内心的一种欲望。好的课堂还要求学生必须要有好的参与度，学生在教学过程中必须能做到全员参与而不是个别尖子学生的参与、全程参与而不是暂时片刻的参与、有效参与而不是形式上的无效参与。因此教师在教学中，要关注学生活动的动机，创设适当的情境，设置科学有趣的问题，激发学生主动参与的欲望。

二、创设数学学习氛围

创设学生自主学习的氛围，使学生在宽松、和谐、民主、愉悦的环境下学习，有利于学生去发现问题、提出问题、解决问题，才能使学生真正成为教学过程的积极参与者，成为学习的主人，而不是一个被动的知识信息接受者。首先，教师要尊重、热爱、信赖每一位学生，以平等和蔼的态度对待学生，让每位学生都感到自己是被重视、被关注的。其次，要发扬学生间的平等互助精神，避免绩优生产生优越感，看不起后进生，后进生产生自卑感的现象。训练学生做到先肯定他人优点，再发表自己观点。使每位学生都感到自己是被尊重的，从而产生成功感和愉悦感，引导学生学会自我调整学习心态。

三、引导学生把握数学学习的方法

在学生学习过程中，教师不应该是旁观者、局外人，而应该是学习活动的组织者、指导者和调控者、参与者和引导者。教师必须深入到学生活动中去，积极倾听学生的观点，适时与学生进行交流。通过巧妙点拨，能促使学生自觉反思，及时把握学习活动的整体、局部甚至是细节等方面的情况。当然教师的指导源于学生的体验，但又高于学生的感悟。

首先，教师应该教给学生自学的方法。在数学自学的过程中，如果只布置给学生自学的内容，没有相应的指导，是不可能达到预期的目标的。一般的学生在自学时，往往只是走马观花，随便翻翻书完成任务就罢了。我认为在初始阶段教师应该利用上课时间和学生一起自学，教给学生自学的方法，引导学生学会自学。在自学的过程中，教师可以和学生一起来读书，告诉学生什么时候应该动手画、圈知识要点，应该标记哪些知识；要求学生多问“为什么”并反复强化以形成一种意识；同时教师应出示具有启发性的自学提示。长期坚持下去，学生就能形成一定的自学能力，也就可以将课堂上的自学转移到课前的自学，从而为探究新知做好已有知识经验的准备，提供更充分的探究体验时间。例如，自学《平行四边形的面积公式》时，可以布置学生思考：（1）怎样用割补法推导平行四边形的面积计算公式？（2）平行四边形的面积与割补后拼成的长方形的面积有什么关系？为什么？（3）你还能有其他割补的方法吗？……

其次，试着看懂例题。可尝试告诉自己例题讲了什么，或通过阅读知道了什么，弄不明白的地方注上记号或是做好记录，以备与同学交流或课堂发问。然后“做一做”，哪里有困难要做好记录，这样做起码能让学生“依样画葫芦”，尽可能先对知识“知其然”，经由课堂，再达到“知其所以然”。

第三，寻找生活中的数学。引导学生学习生活中的数学是数学教学的目标之一。

因此，预习时必须让学生试着找找生活中的原型，拉近数学与生活的距离。如“循环小数”在预习时，可以布置学生找找生活中“循环”的现象，以帮助学生建立相应的概念。

四、提供学生数学学习的展示

吕叔湘先生曾说：“上课的时候就应该以学生的活动为主，教师的活动应该压缩到最低的限度。”调动学生的参与意识，让他们发表自己的意见，敢于和老师、同学展开讨论；为学生提供参与机会，让一切教学活动都围绕学生如何去学而展开。

“小组探究”有助于学生自主探究新知、自主解决问题。在这一环节中，学生在小组长的带领下，将自学的收获进行交流。根据学生掌握的情况，确定不同的发言顺序。差生会的，先让差生回答，差生不会，难度较大的题目，先由中上游学生回答。学生之间的想法要毫不保留，优等生要帮助差生弄清楚问题。还要将各自有疑惑的地方提出来，小组同学进行讨论。小组交流后不会的问题，再等到全班交流的时候进行解决。通过这一环节的学习，学生对问题已经有了深入的认识。像《圆的面积》一课，学生进行了独立操作和自主思考，然后在小组里进行交流。每个同学将小圆片进行拼摆，将独立思考的过程和小组同学进行交流。组内同学进行补充、纠正，达成共识。

在小组交流的基础上，进行全班交流。每个小组的同学发表自己小组的意见，其他小组的同学进行补充、纠正。针对汇报的内容，随机质疑、评价。这个时候，可能对同一个问题出现多种方法，也可能出现歧义，引起争论。这个过程，要让学生畅所欲言，学生在不断地展示、汇报和辩论中，学会知识。并且要将个例性的东西上升到规律。知识点的升华，学生能升华的由学生升华，学生不能升华的，可以由老师引导升华，从而使学生的学习达到更高的层次。整个交流过程是由学生自主站起来发言，老师只是在困惑处加以简单点拨，学生通过补充、完善，逐步弄清了知识，突破了重难点。

由此可见，课堂上的疑问让学生自己去解决，教师只要为他们提供一个展示自我的舞台，这对学生口头表达能力和思维的发展均有显著的作用，也能促使学生更好地自主学习。

五、启发学生数学学习的思考

传统的教学方法是把学生作为“容器”，教师拼命把知识往里灌，全然不顾学生的反应，教师讲得多，学生思考得少，练得少，教学效率低下。在提倡素质教育的今天，课堂教学中，教师一定要把学生看作学习的主人，让他们拥有时间去思考、去探究，通过启发、点拨、设疑、解惑，激发全体学生自主参与的意识，引导学生参与学习全过程。在学习活动开展的过程中，要安排各组汇报活动结果，交流策略和心得，介绍获胜的策略，反思失利的教训，充分发挥活动对巩固知识、激发兴趣、培养情感的积极作用。不断对自己学习中的表现进行反思和评价，提高对自己参与学习的自我觉察，以便及时发现和分析其中存在的问题，提出改进方案。同时要引导学生大胆质疑，让学生质疑不但能够体现学生的主体作用，而且有利于调动学生的思维和学习的积极性，更有利于学生创新学习。高质量的质疑是学生自学能力强的表现，可以推动整个课堂教学的进程，而且创造性思维的火花往往在质疑问难中被点燃。

“未来的文盲不是不识字的人，而是不会学习的人”，作为教师应当把爱心献予学生，把读书、思考的时间留给学生，把学习方法传于学生，让“自能数学”成为我们数学课堂上一道靓丽的风景线，让“自学数学”这一教学理念成为我今后教学的一盏明灯，在摸索中前进，在实践中成长，让每一堂数学课都能焕发出生命的活力，真正达到学习知识、培养能力的目的。

教学建模：激趣引入——研讨互动——练习反馈——方法梳理——拓展延伸

苏霍姆林斯基说过：“在人的内心深处都有一种根深蒂固的需要，这就是希望自己是一个发现者、研究者、探索者，在儿童精神世界中，这种需要特别强烈。”他们期望自己获得成功，期望感觉到自己智慧的力量，体验到创造的快乐。由于每个孩子都有一定的知识基础和探索经历，所以课堂上就敢于大胆地站出来表现自己，讲自己所知道的，说自己的发现，提自己的疑惑，通过交流，使学生不仅知其然，更知其所以然。“自能数学”要求教师，在正视学生差异的基础上要认识并把握每个学生的个性特点，给不同差异的学生以更广阔的发展空间。

“激趣引入——研讨互动——练习反馈——方法梳理——拓展延伸”教学模式是在课堂教学中，教师一定要把学生看作学习的主人，让他们拥有时间去思考、去探究，通过启发、点拨、设疑、解惑，激发全体学生自主参与意识，引导学生参与学习全过程。在学习活动开展的过程中，要安排各组汇报活动结果，交流策略和心得，介绍获胜的策略，反思失利的教训，充分发挥活动对巩固知识、激发兴趣、培养情感的积极作用。不断对自己学习中的表现进行反思和评价，提高对自己参与学习的自我觉察，以便及时发现和分析其中存在的问题，提出改进方案。它强调在数学学习实践中，学生的自我意识、自主意识、自控意识得到强化，虽然也有教师的启发诱导，但主要还是由学生自学自思、自我感悟、自问自解、“自求得之”。

“激趣引入——研讨互动——练习反馈——方法梳理——拓展延伸”教学模式大体可分为五个阶段：激发兴趣，引入课题——自主学习，研讨互动——练习巩固，加深理解——合理整合，方法梳理——拓展延伸，激发求知

一、激发兴趣，引入课题

找准新旧知识点的连接，或就知识点的延伸，从数学原型创设问题情境，导入新课。通过老师承上启下的衔接，帮助学生把知识点打通，构建学生对于知识的框架性了解。

二、自主学习，研讨互动

1. 自学课题

学生怀着想学什么的心理需要，自学课题，初步理解，掌握课题的基本内容，提出似懂非懂，需要进一步理解和探讨的疑难问题。

2. 小组研究

教师从学生提出的问题中，通过释疑、存疑，或探疑处理，筛选出有关课题解决的实质性或关键性的问题。分小组针对问题展开学习活动（或再学课题，或计算，或操作），讨论互评，解决自己能解决的问题，初步得出结论，准备交流。

3. 集体讨论

这是学新环节的重要步骤。一般分为三步，深入探讨，完成认知建构，基本达到目标要求。第一，小组汇报讨论结果，互相评议、补充，达成共识，得出正确完整的结论或问题解决的最佳方案；第二，引导学生联系实际，寻找与课题有关的实际问题，进行辩论，加深理解；第三，进行必要的课堂训练，加深理解。

三、练习巩固，加深理解

巩固性练习，在设计与组织训练时：（1）要紧扣目标，突出重点，练在关键；（2）要联系实际，贴切生活，体现实际性、开放性；（3）要由浅入深，层次分明。有必做题、选做题，给学生有自由选择、自主训练的余地；（4）要把握训练水平要求，加强分类练习指导，使不同层次的学生都能得到应有的发展与提高。

教师讲解：针对学生们的各个问题，教师分层、分内容进行多角度讲解，从多方面加深学生对于知识点的理解和熟悉。

四、合理整合，方法梳理

在尊重、理解教材的基础上，对教材进行合理的整合，引导学生归纳总结本课题的主要内容和知识的获得过程，并找出与以前所学知识间的联系，从而让学生感受到数学知识之间的连贯性和整体性，如：本节课你学到了什么？各个知识点有什么关系？与以前所学的哪个知识有关？帮助你解决了生活中的哪些问题？

五、拓展延伸，激发求知

根据本课题与下节课的关系，创设问题情境，激发再学欲望。引导学生联系已有知识，认真思考，预习新课，尝试计算，组织讨论，达到课虽结，趣犹存，思再学的境界。在整个教学活动中，教师始终以数学教学活动的组织者、指导者和参与者的身份，参与学习、讨论，充分发挥教学艺术性和创造性，启发引导学生积极地、主动地去探究数学问题，解决问题，获取知识。

教学设计：《百以内数的表示（2）——数射线》

一、激发兴趣，引入课题

出示已学的数射线：

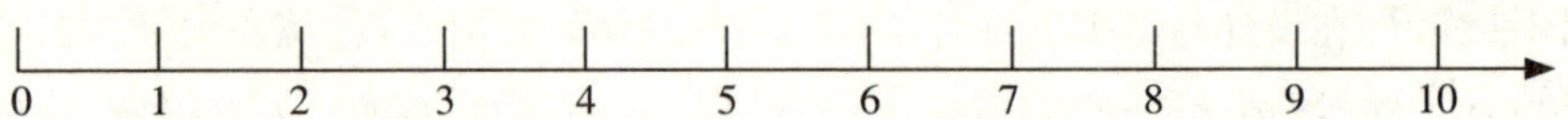

1. 通过观察，引导学生复习数射线，重点突出数射线上有刻度、有起点、有方向。

2. 揭示课题：《百以内数的表示（2）——数射线》。

二、自主学习，研讨互动

1. 出示新的数射线：

先引导学生自学，再讨论与原来的数射线的异同。

2. 出示：数射线上小青蛙跳远，数一数它跳到了几？

（1）从0起点开始跳

集体轻声从0开始十个十个地数，数到100。

（2）从100转身往回跳

男生倒着十个十个数，从100数到0。

3. 小青蛙从5开始跳依次跳到15、25、35、45、55、65……

女生十个十个地数，从5数到95。

4. 观察这一组数有什么特点？ 15、25、35、45、55、65……

个位上都是5，十位上每次大1。

三、练习巩固，加深理解

1. 练一练：说说带*题你是怎样想的。

30＋10＝	23＋10＝	75－10＝
60－10＝	46－10＝	52＋10＝
*67－30＝	*58＋20＝	

2. 出示题3的图1，在数射线上数数。

20、21、22……30：指名数

40、41、42……50：左边数给右边听

70、71、72……90：右边数给左边听

3. 出示题3的图2，说说数射线上这些字母在哪两个整十数之间。

（1）仔细观察，a在哪两个整十数之间？怎么想的？

（2）自己试一试，说说数射线上其他字母的相邻整十数，并记录在书上，组内交流。

（3）集体交流。

4. 出示题4图，在数射线上标出数。

（1）a表示什么数？怎么想的？

（2）b是几？汇报交流。

（3）独立完成题4。写出c、d、e所表示的数。

5. 出示题5图，在数射线上标出：21、29、32、38、43、72、83、94。

6. 请学生自己编两个两位数。

（1）自己编。

（2）说说这两个数分别在哪两个整十数之间。

（3）在数射线上表示出位置。

四、合理整合，方法梳理

1. 本节课你学到了什么？在57与62之间有哪些数？

2. 与38最邻近的整十数是（ ），与62最邻近的整十数是（ ）。

想一想：怎样能快速地找到最邻近的整十数？

五、拓展延伸，激发求知

数射线上的数从左到右，越来越（ ），用这个方法可以比较两个数的大小，这个本领我们下节课再来研究。

（陈 燕）

第6位

反刍语文：粗吞细嚼、触类旁通的教学情态

“反刍语文”是从仿生学的角度，将牛的那种“反刍”现象借鉴、应用到语文教学实践中来。通过不断温故知新的反刍和触类旁通的迁移，让学生充分消化知识，获得营养，有效地提高语文能力。“反刍语文”符合迁移学习规律，有广泛的实践基础。我们的语文教学需要运用“反刍”现象，在磨砺的基础上学会驾驭语言学习规律。

教学主张：反刍语文

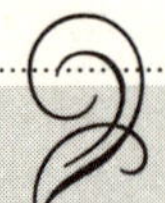

悠闲的暑假，我终于可以静下心来走进网络，学习聆听各种各样的教学视频，感受体味小学语文课堂的精彩。我们语文教师在课堂上虽然现在都把学生放在了主体的位置，给学生的是一种平等的学习环境，学生在课堂上是有了张扬个性的空间，但课堂是知识传授的主要载体这一功能没有改变，过多地关注教学环节的完成使学生失去了"反刍"的时间。我们需要在语文课堂上学会"反刍"，在磨砺的基础上学会驾驭课堂。当学生需要"反刍"课堂时，我们的语文教师又该在语文课堂上"反刍"一些什么呢？

一、积累——反刍语文的前提

1. 重视内化教材语言，完成课内积累

杜甫云："读书破万卷，下笔如有神。"可见，让学生进行一定的语言积累十分重要。新课程标准中也非常注重学生的积累，基本上大部分课文后面都要朗读、背诵。在练习中也出现了大量的读读背背等。但在语言积累中，我发现了这样一个问题：在一次语文考试中让学生按要求写出几个成语。尽管学生对这几个成语都学过背过，但是还有很多人空在那儿。这就引起了我的深思：光让学生完成积累的同时一定要让学生在理解语言的基础上，重视学生完成语言的"内化"。一篇课文，不可能句句精彩，通篇皆好，但总有一些情节、段落或句子会吸引人反复阅读，甚至读后回味无穷，令人久久难忘。我就让学生把这些词句摘抄在本子上，配上自己喜爱的图画，定期展示、评比，大大激发了学生积累的兴

趣。因此，教师要想方设法激发学生的积累兴趣，利用他们喜爱的方式，使他们在愉快的氛围中不自觉地完成语言内化的过程。

2. 推荐课外读物，完成课外积累

光靠课内的积累还远远不够，教师还应该指导学生多读课外书籍。新课标中也明显加大了学生的阅读量。每当学生学完一篇课文后，往往会有很高的兴趣和热情去了解本课以外的知识，这时教师就要趁热打铁，向学生推荐与课文有关的书籍，提高他们的学习兴趣，还能使学生养成"博览群书"的良好习惯。

二、消化——反刍语文的基础

这种反刍式单元教学法就是整个单元教学按"预读、导读、仿读、自读和测试"五个步骤进行，整个过程由"扶"到"放"，体现叶老"教是为了达到不需要教"的教学思想。

反刍式教学符合提出问题、分析问题、解决问题的学习过程。其中粗吞是提出问题：教（学）什么？细嚼是分析问题：如何教（学）？消化则是解决问题：教（学）得怎么样？

1. 求同性消化

通过比较，认知异中之同，就是认识矛盾的普遍性、事物的共性，即规律性。在教学中，"知同"才能把握教材的基本规律，温故知新，举一反三。

其实，一堂"活"的课除了课堂气氛要活跃以外，其内涵实质上还要求堂上活动充分，书声琅琅，语言学用，读写结合，体验情感，合作交流，语句欣赏，探索思考，延伸拓课等等。而要完成这些表现方式，就要求学生必须具备听、说、读、写等能力，培养这些能力，让课堂上充斥这些东西，张扬这些能力。

而反刍式教学模式正好给实现这些指标提供了方便。依反刍式教学模式看，一个单元的课程安排一般包括总览课、导读课、仿读课和自读课，每个课中除了一篇主体课文以外，还外配一篇可比性强的比较阅读，有时还给学生推荐一些利于学生理解课文内容或拓广知识面的文章。总览课是对整个单元课文内容的大体了解，导读是教给方法的一步，仿读是仿照学法在教师的协助下自学，自读原则上是让学生自学。通过四个课的学习，让学生对同一主题、写法相近的文章的学习掌握方法，学以致用，实现知识的迁移和掌握。从这个流程来看，导读课是关键的一课，该学什么、该怎么学，都得在这一课中让学生懂得，只有这样，学生在以后的仿读、自读中才能知晓该怎么做。

导读课一般有“四读”：粗读扫除语言障碍，精读领会主旨，品读学习读法写法，赏读体味语言。导读到自读的过程，是培养学生自觉求知，增强解决问题能力的过程。导读，首先体现在教师事先精心设计的“导读提纲”里，以此提示本单元的学习要求、体裁特点和学习重点等，并设计出有关课文的基础和能力的训练题目，引导学生研讨。在课堂上，同学们边阅读，边思考，边查工具书，边解答，遇到困难就交换意见，相互启发，教师只在关键之处作点拨，引导他们作归纳小结。怎样才能把导读课上活呢？这是一个难题。得体而有激趣意义的导语对于每一节课都是需要的，这在激发学生学习兴趣的同时，也能拉近学生与教材的距离，消除学生对教材的隔阂。粗读课文时要力图避免死板生硬，可以让充分使用各种各样的方法自学生字词，调动积极性，培养自主意识。值得注意的是，学生汇报的时候要及时发现学生的创造性回答，但切忌一味肯定、过分褒扬，应根据实际情况给予客观评价，指出学生错误时语言应得体，不要打击积极性，还可通过听写、小测验等小比赛把字词的掌握和词语的运用落实到位。

2. 辨异性消化

通过比较，能辨别同中之异，就是认识矛盾的特殊性、事物的个性，即变化和发展。在教学中，“辨异”才能见微知著，触类旁通。

仿读课与导读课不同的地方是让学生仿照上一篇课文（导读课）老师设计的思考练习题，根据单元和本课的要求，在课堂上自己先质疑问难，然后再一起研讨解决。仿读课和自读课，学生必须在老师的组织和指引下进行。学生的学习是一张网，而老师的指引就是纲领，究其根本，这些纲领实际上是数量少而精辟的与课文内容密切相关的思考题。在解决问题的过程中，穿插着的是学生积极投入的讨论交流、合作探究、对作者思想感情的解读，师生的共同探讨和声情并茂的朗读，学生活跃的思维碰撞和老师充满期待与激情的引导通过解决思考题。当中还有与课文内容相关的实际问题在生活中的模拟运用，训练学生的想象和读写能力，让学生在一系列的学习活动中读懂课文，进行听、说、读、写的训练，提高能力，促进思维能力的发展。

三、吸收——反刍语文的关键

1. 读中感悟吸收：适当指导，引导学生感悟“写法”

学生阅读的那些典范性的文章，可以为作文提供丰富的养料，可以使作文学有榜样。例如经常结合阅读教学安排一些作文训练，可以使学生认识到读与写的密切关系，自觉地从阅读中学习各种写作方法，在写作中运用学到的方法，从而有效地提高作文水平。作文并不是光靠两节作文指导课就能写好的，它需要我们教师在一入学就应不失时机地培养学生写作（包括说话）的兴趣，在长期的阅读教学中渗透作文指导，潜移默化地培养学生的写作能力。达到“随风潜入夜，润物细无声”的效果。

教学片段：

了解场面描写的作用，体会写作要以小见大、以情感人。

师：《开国大典》记叙了哪几个激动人心的场面？

生：课文记叙了入场、典礼、阅兵式和群众游行四个激动人心的场面。

师：重点描写了什么场面？

生：课文重点描写了典礼和阅兵式，表现了开国大典的伟大意义。

师：作者描写每一个场面的侧重点不同，写的方法也各不相同。

请学生朗读毛主席出现在主席台上这个场面的内容——

“下午3点整，会场上爆发出一阵排山倒海的掌声，中华人民共和国中央人民政府主席毛泽东出现在主席台上，跟群众见了面。30万人的目光一齐投向主席台。”

师：课文重点写了群众的掌声和目光。

掌声是——（学生齐读），写出了30万人热烈鼓掌的那种排山倒海的宏大气势，而且这样的掌声是因为毛主席的出现而“爆发”出来的。

目光是——（学生齐读），写出了人民群众对毛主席的热爱和敬仰。

师：阅兵式的场面写得井然有序而又很有特点，每个兵种描写的侧重点也各不相同。

指名复述这些内容。

生：……（指名五人复述五个兵种的描写内容）

师：海军主要写“帽子”和“蓝制服”；

步兵主要写“列成方队”的编队；

炮兵着重写“各式各样的炮”和“排成一字形的横列”；

战车师主要写“装甲车”和“坦克车”以及“战士们”；

骑兵师主要写“红马连”和“白马连”，表现了骑兵战士的本领高强，训练有方。

师：即使时隔多年，我们读这些场面描写，也会受到深深的感染。作品的力量就是这样，以情感人，传之久远。

布置作业：模仿场面描写的方法，写写同学们在浏河营地“荡索过河”的情景。

有很多教材不光语言优美，内涵深刻，有的在写作技巧和表达方式上也颇有特色。因此教师就要充分发挥其主导作用，潜移默化地渗透写作指导，通过点拨，巧妙地引导学生感悟吸收“写法”。如学习了《詹天佑》这篇课文，让学生懂得，写一个人，如果只是笼统地说他认真负责、不怕困难、以身作则，是不会给人留下什么印象的，只有具体写出他做过的事、说过的话，还有他的思想活动，才能产生如见其人、如见其声的效果。还有《开国大典》的场面描写，《一夜的工作》中的生活事例描写，《坐在最后一排》的心理活动描写，《烟台的海》的景物描写，《采蒲台的苇》的对话描写等等，都十分出色，值得学生好好学习，好好体会。这样在学生感悟作者写法的同时，才能帮助他们逐步提高言之有序、布局谋篇的能力，从而提高他们的写作能力。

例如课文《寻找幸运花瓣》，在课后的练习中设计了这么一道题目：“仿照课文的写法，用几句话把一个人寻找东西的情景写具体。”这实际上是一种模仿性的写作练习。模仿就是学习，会模仿就是会学习，有模仿能力就是有学习本领。一个人首先要有模仿能力，然后才能有创新能力，学生的学习就是从模仿开始的。小学生学习写作，也是从模仿开始的。语文书中的课文都是范文，学生效仿课文作文，就是模仿。效仿能力越强，作文上路就越快。日积月累，长此以往，学生的写作能力也就逐渐提高了。

2. 读写结合吸收：就地取材、锻炼学生的写作能力

学生在阅读和理解课文内容的过程中，有时与作者的情感产生共鸣，会产生一种仰

慕和跃跃欲试的创作欲望。此时，教师要抓住时机，有的放矢地让学生进行练写，从而提高他们的写作能力。常用的形式是让学生根据教材，运用丰富的想象对教材进行重写、缩写、续写或仿写等。

我们发现五年级新教材写作指导的重点也发生了重要变化：它不仅反映在8至10次的作文指导上，更重要的是体现在每一篇课文的教学中，体现在读写结合的设计上。让学生在阅读中体会写作，学习写作方法，同时创造条件让学生运用学到的方法练习写作。本册教材的练习设计加大了读写结合的力度，并通过各种形式让学生获得作文练习的机会。

（1）根据课文内容设计写作练习，既为学生开辟了选材的渠道，降低了选材的难度，丰富了写作内容，又增加了学生练笔的机会。

（2）根据课文的表达形式，如课文的结构特点、写作方法、语言特色等方面设计写作练习，做到先读后写，读写结合，提高学生的写作能力。

（3）抓住课文中学生感兴趣的内容，让学生补充情节或对话，使课文所描写的故事获得新的发展，也可以用创设情景、组织片段表演、展开丰富的想象等多种方式，激发学生的写作兴趣，设计口头或书面的写作练习。

单单凭气氛活跃、学生一大片一大片地举手回答问题就断定该堂课“活”了，这评价未免太苍白，我们还得看课的内容是否充实，而反刍式教学模式正好给我们提供了一个广阔的舞台，只要多花心思深入钻研，我们的演绎就一定能越来越精彩！

教学建模：“复习导入——整体感知——品读感悟——拓展延伸”

反刍语文是从仿生学的角度出发，可以将牛的那种“反刍”借鉴应用到语文教学实践中来。通过不断温故知新的反刍和不断触类旁通的迁徙，进行反刍式教学，就能让学生充分消化知识营养，有效地提高语文能力。

“复习导入——整体感知——品读感悟——拓展延伸”阅读教学模式就是教师通过创设生动的教学情境，开放性的引导，在复习旧知的基础上让学生主体参与教学全过程，张扬学生个性，品读感悟，温故知新，举一反三。

“复习导入——整体感知——品读感悟——拓展延伸”阅读教学模式大体可分为四个阶段：结合情境，复习导入；初读课文，整体感知；深入学习，品读感悟；教师总结，拓展延伸。

一、结合情境，复习导入

儿童的心理特点是好奇、好玩。创设有趣的情境导入新课，能诱发学生的学习兴趣，调动学生学习的主动性。创设激疑情境导入新课，能激发学生求知欲，有助于揭示教材内在联系，为学生自行探究、理解所学的知识、完成学习任务起着十分重要的作用。教师在教授新课前，若能有的放矢地精心设置以旧引新的悬念，把握好“导入新课”这一教学环节，充分发挥教师的主导和学生的主体作用，便能收到事半功倍的教学效果。

二、初读课文，整体感知

让学生谈谈读懂了什么，说说课文写了什么事，从整体把握课文内容。阅读中，给学生充分的时间读书，让自己溶入作品，与作者同呼吸，这样来启迪学生阅读时的灵性、悟性和创造性，最大限度地激发起学生的求知欲望，从而很好地去完成初步阅读的任务。

三、深入学习，品读感悟

充分利用文质兼美的课文，引领学生抓住内容精彩之处、语言运用经典之处，品读语言文字，让学生从课文中的字、词、句，甚至标点符号的比较、揣摩、感悟、运用中受到语言的熏陶。让学生沉浸在语言文化的无穷魅力中，进而使他们爱学语文，乐学语文，学好语文。

四、教师总结，拓展延伸

“语文新课标”指出：“教师应创造性地理解和使用教材，积极开发课程资源，沟通与其他学科之间的联系，沟通与生活的联系，扩大学生语文学习的视野，提高学生学习运用语文的积极性，从而丰富语文课程的内涵。”我们要把主要精力放在深入理解和把握课文上，由课内向课外延伸，设计一些拓展活动，在最值得拓展延伸的地方去拓展延伸，比如，文章的情感升华，能力的迁移训练等，拓展切不可不着边际，伤害到语文教学的本体——语文性。

教学设计：《燕子》

一、结合情境，复习导入

师：同学们，当春回大地，万象更新的时候，有一种美丽的小鸟，从南方飞回来，你们知道是什么鸟吗？（媒体出示燕子图）

师：燕子给你们的印象如何？

学生交流，结合自己的生活经验讲述自己眼中的燕子的形象。

教师：今天，就让我们欣赏作家郑振铎先生描写的《燕子》。（板书：燕子）看看作者描写的燕子是怎样的？

二、初读课文，整体感知

1. 听课文范读，生思考：作者笔下描写的燕子是怎样的？

2. 交流出示第一小节。

（1）指名读：你们瞧，这就是我们熟悉的小燕子，谁来说说它是什么样子的？

（2）比较句子：一身乌黑的羽毛，一对翅膀，一个尾巴，凑成了一只小燕子。哪句好，为什么？

（3）小结：写动物的外形时，我们可以抓住特点用比喻的方法写具体、写生动。

过渡：多可爱的小燕子，难怪作者会有这样的描写。

三、深入学习，品读感悟

1. 出示：伶俐可爱的小燕子从南方赶来了，加入这百花争艳的盛会，为春光增添了许多生趣。

2. 交流出示：阳春三月……形成了光彩夺目的春天。

（1）读：哪里看出盛会？

（2）交流理解“赶集似的聚拢来”。

朗读指导：带着对春天的热爱，对春天的赞美，一起来朗读这段话。在朗读中展现这是一个光彩夺目的春天。

3. 过渡：小燕子为春光增添了什么生机呢？（质疑问题2）

4. 交流，出示第三小节，体会动态美。（贴、沾、斜、掠）

5. 总结全文：作者描写了燕子的样子和生趣，从静到动，突出了燕子的伶俐可爱。作者写得非常美，老师请你们积累自己喜欢的句子，待会儿读给大家听。（3—4人）

6. 师：春天因为有了燕子才更美丽，更有生趣，让我们齐读课文，再次感受春天的勃勃生机。

四、教师总结，拓展延伸

1. 出示：任选一个写一写：

（1）模仿第一小节写写你喜欢的小动物的外形特点。

（2）模仿最后两节写写你喜欢的小动物活动的情况，如小鸡觅食，小猫戏球等。

2. 交流点评。

（周琪民）

第7位

正向语文：触摸真、善、美的语言世界

当我们内心充满正能量的时候，自信、豁达、愉悦、进取就会在我们身上尽情地表现出来。语文教材情感性极强，包含着自然之美、社会之美、艺术之美、生命之美。教师如果能够充分运用这些正向情感浸润孩子们的心灵，引领孩子们领悟字里行间跳动的情愫，那么，无论是在语言实践层面还是在价值观层面，都能超越预期的教学目标。让我们用“正向语文”的思维放飞童真，让孩子们在语言里触摸真、善、美的世界。

教学主张：正向语文

身体可以影响头脑的运作，行为可以和情绪相互作用，所以，情绪是可以控制的，快乐是可以创造的，做出改变激发正能量，就能成为全新的自己。——理查德·怀斯曼（英国心理学家）

正能量是一个物理学的概念，后被引申为一切给予人信心和希望、促使人不断追求、让生活变得圆满幸福的动力和感情。正能量传递的是一份积极的心态，当我们的内心充满正能量的时候，内心蕴藏着的自信、豁达、愉悦、进取就会在我们身上尽情地表现出来。

语文教学中，学生是学习和发展的主体，教师是学习活动的组织者和引导者，教材则是学习的凭借，学生、教师、教材之间的互动和促进组成了语文教学活动，辩证地认清学生、教师、教材三者之间的关系，从根本上挖掘三者的“正能量”，引导学生以健康、积极、乐观的情绪投入到语文学习中，是促进语文教学焕发“正能量”的一条有效途径。笔者称这样的语文教学为“正向语文”。

一、激发兴趣，丰富想象，渐入语文“正向”气场

有这样一则故事：有一个小孩不愿意吃饭，母亲想尽办法也无济于事。后来，母亲灵机一动，把米饭盛在椰子壳里，没想到孩子竟连吃几碗，这就是著名的“椰壳效应”。椰壳效应告诉我们：教育不宜孤立、僵化、静止，而要带有趣味性，带着求异心，由此及彼，举一

反三，让学习主体在不知不觉中主动进入积极正向的学习气场。

《扬州茶馆》是朱自清先生的名作，课文为我们介绍了中国传统的饮茶风俗和小吃文化。为了充分激发学生的阅读兴趣，在学习课文前，我让学生收集关于民间传统小吃的资料，充分感受中国饮食文化的源远流长与博大精深。在课堂上，我一边和学生一起阅读文本，一边引导学生想象感受，我们一起学着“买零碎的”亮开嗓门吆喝，模仿大厨的“切、放、浇、滗、拨、倒、搁”，在生动有趣的体验中，品析作者用词的准确细腻，品味扬州小吃的精美诱人，品悟朱自清先生对家乡的挚爱情愫。

课文《秦陵兵马俑》一方面用详尽的数据说明了兵马俑宏大的规模，另一方面从身材体格、衣着披挂、动作神态等方面，准确细腻地表现了兵马俑的特点。为了帮助学生深刻领会兵马俑“类型众多、个性鲜明”的特点，我依托文本，设计了一段多媒体课件，把文中的兵马俑形象栩栩如生地展示出来，给学生以直观形象的认识。同时，让学生认真阅读课文，然后用自己喜欢的方式介绍自己最喜爱的兵马俑。在多媒体创设的情景中，学生们有的读，有的演，或推举代表交流，或全组出动汇报，各抒己见，畅所欲言……沉浸在真实感性的氛围中，理解着，感受着，欣赏着，表达着。这个教学环节的实施，既避免了费时低效的课文分析，又激发了学生的学习积极性，让学生尽情展示独特丰富的个性化理解和表达，让学生的阅读能力多方位地得以发展。

现代心理学家告诉我们：喧闹沉闷，焦虑不安，忧郁苦闷等不良氛围或情绪会降低人们的智力活动水平和学习的积极性；而轻松、愉快的氛围或情绪，则能使人产生超强的记忆力，能活跃创造性思维，充分发挥心理潜力。小学生是极富情感的一个特殊群体，也是极具个性的一个群体。一个拥有现代教育理念、带着正向能量的语文教师，就应该结合课文，根据学生的年龄特点和兴趣爱好，通过生动活泼、多样化的教学情境，有效地运作课程，多方位地打开学生的求知欲望，把他们带进一个充满正能量的气场，让他们在充满活力的“正向语文”课堂中迸发出智慧的火花。

二、启之以思，发之于心，感悟语文“正向”情感

思维是从疑问开始的。“正向语文”教学应该以学生自主、合作学习为前提，以现

行教材为基本研究内容，以学生周围实际的生活为参照对象，为学生提供充分的机会来质疑探究，让学生通过个人、小组、集体等多种学习活动，将自己所学的知识应用于解决实际问题的一种教学形式，同时受到科学方法、精神、价值观的教育，并发展自己的个性。

《燕子》一课有这样一句话：一身乌黑的羽毛，光滑漂亮，一对俊俏轻快的翅膀，加上剪刀似的尾巴，凑成了那样活泼可爱的小燕子。课上有学生质疑："凑成"有"拼凑"的意思，课文中为什么用"凑成"而不用"组成"？在充分肯定了该生积极的思维行为后，我引导学生反复阅读句子，并且顺势设下悬念，以疑促思：为什么作者只写了羽毛、翅膀和尾巴？这样写不是很不完整吗？带着问题，学生们一边阅读一边为作者寻找理由。一番讨论后，学生们找到了各式各样的理由，从不同的角度理解了作者用词的精准，明白了虽然作者没有写整只燕子，但是"乌黑光滑的羽毛、俊俏轻快的翅膀、剪刀似的尾巴"是燕子最引人注目的地方，一个"凑"字既让燕子小巧玲珑、活泼可爱的形象跃然纸上，又使作者对燕子的喜爱和赞美洋溢在字里行间。

《微笑着承受一切》一课审题时，有学生提问："一切"指什么？这个问题提得非常好，它是全文的主线索。我让学生带着这个问题仔细阅读全文，学生们在阅读中慢慢明白了"一切"的含义：桑兰5岁就开始学艺，付出了童年的欢乐；大赛之前不幸受伤，不得不忍受遗憾、疼痛的身心折磨；躺在病床上见到队友时，感伤和酸楚的复杂心情；治疗过程中，强忍剧痛的艰难……而这一切，都是一个十七岁花季女孩很难承受的。微笑着承受这一切的桑兰，是如此坚强，如此勇敢。

《在金色的沙滩上》是一篇文质兼美的记叙文，记叙了一位小姑娘在海滩上顶着烈日为一位画家看守衣服和画夹却又谢绝画家送给她贝壳的故事，赞扬了小姑娘诚实守信、乐于助人的美好品质。文章紧扣"美"字：景美，刚冒出海面的太阳，碧蓝的海水，海浪激起的白雪般的泡沫，金色的海滩，各色各样的贝壳；人美，心疼小姑娘并愿意帮助她的老伯伯，一心想对小姑娘表示感谢的画家，淳朴诚实的小姑娘。教学时，我抓住"美"这一情感主线，让学生在读中发现美，通过个性化的朗读，读出自己感受到的美，并在自读自悟的过程中，积累词句、内化语言，受到情感的熏陶与感染。

学而不思则罔，思而不学则殆。只有将质疑探究与学习活动有机结合，把阅读的主动

权还给学生，给学生的主动学习搭设多元化平台，学生才能真正主动阅读，才能深刻思考，才能真心感悟，语文教学才能获得成功。

三、饱览博闻，丰富积淀，储备语文“正向”能量

新课程的教育视野已经由知识传授转向生命成长。阅读教学要以学生的发展为本，以教材为依托，从学生的知识技能、过程方法、情感态度和价值观多个维度促进学生发展，让学生在获得知识的同时，获得潜能的激发、方法的引领、思维的启迪、智慧的生成与情感的熏陶。

教学中，可以结合班级实际，开展丰富多彩的阅读活动，引导学生拓展学习领域，增加学习储备。学习了《关羽刮骨疗毒》一文后，我就让学生去阅读《三国演义》、《西游记》、《水浒传》等古典名著，并要求每个语文学习小组编辑一份阅读小报。两周以后，《我爱孙悟空》、《发明家——诸葛亮》、《趣谈梁山好汉》等小报陆续出炉。那一阵子，我发现班上讨论的最多的是这些古典人物，就连作文中也时常能看到他们的名字。这是一个学生看了洪灾新闻后写的一段话：

高大的双层巴士只露出一个车顶，在滔滔洪水中痛苦地战栗；即将抽穗开花的庄稼，在茫茫泽国里无声叹息；幽静美丽的小山村，瞬间被泥石流冲得面目全非……东海老龙王啊，别睡大觉了，劳您大驾，深吸一口，还灾区人民一个安宁的环境，好吗？二郎神呀，您老不是最擅长呼风唤雨了吗？快让风温顺点，让雨收敛点，求您了！

这段叫人忍俊不禁的文字散发着炽热的公益之心，形象地展示了小作者的焦虑心情。美丽的神话人物深深吸引了他，滋养着他天真无邪的心灵，同时也与他在现实生活中的所见所闻产生了千丝万缕的关联。这种天马行空的想法正是小学生最高端的智慧，最宝贵的财富，最感人的呐喊。

苏联教育家苏霍姆林斯基就曾说过：让学生变聪明的方法，不是补课，不是增加作业量，而是阅读、阅读、再阅读。课外阅读为学生打开了信息通道，丰富了语文储备和“正向”能量，拓宽了写作空间，让他们的心灵插上了飞翔的翅膀，自由自在地感受世界，充满激情地评价生活。

四、关注生活，表情达意，提升语文“正向”品质

拥有鲜活生命的小学生，他们对现实的观察和思考、对生活的体验和感悟都是精彩纷呈的，他们常常会生活在自己独有的奇妙而充满梦幻的世界里，以不同于成人的眼光去审视品评生活，把自己与身边感兴趣的事物紧紧关联，从中获得切身感悟。这种感悟是一种独特的个体经验，更是宝贵的自由表达。

学完《宽容》、《享受心安理得》、《信任》这几篇课文后，我利用语文拓展课在班上组织了一次题为《和谐的生活》的讨论交流活动。结合课文内容，结合生活见闻，孩子们围绕“和谐”各抒己见，观点迭起。其中有一位学生提到了在食堂用餐时飞来了一只小鸟的情景，并批评了那些一惊一乍的同学，因为他们的举动吓着了小鸟。当时，有几个同学认为她小题大作，可她据理力争，摆出了一大堆人类与鸟类和谐相处的事实予以反驳。看着她慷慨激昂的表现，我欣喜万分，情不自禁地为她鼓起掌来。

语文教材中不乏闪烁着各种美丽闪光点的人物：勤奋自学的华罗庚，珍惜时间的鲁迅，百折不挠的欧立希，身残志不残的霍金……这些人物鼓舞着学生，同时也启迪着学生：什么样的人最美？学完第十册第五单元，我给学生布置了这样一篇周记：结合本单元的课文，说说你对“美”的看法。有一位学生是这样写的：

我有一个小小的习惯，无论上学还是外出旅游，总是随身带着妈妈给我买的环保餐具：一个小巧玲珑的塑料盒子里，装着一双不锈钢筷子和一把不锈钢调羹。我很高兴自己省下了一双又一双一次性筷子，节约了一些木材、竹料。那天，爷爷清理出一大把包装袋想扔掉。在我的建议下，我和爷爷剪剪编编，一个五色菜篮子在我俩的手上诞生了。因为我不是很聪明，妈妈不经意间常流露出一种遗憾。是啊！这辈子，我是成不了华罗庚、鲁迅、欧立希这样的知名人物了。但是，我觉得自己很美！不是吗？生活中的这些小行为、好习惯，让我成了一个懂得环保的人，一个懂得节能的人，难道这不是一种美吗？

我相信，看了这段文字的人一定会由衷地为这个孩子喝彩。因为她领悟到了美的真谛，在“正能量”的召唤下，她的人生一定会精彩无比。如果语文教学能在学生的成长中起到引领快乐人生的作用，那么语文教学的功效已经发挥到了极致，这也许就是一种“正

能量”吧！

“正向语文”课堂是一个充满正能量、充满人文气息的现代课堂，它为学生创设了快乐学习、健康发展的成长空间，它既符合语文学科的工具性，更契合语文学科文化载体、情感载体的双重特质。读读想想，心灵在徐徐展翅；说说写写，真情已汩汩流淌。“正向语文”是一种积极的学习态度，也是一种积极的生活态度，更是一种积极的人生态度。让我们带着新课程理念，用自己的“正能量”活化学生的思维，扬起学生的自信之帆，放飞学生的童真之心，点燃学生的“正能量”，创设一种和谐高效的语文学习方式。

教学建模：引入正向气场——搭设正向平台——体验正向情感——提升正向品质

语文教材情感性极强，包含着自然之美、社会之美、艺术之美、道德之美、人生之美，教师如果能够借助课文中蕴含的丰富感情，以自身的正向情感浸润学生的心田，引导学生在美的世界里感受真、善、美，领悟字里行间跳动着的感情脉搏，那么，无论是思想教育还是语言知识训练，都能完成甚至超越预期的教学目标。

语文教学中的情感教育是一种重要的潜在力量，是语文教学过程积极化和最优化的重要手段之一。语文教师要灵活地运用多种方法、手段激发学生的情感，调动学生学习的积极性、主动性，活跃课堂气氛，让学生在浓郁的教学情感氛围中把握知识，训练思维，体验感悟。

在“引入正向气场——搭设正向平台——体验正向情感——提升正向品质”教学模式中，教师创设了生动的教学情境，引导学生进入一个集“趣味性、开放性、自主性、创造性”于一体的学习环境，通过师生一起阅读欣赏、一起感受体验的积极互动，帮助学生打开情感世界，在情感共鸣中完成发现美、感悟美、创造美的过程。

一、情境导入

师生之间的情感交流不是一种形式简单的交流，而是一个多维的立体流程，知识信息的交换、思维逻辑的互动、思想火花的碰撞……一切都必须在合适的气氛中找到合适的载体，从而展现其生机与活力。

言为心声，情动辞发，因而阅读应首先披文入情。文本之“情”，就是文章集中表现的主旨情感，或是文章主人公的精神品质，或是文本事件的道义所在，或是作者阐明的某个观点……教学中要围绕这条主线引导学生沿着文本主题的主线去研读、探究、体验、感悟，整合文本信息，优化教学环节，有层次地引导学生走进文本，与作者、文本对话，形成情感碰撞，很好地加强学生对文本的整体把握，促进了学生的深层感悟，使语文教学的人文性落到实处。

二、阅读互动

所谓“书不读熟不开讲”，强调的是学生必须要有一个自己与文本对话，熟悉文本内容的过程，使学生对文本有整体的感知和把握。教学中要重视着眼于学生自读能力的培养和发挥，使学生逐步能够自能化阅读。以指导、帮扶、检查等方式促进任务落实的同时，调动学生的学习实践，从而提高自能读书的能力。

有效落实语文学科的新课改理念，最为关键的一点是通过教学的合理设计为学生的个性发展及个性化的学习过程提供尽可能大的空间，从而全面提高学生的语文素养和文学思维品质；自主、合作、探究的学习方式，能让学生以听、说、读、写的主体参与语文实践活动，让语文真正内化为学生自己的精神世界。

三、体验情感

新课标指出：阅读教学的重点是培养具有感受、理解、欣赏和评价的能力；逐步培养学生探究性阅读和创造性阅读的能力。“正向语文”教学主张把阅读训练的着力点放在首位考虑，同步引导学生明理悟情，受到情感的熏陶，获得思想启迪，享受审美乐趣，这样能达成“三个维度”相互渗透，学生的阅读能力得到实质性的提高。

教学中，着眼于培养学生学会阅读，强调学生在老师的指导下的读书实践，在阅读中学会阅读，调动学生积极主动地读书、思考、体会、感悟，落实，围绕文本主要内容择取切入点，引导学生进行朗读、默读、略读、浏览等多种读书实践，把读书、理解、感悟、学习表达交融并进，推进学生对文本主题的理解，同时提升学生的阅读能力。

四、探究内化

人们的语文能力是习得的，而语文能力的习得无一不是从感悟开始。通过对语言材料的反复感悟，学生才会从中总结出一些带有规律性的东西，并积累丰富的语言材料和语感经验，形成良好的语文素养。

为文之道在厚积而薄发，小学语文阅读教学中，培养学生的语文知识积累是十分重要的。根据文本特色的不同，设计积累性教学活动，既可以让学生积累优美词句，又可以积累表达方法，也可以积累情境画面，还可以积累情感体验。让学生学以致用，在学习、积累的基础上，指导学生积极运用所学，不仅可以促进语言、情感、事理的内化深度，而且可以更好地落实“全面提高学生的语文素养”这一语文教学的根本目标。

教学设计：《在金色的沙滩上》

教学目标：

1. 能在阅读的过程中独立认识4个生字：肠、蝌、蚪、捅，理解并积累7个词语，仿写比喻句；

2. 正确流利地朗读课文，了解课文的内容，并能按提纲简要复述课文；

3. 体会小女孩的美好心灵。

教学重难点：

1. 能在新的语言环境中识记4个生字，理解并积累7个词语，仿写比喻句；

2. 了解大海沙滩上发生的事，体会小姑娘的美好品质，受到美的熏陶和感染，并在生活中传播美；

3. 通过反复朗读课文，理解“金色”的除了指美丽的沙滩外，还代表小姑娘“金子”般的心。

教学过程：

一、情景导入，想象“美”

1. 播放音乐（海浪声、海鸥叫声）。

2. 师述：同学们，闭上你的眼睛仔细听，想象一下你来到了一个什么样的地方？仿佛看到了什么？（美丽的沙滩）跟老师一起踏上这片金色的海滩吧！

二、初读感知，发现“美”

学生自由阅读课文，找一找，这片金色的海滩上有哪些美丽的东西？（美丽的大海、美丽的贝壳、美丽的小姑娘）

三、品读句段，感受“美”

（一）海水美

1. 到了海边，怎么可能不欣赏美丽的大海呢？哪些句子能让我们感受到海水美？

2. 学习句子：碧蓝的海水一望无际，海浪激起的泡沫像一堆堆白雪，美极了！

（二）小姑娘美和贝壳美

1. 读课文，看看小姑娘究竟美在哪里呀？画出描写小姑娘美的句子仔细读一读。

2. 小组交流，互相学习找到的句子。

重点句：小姑娘摇了摇头，说：“我答应了叔叔，一定得等他回来。”

思考：小姑娘说这话时，会是一种什么样的语气呀？我们除了可以从小姑娘说的话中体会出小姑娘守信用，你还能从别的地方体会出来吗？

3. 师述：当海水轻轻地漫上沙滩，小姑娘的这种焦急情绪更加强烈了。从哪里看出焦急？（紧紧地、直望着）她为什么焦急？她在焦急什么？担心什么？（叔叔的安危、时间长）

重点句：不随便要别人的东西。

思考：这个东西是指什么呀？（课件出示美丽的贝壳），看到这么美的贝壳，你们想说什么？这么美的贝壳，也不是花很多钱买来的，小姑娘又那么喜欢，那为什么不挑几个呢？

4. 画家灵机一动想了个办法，故意把塑料袋捅了个洞。这时小姑娘又是怎么做的呢？

重点句："叔叔，你的贝壳掉了！"她弯下腰，把一颗颗贝壳捡了起来，还给了画家。……画家惊讶地看着小姑娘，他的眼圈红了，心潮像海浪一样翻腾。

思考：画家的眼圈为什么红了？此时此刻，画家的胸中涌动着千言万语，谁来帮他说一说？

（三）老伯伯美和画家美

1. 找出描写老伯伯的句子读一读，体会"好心肠"。

重点句："傻孩子，火热的太阳会把你晒坏的。你回家吧，东西搁在这儿，我给你看着。"

2. 思考：画家为什么在塑料袋上捅了一个洞？

重点句：画家感动极了，他不知道怎么来感谢这位可爱的小姑娘，只好把贝壳装进塑料口袋里。忽然，他灵机一动，把塑料口袋捅了一个洞。

四、总结升华，体验"美"

1. 此时此刻，你想对小姑娘说些什么？

2. 回看课题，"金色"仅仅是指海滩吗？（还指小姑娘金子般纯洁善良的心）

五、布置作业，内化"美"

1. 回家后，把课文讲述的这个美丽的故事复述给家长听。

2. 把你想对小姑娘说的话写下来。

（张京芬）

第8位

美趣语文：行走在“美”与“趣”之间的生命韵律

语文教学不是一种单纯知识性、技巧性的练习，更不是一种单调、枯燥的机械性训练。语文是生活，是美的生活、趣的生活。语文教学是行走在“美”与“趣”之间的生命韵律。在语文教学过程中感受到了美，也就是感受到了美的生活、趣的生活。“美趣语文”以“美”为基点，以“趣”为谋略，让学生在语文学习过程中获得精神上的愉悦，进而乐此不疲、饶有趣味地去探索语文的魅力。

教学主张：美趣语文

要想使学生学好语文，我们教师首要的任务就是激发并保持学生对语文学习的兴趣。人们都有这样的经验：对感兴趣的事物，总是会主动愉快地去探究它，不但不把它当成负担，而且会废寝忘食、乐此不疲地去干。同样，在语文教学中，学生有了兴趣，就可以形成一种获取知识的强烈欲望，在这种欲望的驱使下，能够轻松地克服学习中遇到的困难，自然地由被动接受知识变成主动学习，即使学习是艰苦的，也会当成一种乐趣。但再看看我们现在相当一大部分学生是怎样的——他们对待学习就如一份苦役劳动，情绪低落，毫无兴趣可言，因此，目前如何激发起学生学习的兴趣是我们面临的最大挑战。我们都知道热爱美、追求美，是人的天性，孩子也不例外，我们可以根据人的这一心理特征决定在语文教学中，以“美”为基点，让学生在对美的情感体验影响下产生一种积极探究某种事物或从事某种活动的意识倾向，形成兴趣。简单地用三个字来概括就是“感受美”，让学生感受到语文本身的美和语文学习过程的美。

语文是以语言文字为载体的学科，学生学习语文，首先接触到的总是承载着一定意义、一定内容的语言文字。我们的汉语语言优美，语汇丰富，绘形摹声，表情达意，精细形象，具有极其丰富的表现力。因此，语文中蕴涵着无数美点，美无处不在，语文之美，首先是一种语言艺术美。这些美的语言文字，总是能以极强的感染力吸引着学生的注意力，让学生在发现美、观察美、体验美中增长兴趣。其次，语文课文中所呈现的美的形态，也是丰富多彩的。语文教材中写景状物的文章往往表现出多姿多彩的自然美。这些通过描绘表现出来的自然景观，是经过作家的审美而创造出来的，它比单纯以色彩、线条、形状、声音等形式取胜的现实自然美更为精致、细腻、完美，因而更富有感染力。引导学生在课文的学习过程中欣赏这些自然美，不仅可以使他们开阔视野、增长见识、陶冶性情，而且可以使他们在美的熏染下，逐渐爱上语文。不论是语文的语言艺术美还是课文中所呈现的自然美都可以成为教学中激发学生学习兴趣的一个切入点，点燃学生心中的兴趣之灯，感染学生，提高语文对学生的吸引力。

一、语言优美，形式多样——“美趣”语文之地基

一节优美的语文课首先要求教师以美的语言感染学生。教学语言既是组织、指挥、讲解的工具，又是开发智力、感染情绪、影响个性发展的手段。教师在课堂上要用美的教学语言营造美的氛围，让学生置身于美的情景和美的气氛中，能使学生更容易受到美的感染。如果教师的语言是拖沓的、断断续续的、缺乏条理又不准确的，那再美的文章经过教师的讲解都会失去美感，学生又如何去感受美呢？因此，教师要用简洁的语言把所要说的内容清楚明白地表达出来，要用幽默风趣的语言给学生留下深刻的印象，使之不易忘记，要用最优美的语言令学生心旷神怡。还要在语言的抑扬顿挫上努力，语言应随着教学内容的变化而变化，有时慷慨激昂，有时低沉悲痛，有时温柔和缓，有时热情如火，有时又悲愤交集，总之，通过语言将文章的各种美感传递给学生，这样，学生也很快受其感染，进入到文章的意境中。

苏霍姆林斯基曾说：“课上得有趣，学生就可以带着一种高涨的激动情绪从事学习和思考，对面前展示的真理感到惊奇，甚至震惊。‘趣’的价值目标就是要求教师运用富有情趣的教学方法和教学手段让学生对所学的内容感到惊奇，甚至震惊。”

首先，教学方法追求“趣”。教学方法是师生双方为完成教学任务所采用的活动方式，是教学系统工程中最为活跃的因素。实践证明，活跃新颖、引人入胜的教学方法对学生学习兴趣的培养具有积极作用。以往的教学是教师讲得很多，学生听得很累，教学方法单一化、程式化，教学无“趣”可言。现代教学教师要善于把阅读、讲授、练习有机地结合起来，让学生在课堂上大放光彩，使我们的课堂丰富多彩，不断产生新意，给学生以新鲜感，就会产生强烈的吸引力。

其次，教学手段追求“趣”。传统的黑板加粉笔的教学手段单调、枯燥；现代多媒体技术给语文教学带来了新观念、新方法、新技术，便于教师追求教学的直观性、形象性、生动

性和趣味性。如借用图文对照、音像同步的现代教学手段，学生可以欣赏《荷花》中“满池荷花绽放”的美景，再现《神秘的恐龙》中各种已经灭绝的巨型恐龙…… 有“趣”的教学手段充分调动了学生种种感官，使他们身临其境，如闻其声，如见其形。

二、动情朗读，感悟积累——“美趣”语文之筋脉

对学生而言，读一读是体会“美”、发现语言之“趣”的一个基本和重要的途径。读是手段，也是目的，更是一种过程，是一种全身心的投入。类似小和尚念经似的没有思考、没有感情的读并不是真正的读，现在很多学生会这样读多数是因为老师要他们读，不是他们自己想读。所以，首先应该让读成为学生的一种内在需求。任何外在的强制性的或是功利性的读，一定是片面与低效的，或许它能达成譬如获得信息、掌握知识等功效，但它不可能实现心灵的震撼与心智的启迪，不可能实现人生价值的升华。其次，读就是让学生去经历、去感受、去体验。语文教材蕴含着丰富的人生真谛、人情意蕴，它是人的思想情感等的有形折射，是多彩亮丽的生活世界的无声写照。充分调动学生已有的知识经验与情感体验，入情入境地去读、说，甚至是辩、写，可以使静止的文字重新变得鲜活。仅仅读还不够，要让它们与生活结合起来，学生才能体会得更加具体、深刻。因此，在课堂上朗读教学是语文教学中的一项重要内容。朗读教学组织和实施得如何，在很大程度上决定了语文教学的实际效果。重视加强对学生朗读能力与水平的培养和提高就成了语文课堂的重点教学目标之一。

首先，营造氛围，融入文本。我们教材中的有些课文与学生的生活关系不大；有的内容过于抽象，学生不易理解；有的写景课文语句优美，是模仿写作的范例，但平淡的朗读无法调动学生读的兴趣。怎样才能帮助学生进入文本，调动朗读的积极性呢？那么动人的音乐、形象的图片、生动的视频绝对能起到一定的作用。写景的美文配上优美的背景音乐，读起来情深之至，仿佛自己就是那文字的作者；科普性的文本配上视觉的冲击，有助于学生融入文本内容。

其次，读说结合，情感共鸣。很多课文语言简练，内涵深刻，需要学生反复阅读才能体会出其中的意味来。教师在课堂上无需过多讲解，可以读代讲，引导学生通过朗读去感悟，但是单一、重复的朗读方式不免有点枯燥，更容易磨去学生的耐性和积极性。那么朗读中

穿插说话练习的形式，既有助于学生理解文本的内涵，又能促进朗读的效果。例如，《燕子南飞》一文中："一群从北方飞往南方过冬的燕子，在大海的上空不停地飞呀，飞呀……它们一定是太疲倦了，看见我们的船，就像雨点一般落下来，伏在甲板上休息。"为了帮助学生理解句中省略号的含义，体会燕子旅途的艰辛和疲劳，领悟其坚强勇敢的品质，我请学生在朗读的同时也学着燕子的样子展开双臂不停地飞翔，有的学生"飞"了一会儿就飞不动了，坚持"飞"下去的学生也感叹说手臂很酸、很累。此外，我还设计了这样一个说话练习：小燕子在大海的上空飞翔时，会遇到什么困难？学生们各抒己见，挖空心思地思考，课堂上的讨论氛围十分浓厚。这样边读边做动作、以读促说、以说助读的形式帮助学生身临其境地感受到了文本所要传达的思想感情，使学生在情感上和文本达成了共鸣，效果极佳。

最后，入情入境，积累运用。当学生感受到了文字的优美，被课堂上的趣味吸引着，能入情入境地自主阅读之时，积累好词好句、写作手法等加以运用就不再成为问题了。

三、课外延伸，深入阅读——"美趣"语文之砖瓦

然而，仅靠课本上数量有限的几篇文章，怎能满足好奇心和求知欲高涨的孩子们？怎能让他们充分地感受到汉语的美妙之处呢？因此，激起孩子们的阅读兴趣，指导孩子们进行广泛的课外阅读也是一项不容忽视的任务。"新课程标准"也十分强调学生的课外阅读，重视语言积累，对学生的阅读量还做了明确的规定。我们可以从以下几个方面着手对学生进行引导：首先，根据学生的年龄特点和知识水平帮学生选好读物，引导学生读好优秀的课外作品。如低年级的学生，思维主要是具体形象思维为主，因此应选取图文并茂的课外读物。其次，课内和课外有机结合，由课内向课外延伸。学生每学一篇课文，只要有相关的资料，就可以向学生介绍与这篇课文内容相关的课外书，让学生去阅读，并要指导学生怎样读。最后，可以开展一些丰富的课外活动，如"讲故事"、"读书交流会"、"诗歌朗诵比赛"等生动活泼、形式多样的活动，能有效地检查阅读情况、巩固阅读成果，让学生享受阅读的乐趣，激发学生的阅读兴趣、阅读热情，调动学生的阅读积极性，推动课外阅读步步深入。

语文教学不是一种单纯知识性、技巧性的练习，更不是一种单调枯燥的机械性训练，而是具有情感性、意境性、形象性与美的因素。语文反映的是生活，在语文的学习过程中体会到了美，也就是体会到了生活的美，学生对语文感兴趣就有可能对生活充满热爱，从而才能真正实现新课标所要求的"提高学生的品德修养和审美情趣，使他们逐步形成良好的个性和健全的人格，促进德、智、体、美的和谐发展"。因此，教师要善于用各种方式引导学生发现美、感受美，使学生感到通过语文课程的学习可以获得心理上、精神上一种特殊的愉悦和美感，由此而主动、乐此不疲地去探索知识。

教学建模：温故导趣——品悟生趣——练笔展趣——拓展得趣

美趣语文课堂是充满魅力和趣味的课堂。它以"美"为基点，让学生在对美的情感体验影响下产生一种积极探究某种事物或从事某种活动的意识倾向，形成兴趣。简单地用三个字来概括就是"感受美"，让学生感受到语文本身的美和语文学习过程的美。

"温故导趣——品悟生趣——练笔展趣——拓展得趣"阅读教学模式就是教师引导学生温习旧知，继而引入新知的教学情境，课堂上给学生提供充足的品读时间，多样的品读方式，浓厚的品读氛围，并结合有效的训练，以使学生进入文本，感悟语文之美，激发学习之趣。

"温故导趣——品悟生趣——练笔展趣——拓展得趣"阅读教学模式大致可以分为四个阶段：温故知新，引导美趣——品读佳句，感悟美趣——随文训练，展现美趣——拓展延伸，获得美趣。

具体操作流程如下：

一、温故知新，引导美趣

俄国心理学家巴甫洛夫说过："任何一个新的问题的解决都是利用主体经验中已有的

旧工具实现的。”由此可见，新旧知识是有联系的，旧知是学习新知的基础，学习新知往往离不开旧知。以旧知识作为桥梁，让学生知识不断递进，增加知识坡度，减轻学生的学习难度。新旧知识联系起来可以达到温故而知新的目的。

二、品读佳句，感悟美趣

“读”是学生进入文本，与文本对话的重要途径。因此，“读”是“悟”的前提和基础。根据对文本中心内容的理解，教师可指导学生抓住文章的精彩片段和动人之处，通过细细地品读佳句、多种形式地研读关键句来揣摩词句的表现力，以及其在内容和形式上的亮点、美点，从而帮助学生理解文章的思想感情，更好理解文章的内在美质。

三、随文练笔，展现美趣

随文训练紧紧跟随着阅读教学，是以课文内容为素材，进行言语实践的迁移过程。在阅读教学中适时插入紧贴文本的说话或写作训练，让孩子们想他所想，说他所说，填补故事中的空白处，在这过程中孩子们直接进入了角色，融入了自己的心情和感受，和主人公的感情融为一体，这样的训练是孩子们的心灵与主人公的融合，能带动学生真实的感悟和思考，能有效地提高学生说和写的能力。

四、拓展延伸，获得美趣

“语文新课标”明确指出：“教师应创造性地理解和使用教材，积极开发课程资源，沟通与其他学科之间的联系，沟通与生活的联系，扩大学生语文学习的视野，提高学生学习运用语文的积极性，从而丰富语文课程的内涵。”可见，拓展延伸承载的是与文本相关的生活体验的拓展，是学生语文知识能力的拓展，是语文外延的拓展。因此，把语文学习与学生的生活充分联系起来，创设立足于文本、适度地、有趣味性地拓展延伸，使我们的课堂变得灵动而丰富，有利于训练学生的思维。

教学设计：《送小蚂蚁回家》

教学目标：

1. 能借助汉语拼音正确认读“呜、惊、睁、趴、掉、塘、眨、坛” 8个生字，在田字格中正确书写和记忆“惊、睁、掉、塘、眨” 5个字。

2. 正确朗读课文，做到不加字、不漏字，按标点停顿，并能在理解的基础上读好小动物间对话中的感叹句和问句。

3. 懂得伙伴有困难时，应尽自己的能力帮助伙伴的道理。

教学重点和难点：

1. 正确朗读课文，能根据提示读出感叹句和问句的不同语气。

2. 懂得尽管自己能力有限，但也能帮助别人的道理。

教学过程：

一、温故知新，引导美趣

1. 板书：蚂蚁。学生交流这个词语的特点（部首相同）。

复习已经学过的带有“虫字旁”的词语，如：蜘蛛、蜻蜓……

师小结：这些带有“虫字旁”的词语多数是和昆虫类有关，正如一年级教材中的一首儿歌所说：声旁多表音，形旁多表意。

2. 今天我们就要来学习一篇与小蚂蚁有关的课文《送小蚂蚁回家》（补全课题）。

3. 学生质疑。

二、品读佳句，感悟美趣

1. 听录音，感知文本。

交流：小蚂蚁为什么哭？谁帮助过小蚂蚁？

2. 细细品读，了解文本。

（1）指名读课文，想想：睡莲、蜻蜓和萤火虫是怎样帮助小蚂蚁的？

（2）学生交流：用一两句话完整而简要地说说四位好朋友之间发生了什么事？

3. 仔细研读，理解感悟。

（1）学习课文第2—7节。

① 学生自由读，边读边找出小蚂蚁与睡莲各自说的话，分别用直线和波浪线画出。

② 师生合作朗读对话，想想：睡莲和小蚂蚁之间有几次对话？他们每次说话时的心情、表情都会是怎样的呢？（交流后再分角色朗读）

③ 用一句话说说：睡莲是怎么救小蚂蚁的？

（2）学习第8—12节。

① 想一想：蜻蜓、萤火虫给你留下了怎样的印象？

②（出示8—12节）四人小组分角色读一读。交流朗读、适时指导。

（3）学习第13—14节。

① 想想蜻蜓和萤火虫又是怎样送小蚂蚁回家的呢？

② 师引读：小蚂蚁爬上——，蜻蜓——，萤火虫——。

这里的飞机指什么？这灯笼又是什么？

三、随文训练，获得美趣

1. 出示：蜻蜓飞呀飞，飞过弯弯的小桥，飞过绿绿的草坪，飞到美丽的花坛前，小蚂蚁到家了。（学生齐读）

2. 展开想象，说话训练。

蜻蜓飞呀飞，还飞过……，飞过……，飞到……，小蚂蚁到家了。

3. 夏夜中的这一幕被天上的星星看见了，它高兴地眨着眼，心里会怎么想呢？

四、拓展延伸，展现美趣

1. 出示：啊，多美的夏夜呀！（齐读）

2. 交流：这里的“美”指的是什么？

学生学习后领会到：美的是夏夜的景色，更美的是朋友间互相帮助的心灵。从而联系到大家在生活中，如果碰到同学、朋友有困难了，也要热心地伸出援助之手，做一个外表美，心灵更美的人！

3. 谈谈自己学习后的感受和想法。

（刘菲菲）

第9位

零距离英语:"贴近学生实际、点燃学习热情"的行动

"零距离英语"是贴近学生实际,走近学生心灵,最大程度地点燃学生参与热情的语言教学样态。"零距离英语"倡导师生之间由"单向被动"向"多向互动"的学习状态转变,倡导尽可能把握学生的心智特征和语言学习规律,形成多维互动、生动活泼的教学模式,扎根地进行语言的教与学。因此,英语教学应引导学生在主动探索中学会学习,形成积极的学习态度和有效的学习策略,实现语言与情感的"零距离"。

教学主张：零距离英语

《英语新课标》明确指出，英语是一门实践性很强的学科，小学阶段要让学生形成初步用英语进行简单日常交流的能力。伴随着小学牛津英语新教材的全面改革，英语教材中的阅读资源越来越丰富，涵盖了各个方面的知识内容，如科学、文学、人物、故事等，有的以事实信息为主，重在学习基本知识；而有的以情感交流为主，除把知识作为教学内容之一，更是把情感因素融入到阅读资源中了，这就要求教师要重新思考对英语课堂情感目标的定位与落实。"零距离教学"的本质就是师生广泛交流、积极互动、共同发展的过程。创设零距离的"教学环境"和"心理环境"，充分调动每一个学生的学习参与的积极性和情感上的共鸣，使学生从被动接受知识到主动思考问题，让学生在愉悦的气氛中去学习探究，体验英语学习的快乐与成功。

"零距离英语"是贴近《英语新课标》要求，根据学生的心理，充分发挥学生与学生间、老师与学生间的影响力，教师通过采取各种方法，设计贴近学生生活的课堂活动，有效激发学生学习英语的兴趣，培养学生对英语学习的持续稳定的爱好，打开学生的心扉，使学生最大限度地接纳英语，最大可能地掌握英语。

一、优化活动设计——零距离英语的前提

英语不是母语，大多数学生都会"望而却步"。"零距离英语"教学首先就是"零距离接触英语"，即给学生创造更多的接触英语的机会，引导他们全身心投入英语，全身心热爱英

语，对英语拥有不间断的学习机会和学习兴趣，并使这种兴趣逐渐成为一种稳定的爱好。

1. 根据学情设计课堂活动，充分发掘教材，激发学生学习兴趣

在教学实践中，我的具体做法主要是充分利用小学牛津英语新教材图文并茂、生动形象、与生活实际密切联系的特点，根据每课的具体内容，设计一些饶有趣味的游戏活动。其素材来源于现实生活，其内容新颖活泼，其形式丰富多变。比如：在课堂导入时，多设计一些拉近新旧知识之间距离的环节。游戏竞赛是一种有利于引起和保持有意注意，进而培养兴趣的行之有效的英语教学法。如，检测复习和预习效果，可以采用日常用语、单词接龙、书写接力、谜语互动等简短的游戏竞赛导入新课，让学生在有意参与中，乐于思维，乐于学习，乐于争先，培养全体学生浓厚的英语学习兴趣。有时还会采用诸如word map、brain storming riddles等导入来激起学生的兴趣。对于低年级的学生，根据他们的年龄特点，有时多设计一些唱字母歌及英语歌曲，诵读英语小诗，甚至是一些调动肢体活动的课堂环节，都能拉近学生对于英语学习的距离，深化了感知印象，引起了学生的兴趣。

例如，在牛津英语 4B Module 4 Unit 3 *The ugly duckling*这一课时中，我设计的活动就从学生兴趣角度出发，请学生猜一猜 "whose eggs"，以激发学生的兴趣，引发想象，导入新单词，学生用已知的知识回答教师几个关于duck的提问，然后再阅读相关课外材料，加深印象。这也是教师以旧带新，拉近学生与英语的距离，很多学生都能说一些句子。对含有生词的句子单独列出，引导学生积极思考，在句子中学会词汇的用法。请学生在阅读课文后试着自己提问回答，在提问与回答中巩固课文的学习，循序渐进，学生能积极参与学习。根据学生实际学情优化活动设计，"零距离" 阅读激发了学生的浓厚兴趣，这也是零距离英语的前提。

2. 活动话题贴近学生生活，让学生有话可说，有感而发

教师尽量从学生的生活实际出发发掘话题，把握时间相近、空间相近和心理相近的原则，以期获得学生的情感共鸣。比如根据时间相近的原则，导入的问题可以结合校园或班级内的趣闻或事件，以激活学生头脑中已有的背景知识；根据空间相近的原则，可以结合学生的家乡和家庭背景等，增加问题的亲切度；根据心理相近的原则，将学生感兴趣的话题作为导入，以激起学生思维的波澜，因为学生结合自身经历和感受，会有感而发，有话可说。

比如在教授牛津英语2AM2U1 *I can swim*这一课时的“I can...”这一句型的时候，低年级学生往往对于谈论自己或班级的学生兴趣都很高，于是从学生的生活实际出发，请他们比一比自己在班内是不是最棒，会做的事情是不是最多，学生们争先表达自己会的事情，如：I can run; I can write; I can fly a kite……这样学生学习情绪很高，也有话可说。

3. 延伸课堂学习兴趣，丰富课外活动，增加学生学习兴趣和学习机会

我想方设法延伸学生在课堂上形成的学习兴趣，让学生从报纸杂志上收集一些小故事、成语、谜语、笑话等，针对不同层次的学生改编成不同难易程度的材料，然后让他们在自己的队会中举行比赛。利用这些丰富多彩的形式，倡导学生积极参与课外英语学习活动，对所学内容积极地进行练习和实践，如一闪而过的广告、偶尔听到的话语，等等，引导学生抓住各种机会用英语进行真实的交际活动，必要时可以借助手势、动作、表情等进行交流。

同时，当学生交际遇到困难时，指导他们有效地寻求帮助，如查英汉字典、利用网络找资料。这些课外活动增加了学生学习、练习英语的机会。“零距离接触英语”的方式增加了学生的练习兴趣和练习机会，无疑是一种切实有效的教学方式。

二、运用多种学习方式——零距离英语的关键

1. 分组合作，互相帮助提高，学生能增强英语学习的主动性

根据学生英语学习的情况，我把他们分成若干小组，每个小组包括学习层次不同的学生，推动他们进行协作化学习。另外开展了一帮一手拉手的活动，让学习好的学生和学习有困难的学生结对，使学生不仅在课堂上得到老师的帮助，还在课外得到学习好的同学的帮助。

在牛津英语4B Module 4 Unit 3 *The ugly duckling*这一课时中，我设计活动问题，学生分组讨论表演：The ugly ducking leaves her mother. Let the pupils guess what will happened? Then make a short dialogue with friends. 在小组讨论中，学生自己“参与”、亲身“体验”，对问题进行思考、探索、交流，因而使学生成为了真正意义上学习的主人；小组讨论之后，让学生用自己的语言表演。由于学生的英语水平参差不齐，尤其是口头语言表达不流利，但在组内英语较好的学生的带领下也能有所发言，能体验成功的喜悦。学生积极参与组内和

课堂交流,互相学习提高,这也是“零距离”教学本质的体现,那就是充分发挥学生与学生间、老师与学生间的影响力。

2. 创设语境,在情景中使用语言,学生能有意义地学习和运用英语

学生在模仿课文语言时,能获得发现的乐趣,能获得成功的喜悦,这就是孩子心目中的创新意识、创造性思维。教师应努力为学生创设语言实践的情景,抓住课文中的重点句型,精心设计练习,引发学生的求知欲望,激发学生的学习兴趣,让学生在运用语言的过程中及时把课文语言转化为自己的语言。

例如在练习“Is this your ...?”这个句型时,教师手里拿着一只风筝,一边走进教室一边走到一个学生那里问:“Is this your kite, Jason?”这时学生很好奇,都想知道这只风筝是谁的。于是,我就让学生去找它的主人,学生拿着这只风筝展开了小调查。“Is this your kite, ...?”

教师还可以利用插图来创设情境,培养学生的创新精神。插图是语言的形象再现,语言是插图的理性表述。例如,在练习句型“Don't...”时,教师可以出示一幅图,图中有几个小朋友在图书馆里,也有些同学在做一些不讲文明的事,比如追逐等,请学生根据图画的内容编一段话。学生会运用所学过的知识,编成各种对话。反之,也可以让学生根据一段对话或小短文来画画。这也是一种运用语言的训练。因为学生要绘图,必须要熟读对话,反复揣摩。

3. 自主探究,激发和培养学生自主学习的意识和能力

英语新课程标准指出,“教师在教学过程中要处理好传授知识与培养能力的关系,注重发展学生的综合语言运用能力,使语言学习的过程成为学生形成积极情感、主动思维、大胆探索和形成自主学习能力的过程”。也就是说教师要为学生创造良好的语言学习环境,活跃课堂气氛,锻炼学生的语言表达能力,在教学中教给学生学习的方法,不仅要让学生“学会”,更要让学生“会学”,我们的任务应该是“teach pupils how to learn English”,而不是“teach pupils English”。

教师应该采用启发讲解、以旧引新、创设情境、设疑激趣等多种方式创设自主探究学习的情境,激发学生探究学习的欲望;同时使学生明确探究目标,增强学习活动的针对性和有

效性，为学习新知识做好准备。例如：在上牛津英语5B *What does that sign mean?* 这一课时，我先创设了一个司机外出不明路标意思时出现的麻烦的情景：罚款、扣车等等。然后给出一个目标：让他们找出生活中的各种signs。再而给出任务：想象做出生活中还缺少的或他人不知而你知的signs。学生们对外界新知识特别好奇，这种好奇能激起他们一种强烈的求知欲望。因此，在讲这一课时，我给了学生足够的时间和空间，让每个学生围绕探究signs 的问题，自己决定探究的方向，用自己的思维方式自由地、开放地探究signs的天地，倡导他们去探究、发现学习的方法，并在理解知识结构的同时提出问题。他们分组设计出让我也没想象到的signs，并且都是日常生活中必不可少的标志，我让他们把这些标志贴在自设的场所中。这种自我设疑能挑战学生，充分发挥学生自主学习的积极性、主动性和创造性。

在强调学生积极主动学习的同时，也必须强调教师的主导作用。教师要以教材为依据，以学生实际为出发点，以学生接受性为尺度，挖掘语言交际的多向性，交流的多样性，分层分类设计具有拓展性、开放性、探究性的语言情境，为每一层次的学生设计可选择的空间，让每个学生都体验和享受成功的愉悦，激励求新，让每个学生都成为探索者、创造者，引导学生参与课堂教学的全过程，参与交际的实际过程，让学生自主学习；培养学生敢疑、敢问、敢想、敢说的良好学习品质，启迪他们的智慧，提高他们的思维能力，真正使学生好学、乐学、会学。

三、构建和谐师生关系——零距离英语的核心

1. 友好的微笑点头，给学生以鼓励

正所谓“亲其师而信其道”，师生关系和谐则学生就会对老师所教学科产生浓厚的学习兴趣。一个善意的点头、一个友好的微笑、一句微不足道的夸奖等都有可能拯救帮助一个学生，我们应尽可能让他们有种成功的体验。反之，则有可能会扼杀一个学生的前途。因此，只有不断从教学水平和性格等多方面完善提高自我，从而加强自己的亲和力，增进师生彼此间的了解与沟通，才能充分发挥情感教学的优势。

要以积极的态度和发展的眼光看待学生，相信每个学生都有巨大的发展潜能。要经常使用表扬和鼓励的话语激励学生，让学生能够大胆地表现自己。这样使学生产生不怕

错误、敢于求异的良好的学习心理，孩子的创造的火花才能迸发出来。例如：在教nose、ears、arms、shoulders等单词时，教师走到学生中间，轻轻地碰下学生的鼻子，摸摸学生的耳朵，使学生感受到教师的亲切、和蔼，并置身于一种轻松、愉快的学习环境中。另外，教师要保护学生敢想敢说的积极性。有时学生说错了，教师不直接说"No"，而是微笑着先对他（她）说"Thank you"，然后再请他"Think it over, please"。只要学生能勇敢地站起来回答问题，教师都要予以表扬。每一课，都尽量创设大量情境并提供广泛的语言材料，让学生进行听说读写的训练。

2. 轻松的课堂氛围，给学生以自信

英语学科的教学特色是充分发挥其语言功能，讲究对话的艺术，这就要求全体学生主动参与，克服羞于开口的毛病，积极开展语言交际活动。要在课堂上创设一种平等、民主、和谐、宽松的氛围。

过去的课堂是教师是讲授者，一讲到底，而学生是听者、受训者，需保持安静，洗耳恭听，要按照教师的步骤走，是被动的，没有决定权，因而对教师敬畏有余，亲近不足。"零距离"英语教学的课堂上应以学生为主体，教师为辅导，使学生能独立行事，给他们留出自由发挥、自由活动的空间，让他们有时间、机会，去选择、决定、思考、实践、体验、感悟，去创造应用，教师则应带着欣赏的眼光去接受、肯定这种自由发挥和创造应用。由于教学方式的转变，学生听说习惯的逐步养成，活跃了课堂学习气氛，缩短了课堂与生活的距离，学生在类似生活的情境中学习英语，轻松愉快，学生听说英语的整体素质也得到了较快的提高。新课改下，英语课堂不应该是老师一个人的独角戏，而应该是学生为主体的大合唱。不应该是沉闷的，而应该是生机勃勃、充满欢声笑语的。 建立一种民主、平等、和谐的师生关系，营造轻松愉悦的学习氛围，既可以激发学生学习英语的兴趣，又可以消除学生在英语课上不敢讲的心理障碍，鼓励学生在英语练习中不要怕犯错，不要害羞，不要胆怯，帮助学生树立学好英语的信心。

例如组织课前活动，我通常以听说训练为重点，利用好课前3分钟的FREE TALK，开展听说训练活动，让学生以轻松、愉快的心情迎来即将开始的英语课。在这个活动中教师的作用是引导者，对说话情景的引导，对语言组织的引导，并做好对学生思维的启发。然后逐步放手让学生自由地说话。

如Say and Act的对话教学，我让学生看图听录音跟读到口述、表演整个故事，再自编自演对话。这样一来，本来只有几句话的内容，经过学生的处理，就成为一个生动有趣的故事了。长期的课堂训练，一些学生会由胆怯别扭到自然大方而且不时有出彩的表演。

3. 及时的指导和沟通，给学生以支持

只有师生双方交流和配合，才能最大程度地发挥学生的主观能动性，多了解学生学习英语的苦乐，激发他们浓厚学习兴趣，传授良好学习方法，提高英语学习的效率。心灵"零距离"的沟通能让老师更好地了解自己的学生，学生在学习英语方面的变化都能察觉，能及时给予学生需要的帮助、指导和鼓励，学生也乐意与老师倾诉心里话，更加有学习的动力。

总之，零距离英语教学旨在倡导一种格调，创设一种优美的情境，以"学生为主体"出发，让学生在轻松愉快的气氛中去学习，引导学生从自己的兴趣出发，在主动探索实践中学会学习，挖掘创新思维，形成积极的学习态度和有效的学习策略，与学习内容产生共鸣，实现情感"零距离"，体验英语学习的快乐。

在课堂教学中更有效的落实三维目标，特别是重视情感目标的实现，通过转变自己的教学观、学习观、评价观，把课堂的话语权交给了学生；教师由课堂的控制者和知识的灌输者转变为学生学习的引导者、促进者和参与者，教师更应该是充当与学生分享他们情感世界的朋友，是学生的良师益友。

教学建模：热身——入境——探究——操练——拓展

"零距离英语"课堂教学指的是根据学生的心理，充分发挥学生与学生间、老师与学生间的影响力，教师通过采取各种方法，设计贴近学生生活的课堂活动，有效激发学生学习

英语的兴趣，培养学生对英语学习的持续稳定的爱好，打开学生的心扉，使学生最大限度地接纳英语，最大可能地掌握英语。

"热身——入境——探究——操练——拓展"教学模式就是教师要创设一种优美的情境，以"学生为主体"出发，让学生在轻松愉快的气氛中学习，引导学生从自己的兴趣出发，在主动探索实践中学会学习，挖掘创新思维，形成积极的学习态度和有效的学习策略，与学习内容产生共鸣，实现情感"零距离"，体验英语学习的快乐。

"热身——入境——探究——操练——拓展"教学模式大体可分为五个阶段：第一阶段，课前热身，激发兴趣——"零距离"教学的前奏，创设轻松愉快的学习氛围，引导学生进入英语学习；第二阶段，情境引入，新知呈现——"零距离"教学的序曲，设计学生感兴趣的话题巧妙导入，以激起学生思维的波澜；第三阶段，自主探究，熟悉新知——"零距离"教学的主旋律，设计多种活动形式，帮助学生形成积极的学习态度和有效的学习策略；第四阶段，趣味操练，巩固运用——"零距离"教学的高潮，在小组讨论中，学生自己"参与"、亲身"体验"，对问题进行思考、探索、交流，因而使学生成为学习真正意义上的主人；第五阶段，体验感悟，拓展文化外延——"零距离"教学的尾声，挖掘文本内涵，学生在综合运用所学完成学习任务过程中挖掘创新思维，与学习内容产生共鸣，实现情感"零距离"。

具体操作流程如下：

一、课前热身，激发兴趣

英语课堂的热身环节一方面吸引着学生的思绪，激发学生学习英语的强烈兴趣，使孩子们尽快地进入英语学习的状态，并投入到积极的思考之中。另一方面热身环节可以有效地激活旧知，使学生对以前学过的相关内容得到及时再现。

课前热身可有多种形式，如：唱歌、歌谣、游戏、角色表演、Free talk 等。课前让学生唱或师生共唱一首或几首英语歌曲或者吟唱节奏轻快的儿歌，将学生无目的的动作变成音乐声中有规律的动作，将学生注意力迅速转移到课堂活动中来，促使学生做好上课的心理准备；并为学生营造一种和谐、愉悦的英语学习氛围。如在教学人体部位后唱“Head, Shoulder, Knees and Toes”；学了一些交通工具，唱“Down by the bus stop”等。这些歌曲的吟唱，不仅复习巩固了已学的内容，也为本节乃至此类场景的学习进行了铺垫。

Free talk也是常用的一种形式。是一种潜移默化的引入方法，老师在与学生有目的的谈话中，巧妙地转移到本节学习中，过渡自然。Free talk这种形式在中高年级使用多一些，因为中高年级学生大多已经具有了初步英语会话的技能，比如，我在上牛津英语5B M2U1 *Food and drinks*这一单元时，通过和学生用一般过去式来谈论周末一日三餐吃了什么，自然地过渡到了讨论应该怎么吃得健康，也就是本单元的话题：“Healthy or unhealthy?”

二、情境引入，新知呈现

情境引入，这是传授新课的序幕，这一环节为抓住学生心弦，优化学生心境以及对于新知的探求和运用做了准备。成功而智慧的情境导入往往能够唤起学生的求知欲望，激发他们积极参与语言交流的热情，并实现向新内容的自然过渡，减轻学生对于新知识的陌生感，快速引导学生进入快乐的英语学习。

创设情境引入新知要巧妙自然，尽量创设真实生活化的情境，教师的话题要贴近学生的生活，尽量从学生的生活实际出发，把握时间相近、空间相近和心理相近的原则，以期获得学生的情感共鸣。比如根据时间相近的原则，导入的问题可以结合校园或班级内的趣闻或事件，以激活学生头脑中已有的背景知识；根据空间相近的原则，可以结合学生的家乡和家庭背景等，增加问题的亲切度；根据心理相近的原则，将学生感兴趣的话题作为导入，以激起学生思维的波澜，因为学生结合自身经历和感受，从而有感而发。

新知呈现之前也可复习与新知识有关的旧知识。这样既能让学生在愉快的气氛中充分表现自己，又能使学生在真实的语言环境潜移默化地掌握一些日常用语，提高他们学习的积极性和创造性，还能完成由旧知识向新知识的过渡。长期坚持，可以培养学生的口头表达能力及大胆表现自我的能力。温故过程要扎实铺垫，磨刀不误砍柴工，为新知的学习奠定良好基础。

三、自主探究，熟悉新知

这个环节要帮助学生在对本节课的学习内容有了一定的了解的基础上，通过练习来消化，这是巩固新知的新阶段，也是开展游戏活动的好时机。教师采用灵活多样的方法，可以使枯燥的练习变得趣味十足，同时使功能句型在头脑中刻下深深的痕迹。如开火车、找朋友、抢答竞赛、角色表演等活动，让每个学生都有表现的机会。

四、趣味操练，巩固运用

这一环节也是让学生巩固运用所学的知识，把单项的语言技能提高到应用英语进行交流信息的能力，把知识转化为能力的环节。学生在执行教师设置的明确任务过程中，通过小组的调查、实践、讨论、交流和合作等方式，运用所学知识完成学习任务，从而发展学生的实际语言运用能力。

在日常课堂上，根据学生英语学习的情况，我把他们分成若干小组，班级每个小组包括学习层次不同的学生，推动他们进行协作化学习。另外开展了一帮一手拉手的活动，让学习好的学生和学习有困难的学生结对，使学生不仅在课堂上得到老师的帮助，还在课外得到学习好的同学的帮助，鼓励学生自愿结合，更换人物自编对话表演，培养学生思维、想象及创新能力。

在小组讨论中，学生自己"参与"、亲身"体验"，对问题进行思考、探索、交流，因而使学生成为真正意义上学习的主人；小组讨论之后，组织学生更换人物自编对话表演，培养学生思维、想象及创新能力。由于学生的英语水平参差不齐，尤其是口头表达不流利，但在组内好学生的带领下也能有所发言，这样也能体验成功的喜悦。

在英语教学中培养学生合作竞争的学习意识，学生在与他人合作表演的过程中进行语言操练，发扬了团队精神，也培养了学生的合作意识和合作能力，极大地激发了学生学习英语的热情，提高了英语学习的乐趣与效率。学生积极参与组内和课堂交流，互相学习提高，这也是"零距离"教学本质的体现，那就是充分发挥学生与学生间、老师与学生间的影响力。

五、体验感悟，拓展文化外延

任何的教育都不是一朝一夕可以完成的，德育更是如此。它必须持之以恒、日积月累、潜移默化。任何形式的硬灌、勉强，都不能起到积极的促进作用，相反有可能产生消极效应，使学生反感。因此，教师在课堂上要找准机会，适时地进行德育教育，让学生在自然渗透中受到情感的熏陶，从而内化为自己的道德意识。

英语中有许多词汇蕴含着丰富的文化涵义，这意味着在词汇的教学中，当学生接触这些词汇时，教师可以挖掘词汇的文化内涵，引导学生进行中西方文化差异的对照，来激发学生获取知识、探索异国语言文化奥秘的愿望，从而达到激发、保持学生英语学习兴趣的目的。

比如在教授*shopping*这一课时，将各国的钱币介绍给学生。作为作业展示，学生展示了自己收藏的钱币，教师可以利用这个契机，向学生介绍英语国家的钱币。也可以让学生在课下搜集有关的资料，在课堂上与同学们一起分享。课上教师帮助学生识别西方的主要货币，并了解他们的文化。如：美元、英镑、欧元等。也利用图片、电影、录像、课件等多媒体，让学生直观地了解英语国家的文化。如，在教授“Places around us”这一模块的时候，也让学生了解了世界上一些国家的主要标志：英国的大笨钟、法国的埃菲尔铁塔、美国的自由女神雕像、北京的天安门、澳大利亚的悉尼歌剧院等。

比如在牛津英语5BM4U2 *Western Holidays*这一单元，不仅只是让学生知道西方国家的节日，还让学生了解节日的来源、文化习俗等知识。让他们在自己的队会中举办一些派对，如：新年联欢会、圣诞晚会，让孩子们在真实的活动中感受西方文化。如：万圣节和学生一起做南瓜灯、讨论万圣节的趣事及饮食，了解西方的节日文化。新年孩子们互赠礼物及自己制作的贺年卡，教师可以指导学生写上自己对同伴、家人的祝福语。学生在快乐的实践探索中体验了解西方的节日文化，教师也可以将不同的文化背景介绍给学生。

在英语课堂中，利用情境对话或小组团队比赛的方式来培养学生的团结合作精神。把任务分配到个人，让他们独立而又齐心地把活动完成，这样既学习了英语，又培养了学生的良好品质。而要学好英语，必须有充足的自信心，敢于说错。一个人的自信心强弱也是他能否获得成功的重要因素。西方国家很注重对孩子自信心的培养，常鼓励孩子："你能行！"不主动替孩子做事，其目的之一就是为了培养孩子的自信。那在英语课堂中，更要培养学生的自信心，要让他们自己努力找答案，攻克难关。例如，在学生为答案而犹豫时，或不敢于发言，怕自己说错被嘲笑时，教师可以鼓励他：Never mind./It doesn't matter. / Have a try，you can... 这些话语可以鼓舞学生，让他们敢于发言，逐渐培养他们对学习英语或做其他事情的自信心。

基于以上分析，以牛津英语4B Module 4 Unit 3 *The ugly duckling*为案例，对"零距离"英语教学在英语课堂教学中的运用进行实践与探究。

教学设计：*The ugly duckling*

一、课前热身，激发兴趣

1. Enjoy the song.

2. Free talk.

二、情境引入，新知呈现

1. Introduce the Mother Duck.

2. Introduce the ducks.

3. Introduce the ugly duckling.

How is the duck?

What do ducks like?

Where do ducks live?

4. Learn the word "back"、"duckling"、"ugly" .

三、自主探究，熟悉新知

1. Listen to the cassette and follow and read the text.

2. The ugly duckling leaves her mother. Let the pupils guess what will happened? Then make

a short dialogue with friends.

四、趣味操练，巩固运用

1. Group work. Act out your dialogue.

2. Learn more about the swam.

3. Talk about your idea about the swam.

五、体验感悟，拓展文化外延

1. Learn the passage. <The ugly duckling becomes a swam.>

2. Talk about the changes of the ugly duckling.

3. Try to guess the end of the story. Talk with your friends.

（赵　旖）

第10位

引悟数学：体验知识的发生、发展过程

我们面对的每一个孩子都是与众不同的生命个体。“引悟数学”是尊重孩子个性，承认孩子差异，力图通过培养孩子们的自信心和自主精神来促进他们健康成长的一个教学主张。“引悟数学”重在“引”，贵在“悟”，让孩子们体验知识的发生、发展过程。只有让孩子们真切地感受到数学的乐趣和智慧，他们才会主动地去学习，去感悟，去探究。

教学主张：引悟数学

《新课程标准》指出："数学学习活动应当是一个生动活泼的、主动的和富有个性的过程。" 小学数学学科性质中也提到："数学教学是数学活动的教学，而不是数学活动的结果的教学。" 教学中的活动是以学生学习兴趣和内在需要为基础，以主动探究作为改造活动对象为特征，以实现学生主体能力综合发展为目标的主体实践过程。我们面对的每一个学生都是与众不同的生命个体，都有自己所独有的个性与品格。引悟数学尊重学生特长个性，承认学生差异性，力图通过培养学生的创造性、自信心和自主精神来促进每一个学生身心健康成长、个性发展和创新潜能的开发。提倡在尊重学生兴趣、遵循学生认知规律的前提下，让学生在学习生活过程中找方向、找问题、找方法、找结论、找快乐。学生在这个过程中，理解一个数学问题是怎样提出来的，一个数学概念是怎样形成的，一个数学结论是怎样获得和应用的，在这个过程中学生学习数学和应用数学。因而学生的数学学习方式不能再是单一的、枯燥的，以被动听讲和练习为主的方式，它应该是一个充满生命活力的过程。因此，在我们日常的数学课堂中引悟数学的实施就显得尤为重要。

引悟数学的 "引" 就是在教学活动中，教师要努力设计多样化的数学活动，创设恰当的问题情境，提供可观察、可操作的材料，引导学生积极参与活动，让学生在经历活动的过程中感悟过程知识，完成知识的建构。 引悟数学的 "悟" 应当是一个过程。我国传统文化中就很讲究 "悟"。在我们的课堂，应当让学生有充分的机会可以自己去领悟数学，去体验知识获得的全过程，那么，我们学生学习的数学将充满灵性，对学习数学将心怀向往。

一、情境“引悟”，发现数学问题

“让学生在生动具体的情境中学习数学”，“让学生在现实情境中发现数学”是《数学课程标准》给我们广大数学教师提出的教学建议。的确，创设宽松、和谐的教学情境有利于激发学生学习数学的兴趣和求知欲望，调动学生学习数学的积极性；有利于学生认识数学知识，体验和理解数学，感受数学的魅力，从中能有所感悟，掌握必要的基础知识和基本技能。在数学教学中，我经常抓住一个“巧”字，掌握一个“活”字，根据具体情况，积极创设情境，引导学生将自己的疑惑提出来。例如，我在教学“能被2、5整除的数”时，先让学生们随意说出几个数，我马上就报出能不能被2整除，并不断地要求他们把数尽量往大里说，有的学生在我的鼓动下说了自认为非常难判断的数，我也马上不假思索地判断出。这时有的学生们感到不可思议，议论纷纷，就连平时不爱动脑的学生也和同桌议论起来，老师没算过，为什么会马上判断出来能不能被2整除呢？是不是有奥秘在里面？这样，创设了一种问题情境设置悬念，调动了学生的思维积极性和强烈的求知欲望，引导他们主动参与学习，感悟数学问题的存在并能去积极地解决。

二、故事“引悟”，理解数学知识

感悟是一种心理现象，也是一种心理过程，先有所感，方有所悟。感悟主要借助感知，感知的形成又要依赖于学生的亲身体验，依靠平时积累。学生有了一定的感性经验，就可以通过自己的感受、体会、揣摩而有所感悟。在数学课堂中，教师不能过早地将具体的知识抽象化，感性的知识理性化，使学生匆匆跨过感性阶段而步入理性的殿堂，有的知识讲得越多，学生越不明白，而应主要让学生自悟自得。如在教学“体积的意义”时，我巧妙地利用“乌鸦喝水”的故事向学生激疑：“为什么瓶子里的水没有增加，丢进石子后水面却上升了？”一石激起千层浪，课堂上顿时活跃起来，学生原有的认知结构中有关长度、面积等的知识块被激活。他们各抒己见，有的说因为石子有长度，有的说因为有宽度，还有的说因为有厚度、有面积等。正当学生为到底跟什么有关系而苦苦思索时，教师看准火候儿，及时导入新课，并鼓励学生比一比，看谁学习了新课后能够正确解释这个现象。这样通过“激疑”，打破了学生原有认知结构的平衡状态，使学生充满热情地投入思考，一下子把学生推到了主动探索的位置上，自主感悟，充分理解体积的意义。

三、矛盾“引悟”，完善数学知识

当学生用原有知识不能解决问题或遇到困难发生错误时而产生认识的不平衡，不知从何着手时，教师应善于发现学生的认知矛盾，甚至寻找契机制造矛盾，以此引起学生的认知冲突，进而引导他们主动探究数学知识。例如我在教学“圆的周长”时，用课件演示小蜜蜂沿圆周飞一圈，引入圆周长的概念，那么圆周长该如何求得呢？用直尺量显然是无法测得圆周长，通过学生的自主探究发现用滚动法、绕绳法是可以测得圆周长的。这时我在给予肯定的同时，马上拿出连绳小球，捏住绳子的一端在空中旋转起来，小球的运动轨迹是一个圆形，这个圆周长又该如何来测得呢？学生感到眼前的实际问题用原有的知识、方法来解决有困难了，那怎么办呢？从而产生了悬念（问题），产生了探求的意愿。又如，我在教学“循环小数”时，出示两组题：（1）2.4 ÷ 1.25，16 ÷ 0.16；（2）10 ÷ 3，14.2 ÷ 22。学生很快计算出第一组题的得数，但在计算第二组题时，学生发现怎么除也除不完。“怎么办？”“如何写出商呢？”学生求知与教学内容之间形成一种“不协调”。好奇与强烈的求知欲望使学生的注意力集中指向困惑之处。这种让学生在老师预设的认知冲突中经历由“质疑”到“释疑”，逐步构建了知识的全过程，让学生体验和感悟到应用数学知识解决实际问题的快乐，进而帮助学生用“运动”的观点来认识新旧知识之间的冲突与联系，完善了数学知识，深化了学生的认知结构。

四、实践“引悟”，构建数学知识

在教学中，不同学生往往表现出不同的悟性，言语和思维，作为教师就要善于发现学生中因为思维撞击所溅起的“智慧”火花，引导或利用学生去矫正学生的思维方向，由学生自己去梳理自己的思路，去捕捉别人思维的闪光点。为了真正让学生走进生活，我们教师需要做到：教师要不断更新教学形式。新课标下的数学教学需要教师组织大量的数学活动，让学生体会知识的产生发展过程。教师要不断更新教学语言、素材。生动的素材能在学生心目中留下永恒的记忆。例如，我在教学列方程解应用题中的相遇问题时，我首先引导学生理解什么是"两地"、"同时"、"相向"、"相遇"四个词语，然后请两位学生上台来表演这个情景。两位学生分别扮演甲和乙，分立在教室两端，然后同时从两端出发，相向而行，直至相遇。在走的过程中由全班同学为他们计时，等到他们相遇时，学生们惊讶地发现，他俩走的速度有快有慢，行的路程有多有少，但所用的时间是一样的，也就是相遇时间相等，并且还发现了甲和乙的路程总和就是本来相距的路程。通过实践，学生自主感悟到等量关系式：甲行的路程＋乙行的路程＝相距的路程。实践证明，教师要不断更新教学手段、掌握教学技术。给学生充分的时间和空间，让他们参与到整个教学活动中来，让他们自主实践，然后在实践中发现问题、分析问题、解决问题。在学生的实践中活化这些数学知识，而且特别直观、形象，从中不需要教师多言语，学生就可以自己感悟到数学知识，起到了事半功倍的教学效果。

总之，为了打造课堂教学的有效性，引悟数学在教学实践中是不可或缺的一部分。只有在数学教学活动中"重过程"，引导学生有效地达到应达到的教学目标，体验、感悟获得知识的全过程。那么学生才能体会到数学的乐趣，才会去主动学习，才会去体验和感悟数学。只有这样，数学教学才能为学生的未来发展服务。

教学建模：情境引入——自主感悟——质疑问难——验证反馈——拓展延伸

引悟数学是在尊重学生兴趣、遵循学生认知规律的前提下，让学生在学习生活过程中找方向、找问题、找方法、找结论、找快乐。学生在这个过程中，理解一个数学问题是怎样提出来的，一个数学概念是怎样形成的，一个数学结论是怎样获得和应用的，在这个过程中学生学习数学和应用数学。因而学生的数学学习方式不能再是单一的、枯燥的，以被动听讲和练习为主的方式，它应该是一个充满生命活力的过程。

“情境引入——自主感悟——质疑问难——验证反馈——拓展延伸”的教学模式是通过教师创设情境激发学生的学习兴趣，引导学生自主感悟所学知识；然后由学生提出学习过程中的困惑，老师与同学共同帮助解决；再通过师生或生生评价，激励学生的学习动机，推进课堂有效学习；最后进行合理的课堂延伸，使学生明确数学知识之间的连续性和整体性，为下一节课的学习进行适当的准备，真正做到课前有铺垫，课中有发展，课后有延伸。

“情境引入——自主感悟——质疑问难——验证反馈——拓展延伸”教学模式大体可分为五个阶段：情境导入、激发兴趣——自主感悟、学习新知——质疑问难、创新实践——验证评价、体会快乐——拓展延伸、合理整合。

一、情境导入

学习兴趣是学生渴求获得知识的动力，数学教学的成功，很大程度上取决于学生对数学的兴趣能否保持和发展。为此，培养和提高学生学习数学的兴趣，是启动发展学生思维的有效措施。为此教学中巧妙地设置情境，把学生的动机、兴趣迁移到学习上来，学生有了兴趣，才能产生探索的欲望。

二、自主感悟

现代心理学认为：知识并不能简单地由教师或其他人“传授”给学生，而只能由每个学生依据自己已有的知识和经验主动地加以“建构”。我们的教学目标不仅是掌握知识，更要掌握探索知识的方法，学生的头脑“不是一个要被填满的容器，而是一把需要被点燃的智慧的火把”。因此，教学中必须让学生了解知识发生的过程，要引导学生善于去捕捉、获取、积累生活中的数学知识。学生的思维才具有自由挥洒的空间。

三、质疑问难

质疑是开启创新之门的钥匙。引导学生在学习新知的基础上，大胆质疑，积极探索。思维是从问题开始的，有问题才有思考。教师应该充分利用儿童好奇心强的特点，培养学生的问题意识。使他们敢疑敢问，积极地参与到认知活动中，自己去发现问题，提出问题，解决问题。

四、验证评价

评价的主要目的是为了全面了解学生的数学学习历程，激励学生的学习热情，帮助学生认识自我，建立信心，促进学生的全面发展。评价的方式应该是多元化的，可以是师生评价，也可以是生生评价。生生评价也是学生在教师的引导下学会自我反思，不断调整学习态度，改进学习方法，逐步提高学习能力的过程，真正体会到学习的快乐。

五、拓展延伸

在尊重、理解教材的基础上，对教材进行合理的整合，在数学实践中创造性地对教材进行延伸拓展，从而让学生感受到数学知识之间的连贯性和整体性，培养学生思维的深刻性。

教学设计：《时间（时分的认识）》

一、情境导入，激发兴趣

（一）师生谈话

小朋友们都喜欢猜谜语吗？上课之前，我们先来猜一个谜语：小马不停蹄，日夜不休息，滴答滴答响，催人早早起。这是什么呀？小朋友们知道吗？

小朋友们真聪明，猜对了，谜底是“钟”。

（二）复习引入

1. 钟面上有几根针，你知道它们的名字吗？

2. 时针和分针是朝着哪个方向走的？像这样的方向叫做顺时针。

3. 复习几时和几时半。

你能说出图片上的时刻吗？

4. 揭示课题

生活中我们不但要知道几时和几时半，还要知道许多其他的时间，今天这节课就继续来学习有关时间的知识。

二、自主感悟，学习新知

（一）认识钟面

1. 根据问题，同桌讨论

先观察，再填空：

钟面上有（　）大格，每大格有（　）小格。钟面上共有（　）小格。

想一想，填一填：

时针走一大格时间是（　），分针走一小格时间是（　），分针走一大格时间是（　）。

2. 集体反馈。

时针走一大格是1小时，分针走一小格是1分钟。“时”、“分”就是今天要学的时间单位。

（二）认识钟面时刻

1. 出示紫荆小学二年级学生游览安亭老街时刻表。

钟面上是什么时刻，你是怎样想的？

2. 在分钟数不满10的时候，我们要在分钟数前加一个0。

三、质疑问难，创新实践

（一）区别

1. 刚才有小朋友提出钟面上究竟是9点55分，还是10点55分呢，你有什么好办法来解决这个问题吗？同桌谈论一下。

2. 自己动手拨拨钟，9点55分和10点55分的时针分别在什么位置？

3. 小结认识时间的方法。

（二）练习：火眼金睛、小小修理工

四、验证评价，体会快乐

（一）游戏

1. 老师报时，学生拨钟；同桌合作：一人拨钟，一人说时间。

2. 生生评价：你同桌的表现怎样，知识掌握的是否熟练，如果还有问题，你是怎样帮助他的？

（二）认识时分进率

1. 同学们在拨钟时，有没有发现时针和分针谁走得快谁走得慢？它们走的快慢之间有什么联系？

2. 一人观察时针，一人观察分针。讨论得出：分针走一圈是60分，时针走一大格是1小时。

3. 结论：1小时＝60分钟。

（三）建立1分钟、1小时的量感

1. 一分钟有多长？能做多少事？

2. 实践体验。

3. 生活中一分钟还能做什么事情？

4. 体验1小时的量感。

5. 结合爱惜时间出示名人名言。

五、拓展延伸，合理整合

运动员从跳板跳到水里应该用什么时间单位？用“时”和“分”显然是不恰当的，那应该用什么时间单位呢？对了，用“秒”。那你对“秒”有多少认识呢？它和时、分又有什么联系呢，我们下一节课再来学习。

（韩燕敏）

第11位

自主语文：见证师生共同成长的历程

“自主语文”是让学生在学习中自觉、自悟、自探、自辩，最终达到不需要教之状态的一种教学智慧。给一些素材，让学生自己去感受；给一个目标，让学生自己去深入；给一个问题，让学生自己去争辩；给一段旋律，让学生自己去体验；给一个平台，让学生自己去评价，这就是“自主语文”的实践样态。“自主语文”是让学生探究语言学习奥秘、教师展现教育智慧的过程。

教学主张：自主语文

《小学语文新课程标准》指出：学生是语文学习的真正主人。语文教学应激发学生的学习兴趣，培养学生自主学习的意识和习惯，创设良好的学习情境，尊重学生，鼓励学生去选择自己喜欢的学习方式。而自主学习是学习语文非常重要的一种方式，教师应该倡导学生主动参与、乐于探究、勤于动手，培养学生搜集和处理信息的能力、获取新知的能力、分析和解决问题的能力以及交流合作的能力，使学生从相对被动的学习转变为进行高质量的主动学习。换言之，自主语文就是让学生在学习中能够自觉、自悟、自探、自辩，能在相对自由的学习氛围中培养自我学习的能力。

当然，自主学习需要师生共同参与，它的实践过程应该是师生互动、心灵对话的过程。教师在语文教学上的自主性能够充分调动学生学习的自主性，促进学生的自主学习能力培养和提高。那么，在平时的语文教学中，怎样做才能更好地体现自主语文的理念呢？

一、给一些素材，让学生自己去感受

美国心理学家布鲁纳指出："学习的最好的刺激是对所学材料的兴趣，要想使学生上好课，就得千方百计点燃学生心灵上的兴趣之火。"教师要设法不断调动学生求知的需求，激发学生探索的欲望。语文教材中有许多课文内容都可以善加利用，通过各种手段，激发学生的兴趣，使他们能在比较兴奋或者情绪比较高涨的情况下，积极主动地参与到学习中去，获得较为良好的学习效果。

如在教学《真正的愤怒》一课时，由于课文所描绘的西部生活与学生的实际生活相距太远，因此我事先搜集了一些图片、视频等资料，播放给孩子们看，并且还讲述了与课文内容相似的故事给他们听。在此基础上，再让他们来学习课文。学生们对课文的背景有所了解之后，学习兴趣异常浓厚，不仅提出了很多问题，还展开了热烈的讨论，课外还去搜集了很多相关资料互相交流，对课文中一些生动的描写也有了更深刻的理解。

还有，在作文教学中，我常常会和学生一起玩游戏、一起观察事物、一起做小制作，在玩耍中激发学生的写作兴趣，积累了丰富的写作材料。而这些材料为学生的写作提供了源泉，他们能把活动的内容、活动中的体会融入到作文之中，取得了很好的效果。

二、给一个目标，让学生自己去深入

在学生的学习兴趣被激发之后，如果要让他们能够比较持久地保持自主学习的热情，就要给予他们明确的学习目标，引导他们主动深入到学习中去。清晰的学习目标是学生自主学习最好的驱动力。只有这样，才能让学生明确学习的方向，保持学习的热情，实现自主而有效的学习。所谓学习目标，其实就是将教学要求转化为学习行为和内在需求的中介，在教学活动中有着定向、激励、调节和规范的作用。只有帮助学生在内在需求的基础上建立明确的、合适的学习目标，才能产生积极主动、稳定持久的活力。

语文教学中，设定教学目标，一定要从识记、理解、运用等方面的知识和能力角度加以概述，要循序渐进。如低年级一篇课文要学会多少字、认识多少拼音、积累多少词语，中高年级除了积累词语外，还要了解写景的文章美在何处，写人的文章人物特点是什么，或是写人写物的方法等。适切的目标，既为学生学习课文明确了方向，又能够增强学习的自信心，使他们更为积极、主动地参与到学习中去。

三、给一个问题，让学生自己去争辩

人类学习最复杂的活动之一就是思考。自主语文应该提倡学生对事物要有自己的想法和观点，而且应该要进行表达、交流，进行思维的碰撞。而这种碰撞，反过来又有助于他更主动、更理性地思考。

语文教材中有很多课文为学生提供了进行思维碰撞的素材，学习的难点往往也能在这种碰撞中得以解决。如《给予树》针对金吉娅应该为家人还是陌生女孩买礼物？《在金色的沙滩上》中的小姑娘是应该按时回家还是忍受烈日信守诺言？《揭开雷电之谜》中富兰克林不顾危险做实验的方式是否值得学习等等，都是能让学生展开争辩的问题。因为允许他们充分表达自己的观点，因此学生在课堂上能够全身心投入。而在争辩中要说服对方，或是驳斥对方的观点，必须有理有据，才能胸有成竹，因此就要求学生在阅读时更加细致，语言表达更有条理。所以，激烈的争辩还训练了学生的思维能力、语言组织能力和口头表达能力。

当然，这种表达自我观点的争辩活动，还有一个看似隐身的“旁观者”——教师。教师应该要关注争辩过程中学生的表现、课堂的氛围，适时地加以引导，尤其是要注意体现语文学习的一大特性——人文性的功能，最终还是要向学生传递正能量。

四、给一段旋律，让学生自己去体验

在语文课堂上，教师要进入课文角色，带着学生一起去体验文章所表达的感情，让学生在不知不觉中将这种感情内化为自己的情感因素，积极主动地参与整个学习的过程。

有人说：音乐是流动的语言。很多文采斐然、语句优美的课文也像音乐一样动听，如果能把两者有机结合起来，会收到意想不到的效果。我很喜欢用音乐来调动学生的情感，用感觉来说明甚至替代语言，帮助学生更好地理解课文。记得上《但愿人长久》一课时，觉得现在的很多独生子女较难理解“手足之情”的深切含义，而且对苏轼的《水调歌头》一诗比较陌生，理解起来比较困难。这样，学生学起课文来就很难真正投入到课文中去。这时候，在课堂上，我轻轻唱起了《但愿人长久》这首歌。孩子们静静地听着，看得出，这深情动人的旋律令他们感动。一曲完毕，带着刚才听歌时的情绪再走进课文，学习课文，孩子们显然没有了刚开始时的茫然，纷纷从课文的字里行间寻找着令他们感动的词句，对文章所表达的情感有了更深刻更真切的体会。

其实，在语文教材中，还有很多优美的散文，如《春天的小雨滴滴滴》、《桂林山水》、《穿越维也纳森林》、《月光曲》等。我们可以在朗读时配上优美的音乐，或者播放一首与课文内容相关的歌曲，用音乐来渲染气氛，让学生达到一种情感上的共鸣，从而积极主动地融入课文的学习。

五、给一个平台，让学生自己去评价

自主学习的有效性离不开适当的评价。老师的称赞、同学的掌声、小小的奖品，都是学生成功开展自主学习的力量源泉。可是，由于学生认知理解水平和能力的局限，他们在学习语文的过程中的表现不一定能尽如人意，个体之间也存在着一定的差异。对他们的评价，尤其是对一些中等或后进生的评价，稍有不妥可能就会挫伤他们的自尊心或自信心。失去了自信的话，他们学习的主动性必然也会降低，更谈不上自主学习了。因此，教师应该抓住时机，适时地给予学生表扬、鼓励，让每一个人都能尝到成功的滋味。例如在课堂上，回答正确了，要明确地用语言或手势表示赞赏。如果回答错了，也可以用微笑或鼓励的眼神来安慰。

当然，这种评价还是带有教师的主观性。相对而言，学生对自己的评价也非常重要。教师应该为他们搭建互相评价、自我评价的平台，有利于他们通过评价来肯定自我、剖析自我，从而不断进步。如我在语文课堂上开展的“小小评论家”活动，就是让学生对伙伴的朗读进行评价。有时候教师评价学生朗读的标准可能过高，而同伴的评价更符合学生的年龄特点，也更容易被他们所接受和改正。还有，学期结束，我都会让学生汇总一学期的语文学习得星情况，对自己这一阶段的语文学习作一个回顾和总结，为自己的学习表现打星。这个过程其实也是学生进行自我评价的过程。在这个过程中，学生既能总结优点，树立自信，又能发现不足之处，从而在今后的学习中不断改进。

当然，无论是教师的评价还是学生的评价，也不是说是非不分，一味地说好话。尤其是教师对学生的评价，既要肯定他的优点，不轻易否定他可能比较“独特”的观点，又应及时指出他的不足之处或是需要努力的方向。这样，让学生在获得认可的同时，也能够明确今后在自主学习中的目标和方向。

总之，自主语文的实践过程是引导学生发展、实现师生互动的过程，是让学生探究知识、让教师展现教育智慧的过程。自主语文的体验过程是教师和学生共同的一段生命历程，是不可重复的生命体验。它让师生共同成长。

教学建模：自觉预习——自探目标——自主研读——自我评价

自主语文就是让学生在学习中能够自觉、自悟、自探、自辩，能在相对自由的学习氛围中培养自我学习的能力。语文教学重在培养学生自主学习的意识和习惯，在学习的过程中教师应该要尊重学生的想法，鼓励学生去选择自己喜欢的学习方式，使学生从相对被动的学习转变为进行高质量的主动学习。在这个过程中，教师的引导非常重要，尤其是在课堂教学的设计中，要利用各个环节为学生提供自主学习的途径。我的教学模式在实际教学过程中主要从以下四个方面展开。

一、课前预习，了解内容

现在采用的语文教材课文篇幅较长，单元课文数量较多。由于教学课时安排得比较紧，单靠课堂学习无法消化内容，培养能力。课前先通过学生的自学，可以对课文有大致的了解，解决一些简单的问题，引导他们明确学习方向，为课堂上的有效学习奠定基础。课前预习可以让学生自主完成对字词的学习，了解课文主要内容，还可以对课文提出质疑，在课堂上可以有的放矢地展开学习。

二、课堂导入，自探目标

语文一节课的时间是35分钟，教师要做到精讲多练，就要抓住课文的重点指导学生进行有效的课堂学习。因此，教师的导入语不应占用很多时间，不能过于冗长，要做到简明扼要，既要激发起学生学习的兴趣，又要直指本堂课要达到的学习目标，让学生在进入课文学习前就明确目标，并围绕这些目标展开学习。

三、创设情境，深入研读

对于不同的课文，结合学习的重难点，教师可以创设不同的情境，引导学生深入地体会文字所要表达的含义或情感。如写景的内容可以出示相关的画面，写人的内容可以让学生演一演，有争议的内容可以让学生分队辩一辩，写名人名画名曲的内容可以出示或交流相关照片和作品，优美的文字还可以配上音乐让学生读一读，等等。这些情境的创设不仅可以吸引学生自主自动地参与到学习中来，还把原来抽象的文字化为学生直接的感受。

四、课后评价，自我修正

学生学习的效果如何，除了教师的评价，还要让学生也能参与进来，在评价他人或接受他人评价的同时，提高自己的学习能力。这种评价方式可以针对朗读、回答、提问、作业，甚至可以是整堂课的表现。在互相评价的过程中，学生也会对自己的学习情况作一个比较，看到不足之处，并能够自我修正，以期得到同伴的肯定。

教学设计:《月光曲》

教学目标：

1. 理解课文内容，初步学会分辨事物和联想。

2. 从贝多芬创作的《月光曲》的经过，体会贝多芬的思想感情。

3. 指导有感情地朗读1—7自然段。

教学重难点：

贝多芬在即兴创作《月光曲》的过程中思想感情的变化。

教学准备：

预习单（学生）、《月光曲》课件（教师）。

教学过程：

（未上课时在教室中播放《月光曲》）

一、课堂导入，明确目标

师：刚才听到的这段曲子的名字叫《月光曲》，（板书课题）这首曲子是谁写的？（板书：贝多芬）大家都知道他是伟大的音乐家，今天我们来学习这篇课文，了解《月光曲》的来历，感受它表现的意境。

二、整体感知，了解内容

过渡：《月光曲》是怎么被创造出来的？带着问题我们来读读课文。

1.（出示自学要求）

（1）轻声读课文，读准字音，读通课文。

（2）标出描写创作过程的小节。

2. 检查反馈

（1）指名逐段读课文。

（2）师生共同评议。

三、创设情境，深入学习

1. 是什么使贝多芬产生了创作《月光曲》的冲动呢？请轻声读读2—8节，边读边思考：贝多芬为什么会走“近”茅屋（板书：走近茅屋），继而又进屋弹奏呢？（板书：进屋弹奏）

（自由读，同桌互读，指名分角色读）

2. 从兄妹俩的对话中，你读懂了什么？

3.（出示）贝多芬听到这里，心想：_____________，于是他就推开门，轻轻地走了进去……（联系上下文来谈一谈）

4. 是什么引发了创作灵感，即兴创作《月光曲》呢？（板书：即兴创作）

5. 想想这时当他看着穷兄妹俩时会想些什么？联系3—6节读，你能用这个句式来说一说吗？

贝多芬望了望站在他身旁的穷兄妹俩，心里想：_________，于是，他借着清幽的月

光，按起琴键来。（穷、对音乐热爱，热爱程度怎样）

小结：贝多芬可能想，这兄妹俩生活那么艰难，但还是那么热爱音乐，对自己的弹奏听得那么入神，对乐曲的理解又是那么的深刻……正是这些想法，加上清幽的月光渲染出的优美环境，才促使他产生了创作《月光曲》的灵感。

6. 播放《月光曲》音乐诵读课文

皮鞋匠听了，他感受到了什么？（男生读）他妹妹好像也看到了什么？（女生读）

7. 小结：兄妹俩被美妙的琴声陶醉了，而此时的贝多芬在干什么呢？（板书：奔回客店，记录乐谱）著名的《月光曲》就是这样被创作出来的。

四、总结全文，自我评价

1. 说说《月光曲》创作的过程，生评价补充。

2. 配乐齐读课文。

（王　燕）

第12位

体验语文：提升课堂教学的情感温度

同其他学科的教学相比，语文教学更是一种情感活动，是一种特殊的情感体验。语文教学必须注重学生的体验，建立知识与生活之间的联系，在实际活动中体验、发现并综合运用各种知识去解决问题，进而让学生在丰富的教学情境中体验和感悟生命的价值和生存的意义，并内化为个人的态度、价值观和信念，从而提高学生的综合素养。

教学主张：体验语文

“体验”一词在《语文课程标准》中高频率出现，似一条线索贯穿其中。比较明确的阐述是：“应让学生在主动积极的思维和情感活动中，加深理解和体验，有所感悟和思考，受到情感熏陶，获得思想启迪，享受审美情趣。要珍视学生独特的感受、体验和理解。”体验教学是学生的一种学习方式，主要是通过观摩，或者直接使教学活动再现，使学生进入教学内容所描述的环境中进行学习、体验、感悟来得到知识经验的一种学习方法。语文教学活动同其他学科的教学活动相比，更是一种情感活动，是一种特殊的情感体验。新课标下的语文教学注重从学生的体验出发，建立知识与生活之间的联系。引导学生不断地深入观察和体验真实的社会生活，积极、主动地参与学校和社区的种种活动，在实际活动中体验、发现并综合运用各种知识去解决问题，提高学生参与社会的实践能力。让学生在丰富的教学情境中体验和感悟生命的价值和生存的意义并内化为个人的态度、价值观和信念，转化为个人素养。体验性教学强调学生对学校生活及社会生活的参与，关注学生对学习活动的体验和反省，突出学生的个体性、独特性、多样化和差异性。在课堂教学中教师如何引领学生进行情感体验以体现这一新课程理念呢？

一、联系生活，感受语言的温度

语文的外延和生活的外延相等。生活是文章的唯一源泉，引导学生联系生活展开情境，把教材所写的内容和生活联系起来，打开学生的生活库藏，强化他们的生活体验，才能领略文中表露的感情。把这种体验融入到对课文的朗读中，才能够真正把文章读懂。

1. 回忆以往经历，再现当时感受

低年级语文课本中的很多课文都来源于学生常见或比较熟悉的生活。但在课文的学习中，低年级孩子往往不善于主动联系和体会这些经历过的生活，这就需要教师去引导。如在教学《吹泡泡》这一首儿歌时，我引导学生回忆自己在生活中吹泡泡的情景，通过“你们吹过泡泡吗”，“你是怎样吹泡泡的”，“怎样吹泡泡才能吹的又大又多呢”这几个问题将学生以前的生活经历唤回到了现实的学习课堂。学生争先恐后地讲述自己曾经吹泡泡的经历，课堂气氛一下子活跃起来了。学生通过对自己以前吹泡泡经历的讲述，再次体验到了吹泡泡的乐趣。学生正是从自己的回忆中体验到了儿歌中“小螃蟹，吹泡泡”的乐趣，加深了对课文内容中“小螃蟹，吹泡泡”和“不轻不重小心吹，吹得泡泡满天飘”的理解。

2. 结合实际生活，展开丰富联想

生活经历的回忆，能够帮助学生把已有的某些经验，转移到对课文的情感体验上来，但是对于学生没有经历过的事情，结合生活情境进行合理的想象，也可以帮助学生体验课文情感。在《蝉》一文的教学过程中，讲到“黄莺”、“画眉”、“云雀”想教“蝉”学本领，而“蝉”总是“不耐烦地说：‘知了，知了’”的一副自以为是、不耐烦的样子时，我引导学生回忆自己在生活中“不耐烦”时的心情和语气，从而读好文中“蝉”自以为是、不耐烦的语气。通过对“蝉”语气的体验，帮助学生进行合理的想象，构思“蝉”的形象，从而进一步理解到“蝉”为什么最后什么也没有学到，“永远只会‘知了、知了’的叫”。

二、参与实践，体验语言的魅力

情感体验还强调在语文的实践性上，意味着要针对课文内容让学生亲身参与、动手操作。俗话说，“要想知道梨子的滋味应该去亲自尝一尝”，说的就是这个道理。

1. 在反复比较中体会

"比较是思维的基础。"品味比较是阅读文章悟其神妙的重要方式。教学中，启发学生选择课文中的关键词句进行比较，仔细品味它们在一定的语境中意义、范围、程度、色彩、情味等方面的细微差别，体会作者推敲斟酌的艺术匠心，对于体验课文情感，培养学生锤炼语言的良好习惯极为有利。在《轰隆隆》一课教学中，有这样的句子："喊醒小青蛙，叫来小蜜蜂。去捉虫，去采蜜，千万别当小懒虫。"在教学时，我提问学生：为什么雷公公是"喊醒小青蛙，叫来小蜜蜂"呢？"喊醒"和"叫来"可不可以交换呢？学生通过自己反复的思考知道：冬天青蛙是要冬眠的，青蛙是睡着的，所以用"喊醒"；小蜜蜂没有睡觉，所以用"叫来"。通过这样的比较、推敲学生初步体会到了作者用词的准确，从而在心灵上与作者产生强烈的共鸣，促使情感体验的不断深入。

2. 在绘画中感受

低年级学生，思维以具体形象为主，对直观形象最感兴趣。因此，要了解课文的情感，教师可以根据课文内容为学生创设一个画一画的情境。如《脚印》这一课，"小鸡"、"小狗"、"小鸭"在雪地上跑，留下了各自的脚印，好像在画着"竹叶"、"梅花"、"枫叶"。在学习课文时，我让学生展开想象的翅膀，用自己手中的画笔感受文中的情景，把自己对课文的理解用画画出来。把"文"与"画"紧密地结合起来。在绘画中让学生尽情体验那些小动物们在雪地里尽情地奔跑，雪地上留下了它们一串串的脚印，每一个脚印都是一幅美丽的图画。想象使学生的思维尽情地飞翔，让生命的活力尽情释放，这种是自由的、宽松的状态，也最容易激发学生的创新意识和参与学习的兴致。

3. 在表演中尝试

玩是儿童的天性。寓教于乐，让学生把课文中的故事情节入情入境演一演，在表演中尝试体验、理解文中主人公的心理，加深对文章的理解。如在教学《小猫钓鱼》这一课时，我请学生上来扮演"小猫"、"猫妈妈"、"蜻蜓"和"蜜蜂"。两位同学学着"蜻蜓"和"蜜蜂"的样子飞来飞去，引诱着不专心的"小猫"，"小猫"追着"蜻蜓"和"蜜蜂"到处跑，根本想不到要一心一意地钓鱼。结果，忙活了半天，“蜻蜓”和“蜜蜂”都飞走了，“小猫”垂头丧气的回来，一条小鱼也没钓着。通过表演中的角色体验，使学生有一种身临其境的感受，更容易理解文中所表达的做事情要一心一意的主题思想。

三、创设情境，传达语言的形象

小学生低年级学生心理发展尚不完善，感觉、知觉以具体形象为主。因此，在指导朗读时，创设直观形象的情境，对于帮助学生体验文章的情感，理解文章所表达的内容具有非常重要的作用。

1. 多媒体课件演示，润“情”细无声

课件的演示、录像的呈现是有形的，文字和语言是无形的，对于低年级学生来说只有把这种有形和无形结合起来，才能最充分的调动学生情感，引发学生更加丰富的情感体验。因此，低年级的语文教学离不开这一直观的手段。如《咏鹅》这一课中“白毛浮绿水，红掌拨清波”一句饱含着作者对白鹅的赞美和喜爱之情。而这些生活在城市的学生，几乎从没有见过鹅，更不用说去感受鹅的美了，教学时采用多媒体课件的形式，呈现“白毛浮绿水，红掌拨清波”的情景，调动了学生情感，促进了学生更好地体会作者的情怀。

2. 环境感染，润“情”于有形

低年级学生对具体形象的东西最感兴趣，因此围绕教学的重点，针对课文内容布置一下教学的环境，以环境的渲染来激发学生的情感，也会收到很好的教学效果。如《荷叶圆圆》这一课，上课时在教室前面的黑板上贴满了绿油油的、圆圆的荷叶，在教学课文时学生就是在观察这些贴着的直观、形象的荷叶的基础上，通过自己的想象、思考体会到：小水珠为什么说荷叶是它的摇篮；小蜻蜓为什么说荷叶是它的机场……

“儿童是用形象、声音、色彩和感觉思维的。”教师要有意识地创设教育情境，把课文中所描绘的客观情景和现象，生动形象地展现在学生面前，让学生身临其境，再联系已有

经验，去体会、去感悟。这样，在教学上可以收到事半功倍的效果。

总之，有体验才能生成情感，有体验才能提升能力，有体验才能获得成功。在语文教学中，教师要根据课文特点，选择体验学习的方法，或一法为主，或多法并用，以提高学生学习语文的能力。

教学建模：循文——明意——体情——悟道

《语文课程标准》明确指出，语文课应“重视语文的熏陶感染作用，注意教学内容的价值取向，同时也应尊重学生在学习过程中的独特体验”。在阅读教学活动中，体验不只是一种阅读的经历，更主要的是学生以文本为中介，引发对课文中蕴涵的思想情感的体味或对自己生活经历的反思，从而获得对文本内涵及自我人生的一种感受和领悟，它是对文本中渗透的生命意义的一种把握，是一种参透事理、心明眼亮的心理状态。因此，学生学习过程中的独特体验和感悟是语文教学的重要特点和重要内容。

“循文——明意——体情——悟道”阅读教学模式就是在语文教学中，引导学生的情感体验，促使学生在主动积极的思维和情感活动中，加深理解和感悟，实现学生的深层情感体验，从而提高学生的文学素养，陶冶情操，展现独特的个性。

“循文——明意——体情——悟道”阅读教学模式大体可分为五个阶段：创设情境，激趣导入——情境体验，学习感悟——角色扮演，迁移体验——联系生活，感悟文本——巩固积累，拓展延伸。

一、创设情境，激趣导入

教师通过“情境化”的教学手段，出示教学内容，让学生初读感知课文。（1）链接生活积累。学生对自己了解或者知道的东西总是有很强的表现欲望和兴趣，教学伊始紧扣学生的这一特点，链接学生的知识、技能、情感积累，为学生搭建学习平台，能激发其学习兴趣，自然学得积极主动。（2）音乐渲染情境。利用听觉的刺激，让学生运用不同的感官，形成与文本的直接对话，初步体验文本所描绘的意境，进行表达和交流，充分调动其学习探究的主动性。

二、情境体验，学习感悟

根据作品所描写的内容，创设相应的情境和氛围、背景和情调，使之成为学生体验课文内容、感情的平台和心理基础。情境体验通常可以运用以下几种方式。（1）真实情境体验法。如学到《春天在哪里》，便可以带学生走出课堂，去追寻春天的踪迹，感受春天的勃勃生机。（2）语言描绘引入法。教师通过绘声绘色、情真意切的讲述，把学生带入某一情境。语言的模糊性和情感色彩，不是进入情境的障碍，相反，恰恰容易引发学生的体验。（3）背景渲染烘托法。运用教具，营造环境和氛围，进行渲染和烘托。如，适当运用现代多媒体技术，让学生有如临其境、感同身受之感。（4）情境虚拟法。运用技术手段或艺术手法，模拟再现与课文相关的情境、场景等。如通过演课本剧来加深学生对课文学习的体验无疑是一种可行的方法。

三、角色扮演，迁移体验

在阅读教学中，角色转换是激活学生积累，激发学生体验，增强学生感受的重要前提。由于学生阅历和认识能力的限制，加之有些课文远离学生生活，学生在阅读中难以走进文本，进入语言情境，因而难以真切感受、体验文本所蕴含的丰富情感。因此，我们必须引导学生设身处地地思考，唤醒学生的情感与经验积累。让学生扮演文中的角色进行表演，由于学生自己进入角色、扮演角色，课文中的角色不再是在书本上，而就是自己或自己班集体中的同学，这时学生对课文中的角色必然产生亲切感，很自然地唤醒了学生内心的情感，进入文本所描述的情感舞台，全身心地拥抱体验感受。

四、联系生活，感悟文本

语文课程是开放而有活力的。学生也不是简单的盛装知识、观念的容器，而是一个个活生生的有血有肉、有独立思想情感的人，所以我们要尊重学生的情感体验，把学生的语文学习与丰富的生活联系起来，引导他们去独立发现知识，独立地掌握知识，独立地去感悟知识。只有把学习目光引向生活，在平等开放的教学过程中，学生才能主动参与，乐于探究，才能激发学生热爱语文的情感，拓宽语文学习的天地。

五、巩固积累，拓展延伸

为了使文章达到“言虽尽、意未止”的效果，有的写人写事的课文会给我们留下一个令人遐想的结尾。教师可引导学生融入文中角色，探究可能发展的下文，即根据课文的意境发展，对课文结局进行篇外求意、内容延伸。

教学设计：《狐假虎威》

一、创设情景，激趣导入

1.（出示狐狸、老虎的图片）完成填空：（　　）的狐狸（　　）的老虎。

2.（播放课文动画）在大家的眼中，老虎是凶猛的，是万兽之王，可在这个成语故事中，狐狸和老虎分别是怎样的呢？

3. 引出课题：狐假虎威。

二、初读文本，进入情境

1. 自由轻声读课文，要求：读准字音，读通句子。

2. 指名分节朗读课文。

思考：课文中哪句话写出了“狐假虎威”的意思？把它划出来。

三、联系生活，感悟文本

1. 狡猾的狐狸是如何借着老虎的威风把百兽吓跑的呢？自己读读课文2—8小节，用横线画出文中描写狐狸的句子，用曲线画出描写老虎的句子。然后两个小朋友合作，读读句子。

2. 指导朗读相关句子。

（1）在语言环境中理解“神气活现、摇头摆尾、半信半疑、东张西望、大摇大摆”等词语的意思。

（2）重点指导朗读狐狸和老虎的对话及课文的第七小节，突出狐狸的“神气活现”，老虎的“半信半疑”。

四、角色扮演，迁移体验

1. 同桌合作表演，分别扮演狐狸和老虎。

教师随时指导，动作示范一下，语言提示一下，帮助理解“骨碌一转、一愣、蒙住、神气活现、摇头摆尾、半信半疑、东张西望、大摇大摆”等词语，从而理解课文的内容，把课文中的语言内化为自己的语言。

2. 说说狡猾的狐狸是如何借着老虎的威风把百兽吓跑的，完成课文内容填空。

“狐狸和老虎，一前一后，朝森林深处走去。”走在前面的是____________，走在后面的是____________。“大大小小的野兽吓得撒腿就跑。”是因为看见了___________________。

五、巩固积累，拓展延伸

1. 看到森林中的大大小小的野兽吓得都逃跑了，狐狸和老虎之间又会有一番怎样的对话呢？试着在课文的第8与第9小节之间补一段话，最好能用上课文中的好词，如：神气活现、摇头摆尾等。

2. 学生准备，交流。

（沈玉萍）

第13位

品悟语文：品读感悟，人文熏陶

"品悟"就是学生在阅读文本的过程中有感受，有理解，有欣赏，也就是有系列的"品读"和"感悟"。语文教学要指导学生品词析句，提高语文素养，并渗透人文教育，进行情感熏陶，培养良好的个性和品格。通过品悟，让孩子得到人文的关怀和美的熏陶，把书读懂、读活、读美，进而激发学习语文的积极性、主动性，使学生爱学语文、乐学语文、学好语文。

教学主张：品悟语文

《语文课程标准》指出："工具性与人文性的统一，是语文课程的基本特点。语文课程应致力于学生语文素养的形成与发展。"因此，语文教学要指导学生品词析句，提高语文素养，并渗透人文教育，进行情感熏陶，培养良好的个性和品格。而实现这一目的最主要的途径之一便是阅读教学，它也一直是语文教学中重要的一部分，重点是培养学生在阅读文本过程中的感受、理解、欣赏和评价，也即是对文本的"品读感悟"。

一、首先在于"品"

语文是"品"出来的。在学生和文本之间架设阅读平台，激发学生的读书兴趣，以读为媒，以读为本，发展学生的语言和思维，培养学生的审美意识和审美情趣。

1. 多读多品是关键

"多读"是理解文章的一种有效手段，是阅读教学的重要内容，更是体会语言的有效途径之一，从某种意义上来说，学生的朗读水平在很大程度上表征着其语文能力。"故书不厌百回读，熟知深思子自知。""书读百遍，其义自见。""熟读唐诗三百首，不会作诗也会吟。"多读是我国学习语文的传统经验，因为"只有多读，才能有较丰富的积累，形成良好的语感，只有多读，才能与文本进行深层对话，才能感悟文本内涵，只有多读，才能形成独立阅读的能力"。这里的"多读"主要有两方面的含义，一是指阅读的总量要多，主要从阅读的内容和阅读的时间来说；二是诵读的形式要多种多样。

作为小学语文教师，我们有必要让朗读教学始终活跃在我们的课堂上，让我们的语文教学课堂永远充满学生琅琅书声。因此，在教学中要引导学生抓住关键，找准重点，反复加以朗读，让学生在读中悟情，在读中理解，以多读促进自悟，以多读加深体验。教师要积极发挥组织、引导、激励作用，通过多读，让学生在领略语言文字之美的同时，欣赏到自然之美，感受到生活之美。

2. 读练结合是途径

在语文阅读教学中，如果只读不练，或重练轻读，学生都会学得不扎实，也就体现不了语文工具性与人文性统一的课程基本特点。现在一些语文课往往只重讲解，看不到训练内容，即使有训练内容，也缺乏有效的训练措施和手段，这就背离了语文教学的功能和性质。而朗读无疑是一项很好的练习，方便实用，既有训练功能，又有教育作用，学生从朗读中可以受到感染和教育，也可领略到做人的真谛。但进行朗读训练时，既要忌空洞说教，机械重复，又要忌片面统一和评价单一。教学中，教师要选择好训练点，设计好训练方式，并注意训练方式的多样化和课内课外的结合，做到赏析、联想、想象、朗读、默读、背诵等综合训练相结合，使学生不但能感受到文字的美，更能积累语言，达到阅读、积累的目的，也能为今后的学习打好基础，做好准备。

二、更需要“悟”

“品”是对文章进行精细阅读，唤醒主体意识，与文本对话，去经历文本情感与自己生活体验的碰撞。“悟”是一种提高性阅读，回顾文章的布局谋篇，使学生站在一定高度审视文本的美点与亮点。而这一切，都离不开对文本深入的思考。“学而不思则罔”、“好学深思，心知其意”、“熟读深思”，这都是强调思的重要性的。现代阅读观认为，阅读理解能力主要分为一般理解能力和深层理解能力两种，一般理解能力主要包括能够解释一句完整的句子的字面意思和通过上下文的联系对不熟悉的内容的理解；深层理解能力，则是包括对人物的心态、情感或情绪状态的理解和对阅读材料的概括归纳能力。这两种能力的获得都离不开思维能力的提高，因此语文教学中必须重视学生思维能力的培养，教师要教给学生基本的思维方法，尊重每个学生的独特体验，让学生品悟出文本中所蕴涵的语言文字的魅力。

1. 抓住文字，“品悟”语言

《语文课程标准》中指出：语文课程应培养学生热爱祖国语言文字的情感，指导学生正确地理解和运用祖国语言文字。同时，课标中提出的阶段目标要求也提出阅读时要“感受作品中生动的形象”、“感受语言的优美”、“品味作品中富有魅力的语言”等。这一切目标的实施都需要以“品读语言”为核心，这样才能让学生感受到语言强大的表现力和美妙的神韵，让语文课散发它真正的魅力。教学中，教师应努力捕捉课文的闪光点，抓住课文精妙之处，引领学生悉心品味，从一个个标点、一个个词语、一个个句子中去玩味语言，通过细嚼慢品，激发作者情感的共鸣，使学生不仅能感受到人文关怀，更能得到语言智慧的启迪。如《火烧云》一课中有这么一句：“天上的云从西边一直烧到东边，红彤彤的，好像是天空着了火。”有学生提出文中为什么要用“烧”这个词，对这一问题，让学生换作“红”来读读，通过朗读后的思考，学生渐渐品味到“烧”不仅仅写出了火烧云颜色的红，更表现出了火烧云迅速蔓延的那种动感，领悟到作者此时的那种欣喜之情。

2. 展开想象，“品悟”语言

《语文课程标准》中强调指出：阅读是学生的个性化行为，应引导学生钻研文本。因此，教学中要重视学生与文本的深入对话，应紧紧依靠语言文字的土壤，引导孩子透过语言文字与作者进行心灵对话，领悟语言文字表情达意之精妙。学生在品读文章时，要对文章的语言反复理解、体味、推敲，对语言意蕴进行深入的探究，透过语言文字窥见其思想，领悟其精髓，从而加深学生对语言文字的深刻理解，提高学生的敏锐感悟能力。如《穷人》以极其细腻的心理描写表现了桑娜淳朴、善良的美德，尤其是桑娜抱回孩子后忐忑不安的心理活动描写得更为细腻。教学中先让学生仔细读读这段心理活动描写，说说它有什么特点？在学生发现了这段心理活动的特别之处就在于运用五个省略号来表现桑娜的矛盾心情后，引导学生走进人物内心世界，深入研究每个省略号的含义，联系上下文想象桑娜可能还会想些什么？在反复推敲中学生的思维与文本发生碰撞，学生的心灵与主人公更加贴近，逐步体会到桑娜先是激动，继而紧张、担忧甚至是责备自己，最后坚定的复杂心情。学生在与文本作深入对话的过程中感受到了心理描写的细腻、传神，同时，也明白了如何进行人物心理活动的刻画。

3. 创设情境，“品悟”语言

小学语文教学的根本任务是培养学生正确地理解和运用祖国语言文字的能力。袁微子先生曾说：“这种能力的培养靠什么呢？靠训练，而不是靠讲授。”能力的提高确实离不开训练。同样，语文能力的提高也只能通过相应的语言训练才能实现，而创设情境进行语言文字训练更独具优势。

如《月光曲》中描绘了贝多芬弹奏月光曲时皮鞋匠联想的句子：皮鞋匠静静地听着。他好像面对着大海，月亮正从水天相接的地方升起来。微波粼粼的海面上，霎时间洒遍了银光。月亮越升越高，穿过一缕一缕轻纱似的微云。忽然海面上刮起了大风，卷起了巨浪。被月光照得雪亮的浪花，一个连一个朝着岸边涌过来……皮鞋匠看看妹妹，月光正照在她那恬静的脸上，照着她睁得大大的眼睛。她仿佛也看到了，看到了她从来没有看到过的景象，在月光照耀下的波涛汹涌的大海。

品味这段文字时，可借助播放《月光曲》的旋律节奏渲染语言文字的背景，使学生理解音乐从舒缓到高昂激越，体会贝多芬的心情。舒缓的音乐是贝多芬对盲姑娘兄妹俩的同情与爱护，高昂激越是贝多芬因遇到知音而激动的心情及鼓励兄妹俩与命运抗争。因此在读时，就要读出这种舒缓与高昂，这种平静与激越！这种深沉的意境、感情必须是设身处地去体会、思考才能体会得到。而借助于音乐来渲染情境真是起到了烘托之作用。当然，创设情境还可以是生活显示情境、实物演示情境、图画再现情境、表演体会情境、语言描绘情境等。

4. 抓住重点，“品悟”语言

在阅读一篇文章或一段文字时，关键词句起着不可忽视的作用。因为文章的主旨是通过关键词句体现的，作者的写作意图也是通过关键词句传递的。关键词有时是句子的中心，统率全句乃至全段、全文；有时是观点，表达见解；有时是判断，点明事物的性质或必然性，是文章的精髓所在。新课标明确要求：要引导学生通过关键词阅读理解课文内容，体会文章思想感情，积累语言，进一步提高阅读能力。课文中的某些词句在文中往往起着"牵一词（句）而动全文"的举足轻重的作用。如《享受心安理得》一课，学生很容易找出文章的中心句"人们常说'与人方便，与己方便'，当你能做到随时随地地为别人着想时，就自然可以毫无愧色地享受他人给你带来的好处，享受心安理得"。教学时抓住题眼"心安理得"进行，通过自读自悟，集体交流，使学生了解了作者由起初得到鲜花时的惊愕、意外，到得到前房客的帮助后因无法说谢谢而感到遗憾，并也学着他的样子为以后的房客提供方便来弥补遗憾，再接着看着登山后的夫妇自然将竹制手杖留下给后来的登山者，自己也自觉地将雨衣抖干、叠好留给后来者，这一系列的举动展现了作者由得到时不安到付出时心安的极大转变。通过围绕"心安理得"的话题讨论，使学生认识到"与人方便，与己方便"。

教学中不失时机地抓好这些关键词句，牵动课文重点段的阅读品析，并且反复回到词句，通过各个方面，多角度地赏析词句，深层次地领悟词语所表达的意思，品味文本所传达的语境。

除此之外，品悟文本中蕴涵的语言文字的魅力，还可从抓住题眼品悟语言、补充资料品悟语言、联系生活实际品悟语言、抓住文章结构品悟语言等方面着手。

总之，语文课就应该充分利用文本，让学生以读为本，通过品悟，得到人文的关怀，受到语言的熏陶，把书读懂、读活、读美，使每个学生都能发挥自身潜能，激发学习语文的主动性，爱学语文，乐学语文，学好语文，提高语文素养。

教学建模：激趣——感知——品悟——延伸

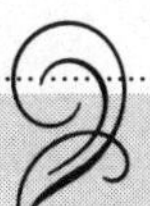

品悟语文就是在学生熟读文本的基础上，指导学生抓住文本中的关键部分进行品词

析句，培养学生在阅读文本过程中的感受、理解、欣赏和评价，也即是对文本的品读感悟。语文阅读教学中，要让学生在课堂上有充分的时间与文本交流，深入文本，在读中品，在读中思，在读中悟，真正感受到语言文字的魅力，进而提升语文综合素养。

“激趣——感知——品悟——延伸”阅读教学模式就是发挥学生课堂主体的作用，教师通过创设生动的教学情境，引导学生充分走进文本，与文本进行深层次的对话，以读促悟、以读促思，深入感悟，使学生的情感与文本、作者的情感相互共鸣，真切感悟文本内涵。

“激趣——感知——品悟——延伸”阅读教学模式大体可分为四个阶段：创设情境，激发兴趣——初读文本，整体感知——品读文本，深入感悟——拓展延伸，灵活应用。

一、创设情境，激发兴趣

创设情境，是指在教学时教师根据教学内容，提供一种具体的生活情境，让学生设身处地的感受，使学生乐学、好学的一种教学手段。我们常说：“兴趣是最好的老师。”孔子也说：“知之者不如好之者，好之者不如乐知者。”学生只有在做他们最感兴趣的事情时，才能真正做到全身心的投入，同时迸发出创造的火花。所以在这一阶段，教师要结合文本，精心创设能充分引起学生学习兴趣的情境，带领学生很快地入情入境，激发学生的情感，点燃思考的火花，使学生的学习及时进入积极投入的状态，产生强烈的学习欲望，让课堂变得生动，让学生变得主动，真正成为课堂的主人，从而收到事半功倍的教学效果。

二、初读文本，整体感知

语文阅读教学活动是作者与教师、学生之间的对话交流，文本是三者进行对话交流的中介体。整体感知是阅读文本的方式之一。在语文阅读教学中进行整体感知是十分必要的。语文教材中的每一篇文章，都包含着作者丰富的思想情感，这些丰富的思想情感都以语言文字为载体。对文本中语言文字的深入理解，离不开语言文字所处的语境，即所谓“字不离词，词不离句，句不离篇”；离开了语境的字、词、句，其意义就会有许多不确定性。文本总是一个整体，其中的词、句、段大小等的局部，只有掌握了全局才能正确认识评价每一个局部，才能真正透彻地理解文本。

三、品读文本，深入感悟

《语文课程标准》提出：“……具有独立阅读能力，注重情感体验，有较丰富的积累，形成良好的语感。”教师在阅读课堂活动中要以学生为阅读实践的主体，要努力引导学生深入理解人物，进行角色体验，加深学生对文本内涵地理解，提高学生阅读文本的体验与感悟能力。教师或抓住文本里的人物对话，让学生以读促悟、以读促思，把自己的感情融入文本角色里进行体验，有效地理解课文内容；或利用文本的空白处，让学生进行想象，以自己的生活经验和学习感悟去体验文本内容，解读文本的思想；或采用再现文本内容情境，让学生通过角色表演，把文本的语言演绎成直观形象的语言，使学生再次体验、感悟文本内涵。

其次，教师在引导学生阅读文本时还应抓住文本中传神的词句，让学生在阅读活动中推敲揣摩，细读文本语言的精妙之处，理解和掌握作者运用语言的高超技巧，感悟重点词句在文本中的深刻内涵，促使学生的情感与文本、作者的情感相互共鸣，激发学生通过词句积极地探究、体验文本思想内涵，使学生在阅读中形成独特的阅读见解，真正实现个性化的阅读教学，提高学生的敏锐感悟能力，丰富学生的语言储备和良好的语感，促使学生的语文综合素养获得充分的发展。

四、拓展延伸，灵活应用

课堂拓展是为深入理解教学内容服务的，应在立足文本的基础上，突破“文本”的限制，对文本进行有效的拓展与超越，因为教材提供的文本是有限的，“教材无非是个例子”，学生阅读能力的提高、语文学习能力的发展最终必须超越课堂、超越文本。拓展延伸应该围绕课文的主题和教学目标、教学重难点，只有文字才是教学之本，才是语文教学的主要凭借，也才是最好的课程资源。语文教师应注重课程资源的开发和整合，注重将课外的学习资源纳入课堂，让学生超越课堂之外，跳出教材本身去搜集、阅读和利用一切可以利用的资料，不断拓宽语文学习的视野。

教学设计：《繁星》

教学目标：

1. 阅读课文，欣赏文中描写繁星的精彩词句并积累。

2. 理解作者在不同时间、不同地点观看繁星的情景及由此产生的不同感受，并以此为线索学习归纳课文的主要内容。

3. 体会运用联想和想象的手法写景状物，抒发情感；品味文章的语言美。

4. 体会作者对大自然的热爱，引导学生细心观察大自然，培养热爱自然的情感。

教学重难点：

1. 依据行文线索，学习归纳课文的主要内容。

2. 理解景物引发联想的句子，体会作者当时的感受。品味文章的语言美。

教学过程：

一、情境导入，揭示课题

1. 媒体出示群星夜空图。

师：晴朗的夜空，当我们仰望星空，看到的是怎样的一幅景象呢？用四字词语来说说。

（1）学生交流。

（2）随机积累描写星空的词语。

2. 揭示课题，读题。

二、初读文本，整体感知

1. 创设情境，配乐范读。

2. 学生说说感受。

3. 自由读读课文，出示自读要求。

（1）画出文章的中心句。

（2）填表，可在书上圈画或旁批。

时　间	地　点	所　见	所　感
从前	家乡	密密麻麻的繁星	仿佛回到了母亲的怀里
三年前	南京	星群密布的蓝天	好像是朋友，在和我谈话
如今	海上	无数半明半昧的星，摇摇欲坠	睡在母亲的怀里

4 思考：课文是按什么顺序来写的？根据表格说说课文的主要内容。

三、品读文本，深入感悟

1.“我”所见的星天。

（1）出示，引读。

随着年龄的增长，我眼中的星天是略有不同的。从前在家乡——；三年前在南京——；如今在海上——

（2）那么多年来，我眼中的星天相同的是什么呢？区别又在哪里呢？

相同：星星始终是那样多（抓住“密密麻麻、星群密布、无数”来体会）。

不同：A. 星光在我们肉眼里虽然微小，然而它使我们觉得光明无处不在。

B. 深蓝色的天空里悬着无数半明半昧的星。船在动，星也在动，它们是这样低，真是摇摇欲坠呢！

理解“半明半昧”；为什么会有摇摇欲坠的感觉呢？（抓住“悬”体会）

（3）多形式读句。

2.“我”所感的星天。

（1）出示：

望着星空，我________________________。

（2）交流出示：

A. 我就会忘记一切，仿佛回到了母亲的怀里似的。

思考交流：在母亲的怀里是一种怎样的感觉？

B. 好像它们就是我的朋友，它们常常在和我谈话一样。

思考交流：和好朋友相处在一起是怎样的感觉？

C. 好像看见无数萤火虫在我的周围飞舞。我仿佛看见它们在对我眨眼，我仿佛听见它们在小声说话。这时，我忘记了一切，在星的怀抱中我微笑着，我沉睡着。我觉得自己是一个小孩子，现在睡在母亲的怀里了。

思考交流：体会比喻句；体会拟人手法。

说话训练："望着眼前的_____，渐渐的，我的眼睛模糊了，我仿佛看见________，我仿佛听见_______，我觉得________。

睡在母亲的怀里是一种什么感觉？（结合理解"沉睡"）

（3）作者产生这种感受时，此时的大海是怎样的？

出示：海上的夜是柔和的，是静寂的，是梦幻的。

A. 体会排比句式

B. 引读：

如此柔和，静寂的夜，当我静静地躺在舱面上，怎能不产生梦幻般的感觉呢？此时，我仿佛看见______，我仿佛听见_________。渐渐的，我忘记了一切。我_____着，我______着，我觉得________________。

3. 师总结：是啊，作者笔下的繁星好似生命无限，又是那么极富情趣，这源于作者对星空、对大自然的无比热爱。让我们带着这份热爱之情，再来有感情地朗读一下课文。

四、拓展延伸，灵活运用

1. 推荐阅读巴金的《海上日出》。

2. 仿照课文的写法，写一写你在欣赏大自然的美景时的独特感受。

（张明新）

第14位

“真”语文：少一些浮华，多一份真实

原汁原味儿的“真语文”是这样的：“实”字为先、“学”字当头、引导有方。在语文教学中教师应该从学生实际体验入手，引领他们用心灵感悟文字的张力，用想象填充文字的空白，用情感沟通语言的魅力，让他们在语言里“咬文嚼字”，浓浓的语文味自然就会荡漾在学生心中了。只有让孩子们徜徉在浓浓语文味的课堂中，他们才能读出生命的律动、思想的碰撞和智慧的融合。

教学主张：真语文

语文是工具性和人文性不可分割的统一体，这一性质决定了语文课程具有多重功能和奠基作用。语文课程的根本任务就是要致力于学生语文素养的形成和发展。那么重中之重的语文课究竟该怎样上呢，这恐怕是一个教多长时间就得要想多长时间的问题了。审视当前诸多的优质课、公开课和观摩课课堂，教师的教学理念变了，内容的领域宽了，知识的结构综合了，学习的形式也丰富了……这些变化，弥足珍贵。但是，由于教学内容"胖"了、教学环节"碎"了、能力训练"浮"了、教学形式"花"了，导致教学效果也"虚化"了。对于这些问题的解决，我们曾一度依赖于层出不穷的教学理念，但等这些理论走马灯似地对我们的大脑进行狂轰滥炸结束后，我们并没有找到语文的真命脉。

什么样的语文课才是"真语文"呢？我喜欢这样的原汁原味儿的"真语文"——"实"字为先、"学"字当头、引导有方。套用贾志敏老师的话："语文是一门学科，语文教学则是一门科学，科学需要严谨和规范，需要按事物发展规律行事，来不得半点虚假和浮夸。"那么，语文课如何体现它的"真"和浓浓的"语文味"呢？

一、斟词酌句，品悟语文的"真味"

课文是客观世界在作者心理的投射，作者通过一定的表达方式和写作技巧，把自己独特的感受，用文字的形式表达出来。所以文字首先是灵魂舞蹈的脚印，可能歪歪斜斜，也可能整整齐齐，但都保留了灵魂跋涉的原始步伐。课文中的那些关键词句，往往是情感的聚焦点、思想的闪光处，更是激活学生思维火花的最佳切合点，所以在课堂中斟词酌句尤其要"斤斤计较"。

如"汹涌而出"一词，现代汉语解释为：水猛烈翻腾上涌的样子。但是光从字典里学习的学生未必对此词理解。单个儿理解这个词很简单，找一视频，大海波涛汹涌澎湃状即可。但当他再看到例如《坐在最后一排》一文中最后一节"我的眼泪汹涌而出"的语境时自然会唤醒他的真切感受，从而感觉到语文是那样的贴近生活。"汹涌而出"此刻不再是破浪滔天感，而是主人公抑制不住内心的激动，深深地感激老师给予的关怀和自信，情感就是这么简单地在朴素的语言文字里流淌。反之，用词语解释的方法来掌握词语，割裂了语文与生活的关系，如隔靴搔痒没有切肤之感。

因此，提高语文课的境界，必须改变以前从教材出发，从内容出发的错误做法，应该从学生的实际体验入手，引领他们用心灵感悟文字的张力，用想象填充文字的空白，用情感沟通语言的魅力，让他们在语言里"咬文嚼字"，浓浓的语文味自然就会荡漾在学生心中了。

二、畅诵文本，读出语文的"真味"

崔学古曾经说过："得趣全在涵泳"，读书不"涵泳"就不能"得趣"。作为语文教师，我们应该想方设法地让学生在读书中体会中国语言文字的魅力。但是这些优美的词句和丰富的情感，不会无端地自己植入学生的心田，也不会单凭教师的教来达目的。归根结底还是靠学生自己用心体会，而这领悟、体验最基本的途径就是"读"。"读书百遍，其义自见"说的是朗读与理解的关系。"读书破万卷，下笔如有神"则是形象地说明了读书量的积累会产生质的飞跃。朗读又是一种对作品进行再创造，把书面语言转化为有声语言的表达艺术。要让课堂洋溢浓浓的语文味，就要在理解文本内容的基础上，引导学生品味文本，朗读是品味语文的重要方法，因此，对于情深意切的文章，一定要"读"占鳌头，要充分地读，深入地读。这样的读书过程，不仅辅助了学生的阅读理解，更重要的是帮助学生学习了语言，是"合二为一"的过程。下面是《跨越海峡的生命桥》教学片段：

走进钱畅，触动心弦

师：这是一个真实的故事，钱畅是这样的不幸。

生读：钱畅，这个才满18岁的年轻人，静静地躺在病床上。他患了严重的白血病，他的生命就像含苞的花朵，不曾开放就面临着凋零的危险。

师：你一点都没被触动吗？来，我们通过多媒体搜集的图片和资料来了解一下"白血病"、"骨髓移植"。

生再读。（生的语气流露着难过、同情）

师：想象情景：当我们尽情拥抱美好的生活时，钱畅静静地躺在病床上，他在想些什么呢？（生想象表达）

师：全班再读。（气氛低迷，为钱畅叹息生命的不公）

说明：教师创设情境的朗读，旨在引发学生对钱畅的同情，对他生命的关注。

通过这样创设问题情境的读，不仅让学生学会理解地读，读出文字背后的潜台词，而且融入文本和主人公共鸣，巧妙地将文本朗读与文本对话联系起来，使我们感受到语文味的细涓在课堂中潺潺流动。

三、读写链接，写出语文的"真味"

写话是语文综合素养十分重要的一项基础功，在语文课堂如何把读和写不露痕迹地融合在一起，让语文味从学生的笔尖流淌出来呢？笔者认为，读写链接是一个有效的途径。

我们都知道"以教材为本"就是要充分挖掘教材的潜力，充分发挥教材的作用，充分运用好教材的范例。而小学的作文教学与阅读教学是密切配合的，以"读"为本，以"练"为主，必须做到讲练结合，读写结合。这种训练是：序列要顺，目的要明，力度要强，广度要宽。因此，顺畅地写就必须要有丰富的词汇，而词汇来自阅读，表达讲究技巧，而技巧又借鉴于范文。因此，根据教材特点，我精心选择读写链接点，给学生提供有效借鉴的对象和创造的依据。在学习课文《荷兰的花》第三小节时，我进行写作指导，通过学习荷兰的花外形、颜色后及时地引入学生链写"中国菊花"。在链写菊花教学中，我通过多媒体向学生展示了五彩缤纷、姿态各异的菊花图片，瞬间，学生的眼球被菊花的美丽牢牢锁住了，看着菊花的名字和外形，学生想象的空间一下子被拓宽了，他们很不费力地模仿文本的结构，恰当地运用比喻和排比的修辞手法将婀娜多姿的菊花进行生动具体的表达，蕴含着浓浓语文味的鲜活文字在他们稚嫩的笔尖滑落，思绪也在此刻恣意飞扬。通过上述语境的创设，学生很自然地将阅读材料中获取的知识进而转化为表达写作的能力，最终通过"读"和"写"的双重逆转过程把书本的知识转化为了技能。作为一名语文工作者，每当我欣赏着孩子们用所学的语文"说话"时，一种莫名的成就感油然而生，我想这也是每一位语文老师享受的乐趣所在吧！

语文教学呼唤诗意的情怀，呼唤浓浓的语文味，新课标指出："语文课程应致力于学生语文素养的形成与发展。"学生语文素养的提高，很大程度上取决于语文教师的文学修养。教育家苏霍姆林斯基曾说过："教师的语言修养极大程度上决定着学生在课堂上脑力劳动的效率。"作为一名语文教师，周身应弥漫着浓郁的书卷气息，应有一张语文的嘴，这张嘴，能言善辩，能把自己的所见所闻所想准确、生动地表达出来。笔者以为，身为语文教师，就要广泛阅读百家书，人文的、科学的、自然的、历史的……要勉强自己去读一些读不懂的书，譬如文言文的、弗洛伊德、荣格的心理学，这类书也许十分枯燥，但是慢慢地你会在书中读出情感来，古诗词读本要放在伸手可及的地方，无需书签，随意地翻，品一首是一首。读书不问时间、不问地点、不问心情，就会像感动总是不期而至……

如果语文教师满腹经纶、才华横溢，在授课时宏论滔滔、妙语连珠，学生也必定会是如沐春风、如饮甘醇。而要达到这种效果，就需要教师有较高的学识素养及宽阔的视野，在课堂上能结合课文内容旁征博引，吟诗诵词，讲述典故。这样既拓展了学习内容，又能够启迪学生思路，增强课文学习的知识性和文学性，从而激发起学生的好奇心和求知欲。笔者以为语文教师的语言必须准确鲜明生动、简明形象风趣，状物时能使学生如临其境，抒情时能使学生如坐春风，言志时能使学生精神抖擞，说理时能使学生眼亮心明。

综上所感，一言以蔽之，在语文课堂上，"一种富有教学个性与文化气息的，同时又令人陶醉到诗意美感与自由境界”，应该就是真语文味。让我们的课堂少一些浮华，多一份真实，让孩子们徜徉在浓浓语文味的课堂中去读出生命的律动，思想的碰撞，智慧的融合。

教学建模：揭题引真——研读品真——读写悟真——实践用真

深入人心的二期课改不断地以崭新的理念撞击着传统的教学。先进的教学理念和优秀的经典的教材最终都要落实在课堂上，因为课堂是学生的主战场。而今我们不难发现二期课改新教材的容量是非常大的，它注重了时代性、生活性、教育性与实践性。这就警醒我们，语文课堂要“真”，要真正地体现以学生为主体，以课文为本体的学语习文。

针对不同课文，我们的阅读教学模式也不可能是千篇一律的，但是唯一不变的是我们模式所要训练的是学生的“听、说、读、写”的能力。“揭题引真——研读品真——读写悟真——实践用真”的阅读教学模式也只是侧重点针对“读、写”能力培养的课的训练模式。所以作为课堂主旋律的演绎者，我们应时时留心挖掘教材的语言学习因素，抓住语言训练的契机，为学生提供尽可能多的语言实践运用机会。在日常教学中根据文本特点，巧用“转换”，设计练习，对学生进行有效的语言文字训练。

一、揭题引真

常言道：“万事开头难。”要想上好一堂阅读课，良好的开端是成功的一半。对于某个新知识，学生接触最频繁却又处于一知半解的状态，采取师生谈话来导入是最为恰当的，因为谈话式导入法即从学生喜爱的事物谈起，真真实实地激发学生的学习兴趣，使学生带着兴趣学习新课。

二、研读品真

《语文课程标准》指出，阅读教学不仅要重视内容的思想情感，也还要注重语言形式和方法。其中强调："语文教学要注重语言的积累、感悟和运用，注意基本技能训练，给学生打下扎实的基础。"所谓感悟品真，就是感受语言，感是感受，悟是领悟，是在真实感受基础上的进一步领会。加强感悟的关键是提高学生言语实践活动的质量，使学生的言语实践成为他们的生命活动、心灵活动。如果抓住它引导学生步步深入地阅读课文，感悟文本，揣摩文本所要表达的情感，就可以起到牵一发而动全身的效果。

三、读写悟真

读精髓，写重点。多练是相对精读而言，即让学生多读、多写，自主参与言语实践。当前语文教学中有"脱离文本，过度发挥"以及"用学生的集体讨论代替学生的个体言语实践"的现象，因此要强调，对话主要是和文本的对话，要深入钻研教材，疑问主要从文本中来，答案主要到文本中去找，要不离文本，紧扣词语，有时要咬文嚼字。这样的课堂学习才是最真实的、最扎实的。精读的基础上，我们就要充分挖掘教材的潜力，充分发挥教材的作用，充分运用好教材的范例。以"读"为本，以"练"为主，做到讲练结合，读写结合。

四、实践用真

实践课堂拓展是在立足文本的基础上，突破"文本"的限制，对文本进行有效的拓展与超越。"教材无非是个例子"，学生阅读能力的提高、语文学习能力的发展最终必须超越课堂、超越文本。课堂教学拓展延伸一般有两种方式：把课外资源引入课堂，把课堂学习引向课外。语文教学中合理有效的拓展延伸有助于对文本的进一步理解，有助于对文本的深刻感悟，有助于对文本的真认知、真表达。

教学设计：《荷兰的花》

教学目标：

1. 能在语言环境中，理解并积累“细腻、贪婪、小心翼翼、伏案疾书、悄无声息”等词语的意思。

2. 能正确、有感情地朗读课文，体会课文生动、形象的语言。

3. 学习课文的表达方式，抓住不同人物的特征写一个生活中的小镜头。

4. 通过图书馆里的小镜头，了解各种不同的人是如何努力学习的，从而激发学生的读书热情。

教学重难点：

通过图书馆里的小镜头，让学生了解通过人物概括与特写的方法，将不同人物的特征进行细致描写，并学着试写自己生活中的一些镜头。

教学过程：

一、揭题引真

师：生活犹如一部电影，时时、处处都会有一个个小镜头呈现给我们。你们看，今天摄像机的镜头就对准了我们，将会把我们上课的情景拍摄下来，这就是生活中小镜头。（板书：小镜头）我想只要大家留心，就能发现生活中处处都有精彩的小镜头。今天作者用同样精彩的镜头记录了一组发生在图书馆里的画面。

二、研读品真

1. 初读课文，整体感知作者在图书馆里到底采撷了哪几组镜头呢？

2. 品读课文，深入体会：

（1）因为作者偏爱图书馆里的小镜头，所以对人们进馆、选书、看书时的镜头作了形象、生动、细致的描写，通过刚才的朗读，这三组镜头中哪个小镜头给你留下了最深刻的印象呢？

（2）师具体讲解小伙子爱读书的镜头，除此之外，描写人们看书的镜头中还写了哪些人？生交流，梳披肩发的姑娘，头发花白的老人，几个孩子。

（3）请同学们选择其中的一个镜头读一读，同桌讨论讨论，作者是怎样进行描写的？从中你读懂了什么？

（4）归纳写法一：读完这小节，老师发现，四个人物都是抓住了人物的动作、神态进行描写的，作者把这四个典型人物通过特写，使一个个生动的形象跃然纸上。

归纳写法二：作者抓住众多人物的一个特征进行描写，让我们看到了人们的很多不同，不同的（年龄），不同的（性别），不同的（职业）……这两部分作者是采用对人物群体概括的写法进行描写的。

三、读写悟真

1. 师：图书馆的小镜头之所以给我们留下了深刻的印象，我想除了抓住了人物的特征进行细致描写外，还运用了人物群体概括写和个体人物特写的方法，使文章通俗易懂，吸引了我们读者。

2. 师：今天，老师也拍了一段生活中的小镜头，你们看我将镜头闪到了哪里？学生观看DV。请大家仔细观看画面，镜头中闪到了哪些人，头发、鞋、衣服等有什么不同，他们购物的动作、神态有什么不同？

3. 生交流：进超市，你看到了哪些人？从衣服角度你看到了哪些人；对于几个特写镜头，你印象最深刻的是谁？

4. 请模仿课文的写法试写，学生当堂写作。

5. 点评指导。

四、实践用真

1. 师：超市里的镜头写好了，同学们，在你们的生活中有哪些令你难忘、令你快乐、令你明理的镜头呢？学生交流生活中的小镜头。

2. 布置作业：令人难忘的小镜头。

（张　莉）

第15位

精彩英语：在自己的精彩中体验学习的快乐

精彩英语主张“让学生在自己的精彩中体验学习的快乐”。精彩英语，需要教师精心设计课堂活动，教学才会有“润物细无声”的和谐，课堂才会洋溢“水到渠成”的自然；精彩英语，学生的“精彩”需要教师的条件创设和探索的眼睛，培养学生学习的兴趣；充分发挥直观作用，让学生亲自参与、体验活动，激活课堂气氛，真正体验到学习的快乐。

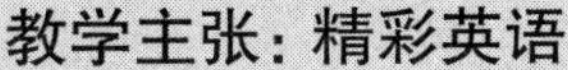

教学主张：精彩英语

英语教学，必须抓住英语课堂这个关键的环节，创设精彩的情境，师生共同演绎精彩的课堂，让每个学生在每节课中都有收获、每节课都有长进。那么如何能缔造精彩课堂？精彩英语主要能体现在哪些方面呢？

一、精彩英语在于"实"

务实课堂，才能真正持久地提高英语课堂教学活动的有效性。如何务实课堂，设计有效的课堂教学活动将是我们需要急切解决的问题。

（一）教学方法"实"

以学生为主体，优化教学方法。师生应当加强互动，使课堂焕发生命的活力，让我们在"动"中显出精彩。那如何体现出这一"动"字，就要力求做到教师启动，师生互动，学生主动三方面。教师启动即教师发起、调动；师生互动即师生配合；学生主动即学生的主动性、自觉性和创造性得到充分发挥。在英语课堂中，教师应当着重培养学生的英语语用能力，结合生活实际，使学生的英语交际能力有所提高。从以教师为中心向以学生为主体和教师为主导转变，上课时通过启发、讨论、情境创设、表演等方法，把教师的"一言堂"转变成学生积极参与的过程。

（二）学习方法“实”

小学英语教学，“教”的关键在于提高学生的学习兴趣，“学”的技巧在于学生有兴趣地重复记忆。通过多媒体特有的效果——集声、像、动画于一体，可以增强教学的直观性和生动性。利用生动、新鲜的外部感官刺激，创设轻松愉快，生动活泼的课堂气氛，激发学生的学习兴趣，并努力通过创设一种良好的语言学习环境，使学生的学习过程充满欢乐，充分体现“基础、轻松、有趣、实用”这一特色，这样学生才乐于重复。此外，为了提高学生学习英语的兴趣，激活课堂的活动气氛，针对小学生好动、注意力不易集中的特点，在教学上突出一个“动”字，把学生参与活动贯穿于整个课堂教学中，我们能够利用多媒体辅助教学，充分发挥其直观作用，让学生亲自参与、体验活动，激活课堂的活动气氛，从而使学生逐步掌握英语知识，提高语言交际运用能力，开发学生的思维能力。

（三）课堂活动“实”

精心设计课堂活动，培养学生语用情趣。课堂环节设计的优劣关系到一节课是否能达到教学目标，是否使学生的能力得到全面发展。英语课堂环节设计要根据英语学科的多学科融合特点，精心设计，给予学生不同且多样的展示空间，从而获得“精彩”的体验。

如在牛津英语3BM2U1 Animals这一单元中，根据学生的心理特点，在教学设计中，设立了Mr Monkey这一主线人物，通过Mr Monkey对其朋友的描述，先让学生在段落中提取有效信息，从而完成对动物的描述，让学生“说”出精彩。一方面，我以学生的“学”为主体，强调师生交往，相互沟通，相互影响，构建“学习共同体”，以培养学生的学习兴趣为主，鼓励他们大胆说，积极做，努力唱！在try to say环节中，以小组为单位，合作完成任务，说出不同动物的特征，以个体带动全体，在合作中赛出“精彩”，在chant中，全体学生边chant边表演，让学生在chant中唱、跳出“精彩”，学生在玩玩、说说、唱唱中学习英语，更易得到快乐体验。另一方面，我的教学设计遵循教学规律，符合学生的知识建构。教学成功的关键是学生能够积极主动地学习，能够有效地吸收和运用。教学设计要研究学生的知识起点，能力水平，要考虑学生的可接受性，力求使教学内容和教学水准适合学生的知识水平与心理特征，使学生能体验到“跳一跳摘到桃子”的滋味。

设计有效的英语课堂教学活动，要体现目标性，注重实用性。因此，我们教师要在遵循小学生语言学习规律和不同学生生理、心理发展的需求和特点的前提下，依据所学知识的难易程度和学生的实际水平，精心设计教学活动，做到适时适度，切实可行并富有成效。

二、精彩英语在于“活”

在小学英语课堂教学中，教师合理的设计与安排对课堂教学活动能产生事半功倍的影响。我们在设计教学活动时要注重活动的趣味性和学生的主体性，更要体现活动的有效性。

（一）活动形式“活”

活动形式要与内容相关，要能为目标服务。活动应是为了学生获得语言知识和语言技能而设计的。例如：在教学“Touch your...”、“This is my...”句型时，首先复习五官的单词，我设计了“quick response”的活动，全班学生站起来听口令，学生做出快速反应，做错的学生坐下，经过多次“考核”后，仍然站着的学生被评为“English star”。此活动既使学生复习了单词，又使他们在活动中学习并巩固了新句型。

（二）活动设计“活”

活动设计要灵活有序，具有可操作性。一堂课的活动既要灵活多变，又要活而有序。教师在设计活动时，活动顺序的安排要遵循由易到难的原则，要使学生活动之后感觉到进步，获得成就感。

另外，教师要发挥组织、引导和调控作用，使活动具有可操作性，这样才能保障学习过程顺利进行。一要合理分配每个活动的时间，调控课堂节奏；二要考虑每个活动的注意事项，活动前要提出要求；三要设计的活动要便于操作，有客观的评价标准。

（三）教学内容“活”

活动形式要多而不乱，要语言知识作支撑。兴趣是小学生学习英语的动力之源。教师在设计课堂教学活动时，要充分考虑其兴趣性和活动形式的多样性，要能使学生产生新奇感，这样才能扣住学生的心弦，调动学生学习的积极性。

针对小学生的身心特点，通常安排guessing game、role-play game、say a chant、do a survey等多种不同的活动类型相结合，并力求多而不乱。如在教学shapes这一单元，我事先准备了几个需要教授的形状。我让学生开展“形状组合图”活动，学生的想象力和创造力大大超过了我的设想，拼出了许多充满童趣的图形，如学生用circle画小鸡的脑袋和眼睛，用triangle和star画嘴、尾巴和爪，用square和rectangle画腿。他们还拼出了机器人、树、房子、交通工具等，通过活动既提高了学生的英语记忆效果，又满足了师生共同感受美、体验美、欣赏美和创造美的需求，更重要的是培养了学生的观察、记忆、思维、想象能力和创新精神。

（四）差异教学“活”

学生的学习客观上存在着个体差异，教学针对个别差异以最大程度的个性化方式进行时，才能取得巨大收益。教师的教要适应学生的学，面向全体学生，尊重学生的个体差异，通过分层教学，满足不同学生的学习需要，让每个学生都能参与课堂学习中，激发学生的学习积极性，培养学生掌握和运用知识的态度与能力，使每个学生都能得到充分发展。

1. 了解和尊重学生的个体差异

教师只有深入了解学生，才能做到有的放矢，我们应从学生的实际出发，去分析、研究教材，确定教学计划，选择教学方法，设计教学活动，调动学生的学习积极性和兴趣。我们的职责在于正确的引导，帮助学生做出正确的选择，了解学生是件细致且长期的工作，我们要真正了解学生，必须热爱、关心学生，关注学生的发展，充分尊重学生，高度重视学生的主体性。

2. 合理运用课程资源，提供差异化的英语教学内容

根据学生的实际情况，我们应当有意识地补充一些课外学习内容，拓宽学生的知识面，增加学生的英语学习信息量，发展学生的语言运用能力。

3. 进行差异化的英语课堂提问

课堂提问的方法有很多，不同的方法在促进学生理解和掌握知识过程中的作用也不

同。在英语教学过程中，考虑到学生已有的知识水平、性格和学习风格的差异，为了达到不同层次的信息交流，为了保证学生能顺利回答，我们可根据学生的实际差异进行有梯度的提问，为不同水平的学生设计不同类别的问题，使优等生得到发展，中等生得到锻炼，后进生得到帮助。这样，不同层次的学生在课堂中都处于积极思维的状态，可以真正提高学生的语言运用能力。

总之，我们教师要在遵循小学生身心发展的特点的前提下，依据所学知识的难易程度和学生的实际水平，精心设计教学活动，做到适时适度，切实可行并富有成效。只有这样，才能真正有效持久地提高小学英语课堂教学效果。

三、精彩英语在于“爱”

“没有爱就没有教育。”不用爱的眼神去发现，我们身边的“精彩”的亮点就会被忽视。当我们用“爱”的眼神去发现，课堂中的“精彩”就无处不在。

（一）“爱”学生的亮点

在英语教学中，教师要善于发现学生身上的亮点。哪怕是极其微小的火花，也会闪烁出智慧的光芒。用儿童的心里去体会孩子们的独特的自我。用爱的眼神去发现，用激励的语言去鼓舞。照亮的小“精彩”会在以后课堂中变成大“精彩”。

在课堂中学生展示自我的机会很多，发现他们的闪光点，鼓励他们的言行，教师就要细心地发现。所以在日常英语教学中，每节课让学生自己尝试说或演的机会达到全班的90%到100%，在这个过程中我会捕捉到一些独特的精彩瞬间，比如在听力练习中，最灵敏的学生；在书写练习中，书写最漂亮的学生；在唱歌时，唱得最动听的学生；在口语练习中，语音、语调最好的学生；在表演中，表现得栩栩如生的学生……

（二）“爱”学生的缺点

对于学生的缺点，我们不能一味地批评、责怪。我们要用爱打动爱，用爱感染爱。

在我们班，有一个男孩叫小吴，由于两次留级，已小有名气。我了解到小吴父母离异，长期跟着年迈的外公、外婆生活，得不到父母的关爱，家居环境也不好。他不好好学习，曾出现多次不良的行为。由于缺乏大人的关爱，所以回家后的作业基本完成不了。刚来到我们班时，根本无法融入这个集体。

教师的责任感令我无法对此事不管不问。在接下来的学习生活中，我不用老眼光看他，而是把他与其他同学一视同仁，甚至给了他特别的关爱。课堂上，我注意给他表现的机会，并积极引导大家看到他的进步 。当他不专心时，我从不直接点名批评，只是用期待的目光注视他，课后为他指出不足之处。在做作业时，我常常走近他，送上一句鼓励的话语，做对时，给他以微笑；做错时，给他指点。生活上也给予关心和帮助。就这样，现在他上课能自觉遵守纪律，也在努力学习了，渐渐地，他改变了，身边有了朋友，学习、行为习惯都有了很大的改变。

小吴的转变使我体会到，作为教师不仅要爱学生的亮点，还需包容学生的缺点。对待后进生，教师如果放任自流就是不作为；而批评、责备的做法又会伤害学生的自尊心，容易导致他们自暴自弃。后进生需要用爱去教育，只有爱学生，才能使他们心悦诚服地接受教育，使每个孩子都能健康、快乐地成长。

（三）“爱”要在心底

教师的心中都充满着阳光，这种积极健康的情绪体现在我们的言行上，更感染着每一个学生，这样学生表现欲强，且都想在课堂上把学到的东西展现出来，得到老师的肯定，整节课师生配合默契、和谐，教师的主导和学生的主体地位都自然地体现出来了。我们要不断去寻找学生的亮点，让它成为教学魅力的生长点，让创造性地教和创造性地学成为一种快乐的体验。

说到底，提高自身素质，更新教学理念，具备相应的英语教学能力是英语教师出色完成教学工作的关键所在。这包括较强的教材分析能力、组织能力和表达能力。从实际出发，根据学生的兴趣特长、知识水平，灵活处理教材，并对教材的语篇资源进行再构。并且要善于运用身姿、手势、表情、目光等体态语言，增强英语课的教育性、教养性和趣味性，还要发挥教师的个性特点拉近师生的情感距离，可以这么说，师生的情感融洽，零距离接触，能促进教与学的和谐统一。

同时，作为一名英语教师除了要具备英语语音、词汇、语法和优秀的听、说、读、写能力外，还要兼顾其他学科的普通知识，注重学科间的渗透。因此，英语教师必须不断获取、扩充、更新知识。

另外，精彩英语还在于生成。课堂是向未知方向挺进的旅行，随时都有可能发现意外的通道和美丽的图景，而不是一切都必须遵循固定的路线而没有激情的形成。学生的一言一行，一举一动，一颦一笑都是生成的内容。我们需要提高倾听能力，捕捉信息能力和调控艺术，从学生生成中捕捉、筛选有效的生成资源，促进学生的学习和发展。

精彩英语基于有效。精当的教材处理是开展有效学习的前提，高超的教学艺术是增强英语教学实效的基石。提高课堂教学的实效性是教师的不懈的追求。"业精于勤荒于嬉，形成于思毁于随。"当然，这不是一朝一夕就可以成就的，还需在课堂实践探索中，不断地学习、积累、总结、反思中逐步提高的。

精彩英语——"让学生在自己的精彩"中体验学习的快乐。学生的"精彩"需要教师的条件创设和探索的眼睛，这才能成为一种体验，教学才会有"润物细无声"的和谐，课堂才会洋溢"水到渠成"的自然。

教学建模：入境——感知——操练——运用

精彩英语——"让学生在自己的精彩"中体验学习的快乐。学生的"精彩"需要教师的条件创设和探索的眼睛，这才能成为一种体验。精彩英语旨在以培养学生英语学习的兴趣为主要任务；以培养英语听说能力的形成为主要目标；以培养学生有效阅读的能力为重要途径。

"入境——感知——操练——运用"英语教学模式就是教师通过创设生动的教学情境，导入课题，带动起学生的学习兴趣，让学生主体参与教学全过程，在文本不断推进的过程中，学习语言知识，在感知文本的同时，习得语言，通过文化、情感渗透，使学生产生相应的情感体验，从而激发学生的语用情趣，让学生在自己的精彩中体验学习的快乐。

"入境——感知——操练——运用"英语教学模式大体可分为四个阶段：创设情境，导入课题——感知文本，点拨方法——整体推进，操练语言——情感体验，延伸运用。

一、创设情境，导入课题

研究表明：小学阶段正是情感性学习形成的关键时期。这阶段学生的学习活动带有很大程度的情绪倾向，每当学生对学习有浓厚的兴趣、好奇心和强烈求知欲时，他们不仅能产生情感迁移，而且他们的注意力会特别持久和集中。所以如何吸引学生的注意力，激发学生的学习兴趣，是需首要解决的问题。悦耳动听的音乐、生动活泼的图片、趣味横生的游戏，在很大程度上都能吸引学生的学习兴趣。

通过创设情境，能使学生身临其境或如临其境，给学生展示鲜明具体的形象，使学生从形象的感知达到抽象的理性思维和顿悟，从而激发学生的学习兴趣，既能激起学生的兴奋点，又能在轻松愉快的氛围中，把学生的情绪转移到英语上来，使学习活动成为学生自觉的活动，帮助学生体验主题，激发学生交流的兴趣。

二、感知文本，点拨方法

英语教材所提供的教学内容丰富多彩，题材新颖广泛。教师的教学在于充分挖掘教材内涵，在教学过程中，随着文本的不断推进，调动学生的好奇心、想象力、学习热情，激发学生的情感体验，感知文本，引起他们的兴奋、愉悦感受，把思维的触角深入学生的心灵深处，寓情于景，寓教于乐，使学生在极具教学美感的过程中习得语言。

三、整体推进，操练语言

语段和语境的整体推进有利于文本再构，从而更能促进新知的学习。在文本的推进过程中，学生能在语篇的带动下，习得一定量的语言。文本再构是建立在一定的语段和语境的基础上进行的，并结合具体的主题内容，指向交际过程。这里面最重要的两个因素是“语段”和“语境”。最终达到的目标是能够激发学生的学习兴趣，调动学生的语用情趣，提高学习的有效性。

在小学英语教学中，为学生营造一个奇妙的情境，能够有效辅助教学，更有利于提高学生驾驭英语的能力。教师根据课文内容展现出鲜明的影像，辅之以生动的语言和音乐渲染，再现课文所描绘的情景，使学生如闻其声、如见其人、如临其境，师生在此情此景中进行情景交融的教学活动。通过创设一个美妙的情境，不知不觉把学生带入到了本课的学习之中，激发了学生的兴趣，陶冶了学生的情操。

通过创设的这个情境结合具体的话语文本，两者整体的推进，加深了学生对语义的理解，为接下去的语用奠定了基础，最重要的一点是激发了学生的学习兴趣。

四、情感体验，延伸运用

著名的教育学家苏霍姆林斯基曾经说过：“智育的目标不仅在于发展和充实智能，而且也在于形成高尚的道德和优美的品质。”二期课改给我们教师提出了三维的教学目标，我们在实践的语篇教学也是期望能在阅读时有情意的提升。在展开语篇的过程中，感知文本，习得语言，在语言推进的过程中，感悟情感。在语用的基础上，情感上也有所体验。

教学设计：*Animals in the zoo*

一、创设情境，导入课题

1. Warming-up.

   Enjoy the song: Going to the zoo

2. Say a chant: In the zoo

用儿歌和chant活跃气氛，能够把学生的注意力引入课堂，激发学生学习兴趣，引入Animals in the zoo这一主题，为下一步的导入作好铺垫。

二、感知文本，点拨方法

1. Meet new friend

Introduce: What animals do you like? I like...

介绍主线人物Mr Monkey，进入故事情境，同时操练本课时重点句型。

2. Go to see Mr Monkey's friends

（1）Chapter1　　New words: monkey，climb the tree

（2）Chapter2　　New words: panda，bamboo

（3）Chapter3　　New words: hippo，grass

（4）Chapter4　　New words: elephant，water the flowers，hay

（5）Chapter5　　New words: lion，run fast

由Mr Monkey带领我们了解他的朋友们。通过他对朋友的描述，让学生试着自己来说一说这些动物的形态、颜色、与生俱来的本领及喜爱的食物。以此激发学生喜爱动物的情感，同时，学生听听动物发出的叫声,以及guessing game，以激发学生的学习兴趣。

三、整体推进，操练语言

1. Read and match

Read the passages，then match the correct animals.

通过呈现的描述各种动物的段落，让学生自己读一读，连一连，为学生的语用输出作铺垫。

2. Try to say

Show more pictures of the animals. Try to describe the animals.

They're ________.（size）They're ________.（colour）They can ________. They like eating ________.

给予学生更多的动物图片，根据已有提示，进而让学生自己贴一贴，学生尝试着运用所学知识，进而说一说，激发学生热爱动物的情感。

四、情感体验，延伸运用

1. Animals I like

Introduce the animals I like to the students.

通过我来介绍自己的喜爱的动物来激发学生的学习兴趣，为之后学生介绍自己喜爱的动物作铺垫。

2. Animals you like

Talk about the animals you like to your friends.

整合一节课所学单词及句型，按照所学单词及句型，从动物的形态、颜色、能力、食物四个方面来描述自己所喜爱的动物，对新学的知识进行巩固、提升，以达到语言输出的目的。

3. Enjoy the pictures: The pictures about the wild animals.

Love animals like loving yourselves because they're our friends.

播放一些野生动物与人类友好相处及人类伤害动物的图片，让学生情感上产生共鸣，动物是我们的朋友，应该像爱自己一样爱它们。

（李　琳）

第16位

磁性数学：让课堂教学富有感染力

一个充满人文关怀的教学环境，是学生自由、和谐、安全、愉悦的成长空间。课堂教学必须充满生活气息，学习即生活；课堂教学必须以人本，学习即成长；课堂教学必须富有生命气息，学习即生命。“磁性”的数学课堂就是致力于创设充满创新活力，对学生具有吸引力、亲和力，能鲜明地体现和谐性、安全性的数学课堂氛围；充满“磁性”的课堂，是舒展灵性的空间，是一种美的享受……

教学主张：磁性数学

什么叫"磁性数学"？即富有"磁性"的数学课堂。"磁性"的数学课堂是指充满创新活力，对学生具有吸引力、亲和力，能鲜明地体现和谐性、安全性的数学课堂氛围。新课程课堂教学的追求是让课堂充满生活气息，学习成为一种生活需要；让课堂教学以人的发展为本，学习成为一种发展需要；让课堂教学充满生命气息，学习成为一种生命需要。

课堂是教师与学生沟通知识、技能、方法与情感、态度、价值观的桥梁。通过课堂教学，老师培养学生，造就人才。因此，教师必须改变传统的压抑学生创造性的课堂教学环境，采取民主态度，尊重学生，支持学生发表不同意见，鼓励学生积极探索。教师若能掌握学生心理活动规律，及时为学生解除疑惑，打开思路并总结他们的学习经验和教训，就可以大大增进学生学习数学的自觉性，教学质量也会得到较大幅度地提高。

那么，究竟如何营造一个充满"磁性"的数学教学环境，为学生提供一个富有自由、和谐、安全、愉悦的成长空间呢？

一、磁场效应的产生——激发兴趣

孔子曰："知之者不如好之者，好之者不如乐之者。"兴趣是一种学习的品质，也是学习的动力之源。因此，如何使学生成为"乐之者"，已经成为当代教育的一大课题。只有注重培养学生的学习兴趣，让学生在愉悦的气氛中学习，才能最大限度地调动学生的积极性和主动性。课堂教学中要真正引导学生参与学习过程，必须在教学中始终激发和保持学生强烈的求知欲望。如何激发学生的兴趣，令学生主动思考呢？

夸美纽斯有句名言："一切知识都是从感官开始的。"本身枯燥和抽象的数学知识直接与学生见面，很难调动学生的感官，自然也就难以调动学生的思维。数学教学的切入点必须是一个个能调动学生感官的具体情景，最好所提供的情景，是渐进式串联结构，渐进式地调动学生的感官，激发学生的学习兴趣，开启思考的阀门。这也就是所谓的"情境串"。

然而，在上学期期末的数学咨询组的活动中，居老师提出了"问题串"一说。对于教龄只有一年的我来说，这一说法相当的模糊。但经过反复的思考与学习后发现，激发和保持学生对话题的强烈求知欲的有效策略是用问题激活学生的思维，使学生在课堂教学过程中始终被老师提出的问题所吸引，使教学过程成为学生力图回答和解决这些问题的过程。如此一来，学生的学习积极性提高了，课堂教学的质量也大幅度的提高。

通过激发学生解决问题的求知欲望，使学生积极主动地参与到新课题的学习当中，激发兴趣产生磁场效应，学生情不自禁地想学，对数学的学习自然也产生了浓厚的兴趣。

二、磁场效应的发散——精心设疑

亚里士多德说："思维是从疑问惊奇开始的。"教师在教学过程中以问设疑，以疑导思，可以诱发学生强烈的参与意识。设疑要因学习对象而异，因教材而异，因课堂氛围而异。课堂上如果能够充分地把学生的思维激发出来，使课堂教学不再枯燥、乏味，这就要教者善于设计、巧妙构思，让学生在参与中体验创新的快乐。

恰逢最近在研读《有效教学的66个经典案例》，书中的第一个案例《猜测式提问，我喜欢》就是一个很好的例子。案例中的教师通过猜测式的提问，以猜激疑，以疑促试，让学生在尝试中发现"比较小数大小"的规律。课后，不少学生认为，猜测活动很有趣，激发了他们的求索欲望，让孩子感到数学其妙无穷。如此获取知识，学生当然理解得深，记忆得牢。如此精心和巧妙的课堂设计，犹如添加了强力催化剂，激发了学生奋发向上的求知欲和浓厚的学习兴趣。这样的课堂自然会像“磁石”一样牢牢地吸引着学生；这样的课堂自然会焕发出无穷的“磁性”！

我国著名的教育家陶行知先生说过：“智者问得巧，愚者问得笨。”问题是数学的心脏，提问就是激活数学心脏的工具。有效的提问能让数学学习充满生气与活力。但是，光有有效的问题还是不够的，教师应当乘胜追击，适时点拨，适当引导，让学生的思考突破难点，也培养了学生的思维能力，这正是教育艺术的魅力。

在“有知音促膝谈心之亲切，无严师耳提面命之紧张”的气氛中，学生不仅会虚心接受，而且会由衷感激教师的热情帮助，对那些破罐子破摔的后进学生也可以收到“狂风不能折服小草，誓言可使铁汉低头”的效果。

三、磁场效应的升华——循循善诱

“诱”者，启发引导之意也；“善诱”指善于启发，擅长诱导。“善诱”，体现了教学艺术之境界。“循循”是有步骤、有顺序、由浅入深的状态，它体现的是教育的智慧。我认为，“循循善诱”是教育的至高境界，亦使整个磁场效应得到升华。

前阵子无意在网上看到了这样一节课例，是某外省市一名特级教师执教的《中位数》一课。课堂上，执教老师讲得少，却讲得精当，讲在该讲之处；问得少，却问得神妙，问在该问之处。学生学得主动，学得扎实，学生的思维是非常活跃的。在座各教师也不免感受到了她与学生零距离的愉快沟通，她的沉稳大气、收放自如的教学风采，以及她巧妙精当的教学设计，令人禁不住拍案叫绝！看完整节课例，我的脑海中浮现出了“循循善诱”这四个字。

诚然，每一位教师都应努力追求“循循善诱”的教育境界。《论语》里这样说，颜渊喟然叹曰：“仰之弥高，钻之弥坚。瞻之在前，忽焉在后。夫子循循然善诱人，博我以文，约我以礼，欲罢不能。”孔子，万师师表也，他的道德境界、教育艺术让他的弟子喟然长叹：“老师的为师之道，仰看越发觉得其高，钻研越发觉得其深。看看在前面，一下子又在后头了。

老师由浅入深善于诱导我们，以文献丰富我们的学识，用礼仪约束我们的行为，我们即使想停止都做不到。”孔子教育艺术的精髓就在于“循循善诱”。反观许多名师从教多年的心得体会，教育艺术的至高境界也是“循循善诱”。

“循循”讲究教育规律，由浅入深，由表及里。“循循”关注人的成长，顺其自然，因材施教。“循循”呼唤教育预设，精心准备、精密思考。课堂上，教师要善于启发学生思考，让学生发现问题，解决问题。要善于点拨学生领悟，让学生豁然开朗，柳暗花明。要善于引导学生联想，让学生举一反三，融会贯通。要善于讲解知识，一语中的，要言不烦，引人入胜。循循善诱，以理服人，才能达到对症下药、药到病除的目的。

四、磁场效应的内化——融会贯通

数学教学中的融会贯通，一方面是指教师对本学科的理论体系能通晓涵义、脉络清晰，进而触类旁通、以静制动、以点带面、连面成体，从而教学实践中达到左右逢源、游刃有余的效果；另一方面是指学生在教师的指引下能够对所学知识内化于心，灵活运用。这也是我们“磁性数学”的目的所在。然而要达到融会贯通的效果则应从以下几方面入手：

1. 教学设计纵向贯通，即框与框、课与课、单元与单元贯通。教师在设计教案时要设身处地地为学生考虑，以方便学生理解为宗旨，整个教学思路要细致入微，浑然一体，既有机渗透，又能循序渐进。

2. 注重不同科目之间的横向贯通。教师要能高瞻远瞩，以学生的全面发展为己任。要尽量挖掘不同科目之间的共性，为学生揭示知识间的内在联系。这样有利于学生深化和理解新知识，形成良好的学习素养。

磁场效应以激发学生兴趣，精心设疑为前提，以循循善诱为过程，最终使学生对知识能够做到融会贯通。一堂充满“磁性”的数学课堂，是学生舒展灵性的空间，教师既要为学生创设一个适合于每个人融入的民主、和谐、轻松的课堂氛围，又要为学生开启心灵、诱发思考、开发智能而提供契机。让数学课堂充满“磁性”，使数学课变成一种享受，学生的数学成绩才会有很大的提高。这才是真正面向21世纪的课堂教学方式。

教学建模：情境导入——问题延伸——合作探究——收获生成

著名的数学大师陈省先生在一次北京召开的国际数学家大会上欣然题词“数学好玩”，可谓一针见血，真知灼见，唯有好玩才能吸引学生学习数学。充满磁性的数学课堂，就是打造民主和谐的教学课堂，能够缩短师生之间的情感距离，让学生处于无拘无束、轻松自如的氛围中，从而激发学生的学习兴趣，触发其学习动机，使其产生参与到课堂上来的愿望，做学习的主人。最终师生双方以包容、平等、民主、和谐的关系互动，让学生能充分感受到我们的数学课堂是有磁性和魅力的。为此，我从情境设置、问题设计、合作组织、体验收获等方面入手做了一些尝试。

“情境导入——问题延伸——合作探究——收获生成”这一磁性教学模式就是教师通过创设生动的教学情境，开放性的引导，让学生主体参与教学全过程，张扬学生个性，激发创造，使在场的每一位学生都被深深的吸引到教学过程中来，从而牢固的掌握知识，灵活运用知识。

一、情境导入——激发兴趣

学生的活动离不开具体的情境，都是在相应的情境中展开的。情境对学生的活动具有推动、暗示和移情的作用，能使学生活动达到最佳状态。因此，在这一阶段，教师要结合教学内容，精心设计活动情境，将数学知识与学生的日常生活紧密地联系在一起，并带领学生入情入境，让学生对所学知识产生浓厚的兴趣，以兴趣为动力，促进活动的顺利开展，为学生的自主活动奠定基础。

二、问题延伸——精心设疑

教师创建数学模型，让学生在数学模型中感受生活，更加贴近生活、更加形象，更容易被学生所理解，然后带领学生整体回顾课本内容，调动学生的学习兴趣，使他们急切地想走进课本，利用课本上所学的知识来解决生活中所遇到的问题，营造出一种“风乍起，吹皱一池春水”的教学氛围。

三、合作探究——循循善诱

教师引导学生联系生活实际，分小组建立数学模型，让学生们努力发现生活中所存在的数学现象，让他们充分感受到数学无处不在的神秘与魅力。同时，也培养了学生动手操作、善于思考、团队合作的能力。

在汇报的过程中，重点是通过联系生活实际，联系所学知识，进一步激发学生的学习兴趣。在此过程中，学生的主体作用得到充分发挥，学生在老师的引导下加深了对所学知识的理解消化。这样的过程，是学生理解与感悟的过程，也是学生灵活运用知识的过程，而不是死读书、读死书。

四、收获生成——融会贯通

教师在教完每一课知识后，要根据本学科的理论体系，帮助学生理清脉络、触类旁通，要以静制动、以点带面，连面成体，使学生能将每一次所学的知识与之前所学的知识有机的联系在一起。从而使学生能够对所学知识内化于心，灵活运用，达到融会贯通的效果。这也是我们“磁性数学”的目的所在。

教学设计：《三角形的分类（2）》

教学目标：

1. 通过观察、操作、比较发现三角形的特征，会给三角形分类。

2. 理解并掌握等腰三角形、等边三角形的概念，知道这两类三角形各部分的名称，掌握各类三角形之间的关系和性质。

3. 训练学生根据提供材料搭建图形，培养学生的动手操作能力和发现问题的能力。

4. 通过小组合作交流的学习活动，培养学生协作精神和数学语言表达能力。

教学重点：

1. 根据三角形三边之间的关系将三角形分类。

2. 发现等腰三角形和等边三角形的部分特征。

教学难点：探索等腰三角形和等边三角形的性质。

教学准备：长度不等的若干小棒、多媒体课件、三角形的纸片、三角尺等。

教学过程：

一、情境引入

1. 出示生活中有关三角形的图片，请说一说以前学过的有关三角形的知识。

2. 揭示课题：三角形的分类（2）——按边分。

二、提出问题

1. 4人小组操作：在2分钟内用小棒搭不同的三角形，搭得越多越好。

2. 4人小组合作：把搭好的三角形进行分类。建议可以根据三角形三根小棒的不同颜色进行尝试。

3. 交流反馈：你们是如何进行分类的？

4. 如何称呼这些被我们分出来的三角形呢？请同学们自学课本第58页。

5. 根据自学分类的特点给三角形命名。

（1）三条边都不相等的三角形称为任意三角形。

（2）有两条边相等的三角形称为等腰三角形。

（3）根据学生的自学来认识等腰三角形的腰和底边，顶角和底角。

练习题1：指出下列三角形的腰与底边。

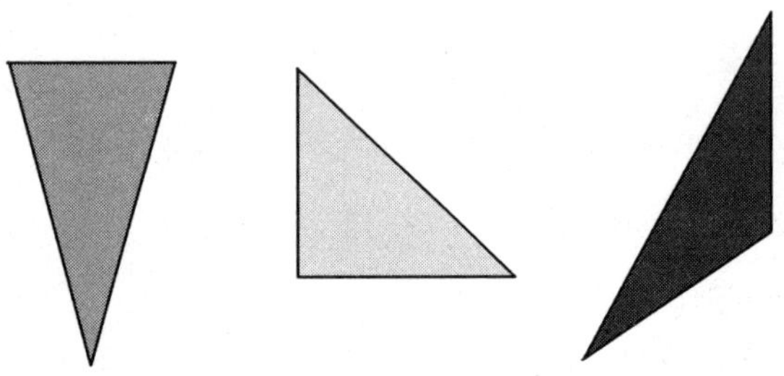

（4）引导学生发现等边三角形边的特殊性，因而称为等边三角形（或正三角形）。

6. 引导学生发现等腰三角形和等边三角形的相似点。为了方便学生的记忆，如果称等边三角形是“孩子”的话，那等腰三角形就是它的“妈妈”。

7. 小结：等边三角形是特殊的等腰三角形。

练习题2：判断

（1）等腰三角形是等边三角形……（　）

（2）等边三角形是等腰三角形……（　）

三、合作探究

1. 在三角形纸片中找一找哪些是等腰三角形，哪些是等边三角形，哪些是任意三角形。你有什么好办法？

2. 学生反馈，用眼睛就可以观察出哪些三角形是任意三角形。

3. 学生论证哪些三角形是等腰三角形（量一量、折一折）。请学生上前演示折法。

4. 折了之后你发现了什么？

5. 既然等腰三角形是轴对称图形，那么是否有对称轴，有几条？

6. 学生找寻论证等边三角形的好办法（折两次才能证明等边三角形是轴对称图形，并且有3条对称轴）。请学生尝试折一折。教师校对折法。

7. 等腰三角形和等边三角形都是轴对称图形，那么任意三角形是否也是轴对称图形？

8. 小结：三角形按边可以分成哪些三角形？

9. 在三角尺中找一找，有没有等腰三角形？

10. 请学生根据三角形角的特点给等腰三角尺分类。

11. 请学生同时从角的特点与边的特点给另一把三角尺分类。并学会用“既是……，又是……”的说法。

12. 想一想：

（1）有没有既是等腰三角形又是锐角三角形的三角形呢？（称为等腰锐角三角形）

（2）有没有既是等腰三角形又是钝角三角形的三角形呢？（称为等腰钝角三角形）

四、收获生成

今天我们学习了什么？你了解了什么？

（金　典）

第17位

“小本领”教学法：不断收获进步

“小本领”教学法，其实是教师把教材内容再精致、细化，根据学生学情，把教学目标具体分解，划分为一个个更小的步子，一步一清，步步相连，最终完成教学任务。这样通过把教学目标进行具体分解，确定每个步骤所保持行为的强度，以使强化的效果提高到最大限度，让学生在低起点、爬低坡、不停步、跨大步的基础上，不断收获进步，逐级提高。

教学主张："小本领"教学法

在长期的教学中，我认为，我们不仅要让学生"知其然"，而且要让他们"知其所以然"。如何达到教育的最佳效果？最有效的安排就是：教师要把比较复杂的行为模式逐渐精致地做成小的单位或步骤，也就是把教学目标进行具体分解，确定每个步骤所保持行为的强度，以使强化的效果提高到最大限度，让学生在低起点、爬低坡、不停步、跨大步的基础上不断收获进步。即"小本领教学法"。这是根据心理学中"最近发展区"的原理提出的。

一、引入概念的铺垫教学

"小本领"教学法，其实是教师把教材内容再精致、细化，根据学生的实际情况，把教学目标进行具体分解，划分为一个个更小的步子，一步一清，步步相连，最终完成教学任务的一种方法。因为步子被分解得更细、更小，知识的跨度就降低，坡度减小，学生就容易获得成就感；又因为步步之间有逻辑上的关联，启发性更强，所以能够更有效地吸引学生主动学习。

引入概念——需要铺垫小学数学概念可分为起始性概念和发展性概念两种。起始性概念指的是没有旧概念作基础的原始性概念，一般要凭借事物的具体形象和表象进行抽象概括；发展性概念指的是建立在旧概念基础上的新概念，一般要在充分复习旧概念或已有知识的基础上，使旧概念得以深化延伸，产生新概念。可见，概念的引入少不了必要的铺垫。例如，面积的概念是一个起始性的概念，教学时关键在于给学生提供形象，建立完整的表象。引入时可从两个方面进行铺垫：一是提供具体实物，如教科书、笔盒等，让学生感知这些物体表面的大小；二是出示或画出围成的平面图形，也让学生感知这些围成的平面图形的大小。又如，一个数乘以分数的意义是一个发展性概念，它是整数乘法意义的延伸和发展，与整数乘法的意义既有联系又有区别，教学时要有针对性和选择性地进行铺垫。如果按"求几个几是多少"进行铺垫，就会产生负迁移，使一个数乘以分数的意义的归纳误入歧途；如果按"求一个数的几倍是多少"进行铺垫，就能顺利地实现正迁移，便于类似地得出一个数乘以分数的意义。形成概念——需要挖掘每一个数学概念都有其内涵和外延。

所谓铺垫，就是"陪衬，衬托"。铺垫是教师在教学中经常使用的一种策略。在一节课的开始，教师常常通过适当的铺垫，引起学生的认知冲突，引发学生的求知欲望。所谓"适当"铺垫，意指时机恰当，坡度适宜，追求不知不觉、水到渠成的效果。比如，教学二年级（上册）《认识乘法》。教材第二道例题是提供4张课桌，每张课桌上有2台电脑的情境图，让学生计算一共有多少台电脑。如果仅仅"教教材"，我们通常会分三步走：一是出示情境图和问题后，引导学生观察情境图，说说这些电脑是怎样排列的；二是让学生列式解答；三是问学生这里是几个几相加，在明确是4个2相加后，告诉学生"4个2相加，可以写成$4\times2=8$或$2\times4=8$"，这就是我们今天要学习的乘法。

这样教学，学生固然也能学会乘法，但是在新接触一个数学概念的时候，我们有必要让学生了解概念的来由。特别是在这里，学生很可能会产生一种困惑：已经可以用加法解决问题了，为什么还要学习乘法？当然，教材在接下来的"试一试"中通过5个4相加的情境，让学生进一步体会乘法的意义，同时揭示写成乘法比较简便。不过，由于学生的困惑是伴随着例题而生的，因此我总觉得，这样的体会还是在例题中有所铺垫更好。也就是，为了让学生体会用乘法表示相同加数的连加比较简便（铺垫的目的），我们可以在例题解决的基础上及时铺垫（铺垫的时机）。

二、创设问题情境，为探究性学习巧设铺垫

众所周知：基本活动经验包括帮助学生思考经验积累，问题提出的经验的积累，创新性活动的积累。但在教学中如何体现学生活动经验却总感觉无从下手。然而"小本

领"教学法能将例题的题干分步呈现，引领学生逐层分析，层层递进，环环相扣，轻而易举地突破了难点，学生知识的生成就会变得自然、水到渠成，这种处理方式在帮助学生思考经验积累这方面做得恰到好处，也更体现了教师不仅关注教学结果，更注重了学生学习过程方法的教学的特点，在经历了难题分解、难点分化的过程后，学生不仅学会了一道题、一类题的解法，更重要的是学生积累了一种思考、解决问题的方法，收获了一种数学学习的经验。

创设问题情境，为探究性学习巧设铺垫。兴趣是探究的起点。苏霍姆林斯基说过："在人的心灵深处，有一种根深蒂固的需要，这就是希望自己是一个发现者、研究者、探索者，而在儿童的精神世界里，这种需要特别强烈。"儿童年龄小，见识少，好奇心强，对未曾见过的事物或现象都感兴趣，因此，在数学课堂教学中，要根据学生的实际和年龄特征、知识经验、能力水平、认知规律等因素，抓住思维活动的热点和焦点，通过各种途径创设与教学有关的使学生感到真实、新奇、有趣的教学情境和氛围，指导学生自发地去探索、发现问题，孕育探求动机，使其产生跃跃欲试的探索意识，乐于去探究。

课堂引趣，一要"精"，要根据所学内容，创设一个引人入胜的情境，或布谜设障。在学习《认识人民币》一课时，我先让学生猜一猜老师带来了什么礼物？猜来猜去，没猜对，学生一下子来了兴趣，想知道老师到底带来了什么，然后我出示了储钱罐。二要"妙"，开课引题，要具有延伸性，这样导入新课，既能激发兴趣，又能创设悬念，使学生自然产生主动求知的心理冲动，为探究学习巧设铺垫。

三、分步学习，解决拓展学生思维问题

教学中如何最大限度地拓展学生的思维，一直是我努力在自己的课堂实践中所追求的，"小本领"教学法中"低起点、爬低坡、不停步、跨大步"的原则，依据了"最近发展区"的原理，不仅可以对已学内容的回顾，还能暴露学生学习中存在的问题，以更好掌握学情，更重要的是展示了学生数学思维的过程，拓宽了孩子们的思维空间，学生的思路打开了，思维活跃了，一切也就迎刃而解了。久而久之，学生对学习数学的兴趣、自信也就潜移默化地受到了激发，学生的学和老师的教都将变得轻松愉悦。

四、复习铺垫的任务要求

复习铺垫同样可以依据“小本领”教学法中“低起点、爬低坡、不停步、跨大步”的原则进行教学。复习铺垫是教师有意识地为学生学习后继知识做好准备，可激活认知基础和激发学习心向，是做好顺利实现认知结构的同化或顺应的预备工作。小学数学新授课教学的第一个环节一般是复习铺垫，它事关全局，直接影响着后继教学进程的顺利展开。那么，怎样合理恰当地设计和操作复习铺垫这一首要教学环节呢？关键在于教师要明确复习铺垫的任务要求，选择、设计好复习铺垫的有效方法。

复习铺垫，它的任务是为学生学习新知识提供知识、能力和心理上的准备。即为学习新知铺平道路，唤醒学生的积极思维，主动参与探索新知的活动。这仅是新授知识的准备工作，不是目的，必须要做到“短、平、快”，迅速触及教学的重点。在此，“短”是指短时高效；“平”是指平中见奇；“快”是指快速反馈。

1.“短”时高效。根据儿童的心理特点分析，一般来说，上课后的第5分钟到第20分钟这段时域，是儿童注意力比较集中的最佳时域。为了确保学生能在这最佳时域内学习新知，复习铺垫的时间要短，务必控制在3至5分钟内；效率要高，能为学习新知抛好“锚”，打好“桩”，架起认知桥梁。例如，学习“除数是小数的除法”一课时，要涉及商不变性质、小数点位置移动引起小数大小变化的规律、除法的试商、除数是整数的除法法则等一系列旧知。如果面面俱到地进行复习，势必要花费大量的时间。实际上，与新知有紧密联系的旧知是“除数是整数的除法”，教师可围绕这一新知的认知固定点，精心设计除数是整数的除法（如$3.22 \div 14$），然后自然过渡到除数是小数的除法（如$3.22 \div 0.14$）。这样就把新旧知识之间的主要矛盾暴露在学生面前，促使学生思考：除数是小数应该怎么办？这里把复习旧知与引进新知融于一体，达到了短时高效的目的。

2.“平”中见奇。复习铺垫的练习和设问的难度要适宜，使学生一开始就有成功感。

同时，要在这适宜的练习和问题中，创设出思维情境，使学生产生"愤"、"悱"的求知心理，积极主动地参与新知的探究活动。例如，教学"工程问题"时，教师首先设计准备题："一条公路长1 200米，甲队单独修需20天修完，乙队单独修需30天修完。如果两队合修，需几天完成？"让学生列式计算，然后将1 200米依次改为900米、60米，再让学生练习。学生发现路越来越短，但所需要的天数总是相同，这是什么原因呢？学生疑虑重重，产生解疑释惑的迫切心理，激起有意义学习的心向，为课堂教学奠定了良好的基础。

3."快"速反馈

复习铺垫的目的，一方面是要快速提高学生的认知清晰度，扫清学习新知上的障碍；另一方面是要准确掌握学生的差异情况，及时给予纠正补充，使所有学生的学习都处于同一起跑线上。为了同时达到这两个目的，就必须运用"小题"引路，提高单位时间的练习效率。所谓"小题"，是指口答、填空、判断、选择、口算、视算等。例如，教学"百分数应用题"时，可设计下列"小题"：

1. 口答，说出下列分数或百分数表示的意义。

（1）什么是分数？什么是百分数？

（2）母鸡只数占总数的多少。

（3）母鸡只数占总数的25%。

2. 写出下列各题的关系式。

（1）甲数是乙数的五分之三，甲数是多少？

（2）五年级有学生180人，已经达到《国家体育锻炼标准》的有108人，占五年级学生人数的几分之几？

教师指名学生完成，然后集体订正，再将第二题练习中的"几分之几"改为"百分之几"，从而导入新课，新知的学习也就水到渠成、顺理成章了。

复习铺垫要因生而异、因材而异。教师在铺垫环节的设计上要做到适量、适度，使复习铺垫有效、到位，既为学生学习新知做好知识和心理上的准备，又为学生的主动发展创设空间，从而追求高效的课堂教学。

综上所述，"小本领"教学法中的低起点、爬低坡、不停步、跨大步能迎合大部分学生的需求，使绝大多数学生都能有所收获，尤其对学困生的帮助是很有利的，这就会从根本上防止了学困生的产生和扩大，可见学困生转化工作的根本在于课堂上的堵，而不是课后的疏。因此，没有对教学工作的执着，就没有对学生的热爱，今后的教学中我一定要以"小本领"教学法为指导，不断学习不断运用以促进自己的专业更加成熟！

教学建模：创境激趣——铺垫引导——研讨探究——拓展应用

"小本领"教学法，是关注逐级提高的教学，铺垫是其典型特征。所谓铺垫，就是"陪衬，衬托"。铺垫是教师在教学中经常使用的一种策略。在一节课的开始，教师常常通过适当的铺垫，引起学生的认知冲突，引发学生的求知欲望。所谓"适当"铺垫，意指铺垫时机恰当，坡度适宜，追求不知不觉、水到渠成的效果。同时要根据学生的年龄特点和认识规律，认真研究，认真总结，积极探索，要因材施教，因班因学生而异，找到最适合自己学生的教法，小学数学课堂一定要紧紧围绕培养学生素质、能力，突出小学生的特点，既要激发起学生对数学课的浓厚兴趣，又要科学正确地传授给学生以知识和能力，要注意寓教于乐，真正把小学数学教好，真正发挥好小学数学课堂的重要作用。

"创境激趣——铺垫引导——研讨探究——拓展应用"教学模式是教师通过创设生动的教学情境，适当的铺垫，引发学生的求知欲望。教学中注重学生自主探究，独立思考。课后努力创设适合学生探究的时间和空间。

"创境激趣——铺垫引导——研讨探究——拓展应用"教学模式大体可分为四个阶段：创设情境，激发兴趣——复习铺垫，激活思维——研讨探究，获得成功——巩固深化，拓展应用。

一、创设情境，激发兴趣

通过创设情境，能够有效地激发学生兴趣，形成认知冲突，唤起求知欲望，使课堂教学充满活力，促进了学生主动学习，所以“创设情境”俨然成为小学数学课堂的宠儿。

二、复习铺垫，激活思维

复习铺垫要因生而异、因材而异。教师在铺垫环节的设计上要做到适量、适度，使复习铺垫有效、到位，既为学生学习新知做好知识和心理上的准备，又为学生的主动发展创设空间，从而追求高效的课堂教学。

三、研讨探究，获得成功

动手操作、自主探索与合作交流是学生数学学习的重要方式。教师应该选择有效的学习方式来优化自己的课堂教学。有效的学习方式包括独立思考、互动与探究、实践操作等环节。因此在课堂上，教师作为学生学习中的组织者、指导者与合作者，尽可能地提供时间与空间让学生自由发展、自由想象，要努力挖掘、拓展教材内容的探索空间，让学生在自主探索的“再创造”活动中深刻体验数学。

四、巩固深化，拓展应用

教师要注重课后延伸与拓展，课末布置提高题，让学有余力的学生选做，能充分调动每个学生的学习积极性、主动性，体现因材施教的思想。同时要深入研究教材，努力创设适合学生探究的时间和空间，将学生置于问题情境之中，在系列作业中去体验、感悟人类对数学文明的探索和发现历程，让学生自主地经历“做数学”的过程，从而不断培养学生的创新意识和实践能力。

教学设计:《10的加减法》

一、创设情境,激发兴趣

师:告诉大家一个好消息,中国足球队齐心协力,顽强拼搏,第一次冲出亚洲,进入"世界杯"决赛圈。(生鼓掌祝贺)今天,我们也来进行一场有趣的数学"足球"赛,比一比哪组"进球"数最多。

二、复习铺垫,激活思维

1. 各小组长组织本组同学同时进行"10的组成"的接力。

2. 师:小组全体小朋友共同努力,赢得了本场比赛的第1"球"。

三、研讨探究,获得成功

1. 通过"看看想想",探讨10的加减法中一组算式的计算方法。

师生交流:看,球场的一角,小朋友也在踢足球呢!仔细看一看,这些小朋友可以分成哪两部分?

师生交流:小朋友观察得真仔细。在足球比赛中,一般是按服装颜色的不同分成两队。这样,你能说出哪些算式?

师:你们想自己算出得数吗?请把课本翻到第48页,试着填一填。

师生交流:请任意选一题,把你的算法告诉大家。

师:小朋友的办法真多!可以利用10的组成来算,也可以利用加减法算式之间的联系来算。这些算式就是今天要学习的10的加减法的3组题。10的加减法还有很多题目,你们想自己学习吗?(板书:10的加减法)

2. 通过"玩玩想想",探索10的加减法全部算式的计算方法。

(1)独立操作,写算式。

教师让学生抛10个花片,根据正面和反面情况写出多组算式。

(2)学习小组交流算式、算法。

(3)全班交流,展示成果。

教师让学生把写有算式的纸片贴在黑板上,并根据学生汇报用电脑辅助演示抛的状况，从而逐步得到10的加减法的全部算式。

教师激励谈话：小朋友真行！你们通过抛花片，学会了所有10的加减法题。想表扬一下自己吗？老师奖励每组一个最佳学习“球”。

（4）学生上黑板归类并有序整理写有题组的纸片，即时记忆。

四、巩固深化，拓展应用

1. 10加几。哪两张卡片上的数相加等于10？

（1）师生同做。

例如：师出“8”，生出“2”，接着师说“8 + 2 = 10”，生说“2 + 8 = 10”。

（2）同桌互做。

2. 10减几。

师：小兔子见小朋友这么聪明，要来考考大家。小兔子手中的10减去其他伞面上的任何数，请算出得数。

3. 看谁说得多。□+□=□□−□=□

五、全课小结，提高认识（略）

（娄建萍）

第18位

本真语文：送给学生的奇珍礼物

语文教学应拒绝肤浅、华丽、浮躁和故作高深。本真语文，是纯真的老师用本真生命、本色人格作为资本，饱蘸心血、智慧、激情的如椽大手笔绘就的作品，是怀揣教学理想的老师用真情、用责任、用诗意的青春精致打磨的送给学生的奇珍礼物。这样的语文课值得我们用一生去构思，去设计，去创造，值得我们用一生去做赌注，去期待，去预约！

教学主张：本真语文

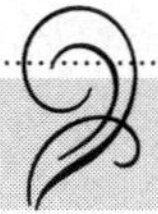

本真语义，就是最接近语义教学本质、教学规律，最切近语言文字的真义、语言教学特点、方法的教学方式；就是以人为本，遵循语文教育教学规律和学生认知发展及成长规律，因材施教，稳步推进，和谐全面发展的语文；就是既追溯追寻语文教学本源，又结合现代教学理念，理智施教，促进学生本质发展的语文教学方式。近年来，语文教学的改革层出不穷，新的理念，新的观点，新的教法频频亮相，有人说目前的语文教学得了“多动症”：学生唱歌、表演、画画，就是静不下来识字、写字、阅读了；有人说目前的语文教学得了“浮肿病”：与课文内容相关的东西全被“整合”进了课堂，学生只能走马观花，根本没时间品味、积累、运用课文语言了；又有人说目前的语文教学发起了“高热”：自主热、合作热、探究热、多媒体热……热度越来越高，教学的效率越来越热……到底什么才是《语文课程标准》的真义，如何回归语文教学的本质，真正提高语文教学效率呢？本真的语文课拒绝肤浅、华丽、浮躁和故作高深背后的本质的粗糙。我认为语文教学应当紧紧抓住文本语言，对学生进行语言教学，是一种工具的授予，是一种技能的培养，也是一种人文的熏陶。

一、诵读文本，品味语言

著名语文教育专家商友敬先生说：“文章的精华在句子之中，字句之中有声情，有气韵，有见识，有抱负，你不读，这一切精华不会自己显露出来，而只能是纸上的铅字符号，那是死的，要把死的变成活的，只有读，让它在你嘴里活起来，然后才能在你心里活起来。”

因此我们应该把朗读贯穿于整个阅读教学的始终。首先，要保证朗读的时间。在语文课上要给朗读留下充分的时间，要求学生用普通话、声音响亮、吐字清晰、不读破句、认真地朗读课文，要让学生多试读，多练读，让他们读出感情，读出情趣，读出味道来，切不可做个读书的样子，草草过场，匆匆收兵。其次，要让学生有想读书的冲动，有兴致勃勃地抢着读书的欲望，有不读不快的遗憾感。再次，读要体现目的性和层次性，以读为本的"读"不是一遍遍地傻读、呆读。读要一遍有一遍的目的，一遍有一遍的效果，真正让学生在读中增加语言和文化的积淀，从而提高语文素养。

比如，《鸟的天堂》中描写榕树叶子的句子"榕树正在茂盛的时期，好像把他的全部生命力展示给我们看。那么多的绿叶，一簇堆在另一簇上面，不留一点缝隙。那翠绿的颜色明亮的照耀着我们的眼睛，似乎每一片树叶上都有一个小生命在颤动"写得很美，我让学生们以一种惊叹、赞美的语调去朗读，把自己引入一幅美妙而又令人神往的画面中，仿佛眼前出现了绿意盎然，青翠葱茏的绿色海洋，微风中绿叶闪烁着点点光斑。通过读，学生不断调动自己的表象积蓄，按自己的思维方式设计出作者所表述的情境（画面）。特别是"仿佛每一片绿叶上都有一个新的生命在颤动，这美丽的南国的树"这一句是很抽象的，同时又饱含着作者对榕树旺盛的生命力的惊叹和喜爱。为了读好这一句，通过提问："是什么在颤动？"让学生充分感悟到这是叶子在颤动，是生命的颤动，是作者的心在颤动。当学生已经饱含情感时，我让学生深情品读："这美丽的南国的树！"让学生真正感受到作者当时的喜爱，感叹，惊奇！然后不停地训练直到学生读出感觉才罢休。这样的深入文本，教学生品味语言的教学应该就是本真语文吧！

二、立足文本，积累语言

余映潮老师认为语言积累有两个层次：一是运用活泼的形式，让学生在语文学习中习得更多更美的语言，它们是语言运用的坚实基础；二是运用科学的方法，在学生习得语言的同时，学会积累语言的方法，学会品味、揣摩、感悟语言和欣赏优美、精彩的语言。

《师恩难忘》这篇课文记述了作者刘绍棠的启蒙老师——田老师以讲故事的方式教授孩子们学习古典诗词、培养孩子成长的往事，体现出他巧妙地教学方法，歌颂了老师的敬业精神，抒发了作者对老师的崇敬感激之情。本文语言朴素生动，成语俗语用得贴切自然，值得品味、积累。“娓娓动听”、“身临其境”、“戛然而止”、“引人入胜”、“十年树木，百年树人”等成语，以及俗语“无心插柳柳成荫”都用得贴切自然，学习中反复让学生品味积累。还鼓励和指导学生把自己认为重要的词和句段摘抄下来，尊重学生对词句的独特理解和感受，不能要求一致。持之以恒，学生就会掌握写摘录笔记的方法，形成写摘录笔记的良好习惯，从而受益终生。

三、依托文本，运用语言

教育家叶圣陶先生说过：“语文教学的根在听说读写，是听说读写之内的挖掘与创新，而不是游离于听说读写之外的花样翻新。”因此，在学生对文本的人文内涵各抒己见、畅所欲言时，应营造调动知识积累，提高学生运用言语的能力的大环境，并提供一定的言语借鉴形式，让学生有依可遁，从而不断丰富、扩展、积累语言，达到熟练运用语言交际的能力。老师在充分品读语言的基础上，有目的地把读写结合起来，引导学生进行仿写，这样即激发学生写作兴趣，又提高学生的写作能力，又了解了文本的言语形式，掌握了写作方法。整个环节，从“品读到比较读到仿写”，一步步让学生关注到文本在表达语言方面的特色，又让学生学会运用语言可谓水到渠成。

语文课堂的本真还体现在实实在在的语言实践训练上。如上《家》这一课，文中富翁指着豪华的别墅说：“家？我没有家。那是我的房子”这一故事时，让学生选择下面的一种情境写话体验自己生活中家的感觉：当我带着奖状回家时情景；当我带着委屈回家时情景；当我病倒在床时情景……这一练习不仅使学生真切地感受到他们所拥有的爱是那样具体可感，感受到他们拥有的也许富翁都不曾得到，了解到富翁说自己没有家的本质原因，还使学生扎扎实实地进行着语言文字的训练，实现了工具性和人文性的有效融合。

天马行空，信意由缰，不顾作品的本意和解读的界限，是对文本的不尊重；一味盲从，放弃对作品的探索和思考，也是不尊重文本的表现。一切的教学形式都要为学生深入文本服务，只有做到了紧扣文本，深入文本，细品文本，让学生对语言文字有最真的感受，才算是让语文教学回到了本真！本真语文是纯真的老师用本真生命、本色人格作为资本，饱蘸心血、智慧、激情的如椽大手笔绘就的作品，是怀揣教学理想的老师用真情、用责任、用诗意的青春精致打磨的送给学生的礼物奇珍。这样的语文课值得我们用一生去开发，去设计，去创造，去备课构思，值得我们用一生去做赌注，去期待，去预约，去制造奇迹！

教学建模：预习——质疑——品味——仿写

本真语文就是教师引导学生学习语文的课，是学生学习理解和运用祖国语言文字的课，是学生听、说、读、写的综合实践课，是引导、浸润、提升语文素养、人文素养的课。说到底就是学生学习说语文、讲语文、读语文、写语文、用语文的课。本真语文课堂不仅体现为单一的语言文字训练，还是帮助学生加强人文体验，获得美感受，提升情智素养的重要把手。

"预习——质疑——品味——仿写"阅读教学模式就是教师通过创设多元启悟、自由对话的教学情境，引导学生充分走进文本，与文本进行深层次的对话，以读促悟、以读促思，深入感悟，使学生的情感与文本、作者的情感相互共鸣，真切感悟文本内涵，最后，进入最高境界，以读促写。

"预习——质疑——品味——仿写"阅读教学模式大体可分为四个阶段：课前预习，走进文本——提出疑问，探究文本——品味语言，感悟文本——仿写训练，走出文本。

一、课前预习，走进文本

课前预习是教师预设课堂生成、把握课堂训练重点、有的放矢地指导学生的重要铺垫。养成预习习惯、提高预习能力是学生加深对文本理解的基础，是课堂中更好地进行深层阅读的"通行证"，是课堂中更好地拓展知识的深度、广度的有力保证。

二、提出疑问，探究文本

质疑教学方式整个过程由学生的好奇心和求知的欲望为学习的动力，教师摆脱了以往的说教式的教学方式，充分调动了学生学习的主动性和积极性。

三、品味语言，感悟文本

在语文教学中，对于一些精彩的段落，教师要引导学生潜心会文、咬文嚼字，品析出文字使用的绝妙之处。语文课，教师要有意识地引导学生呵护关爱文字。对于优美、精湛之处，更是要懂得驻足，细细品味，嚼出精华，品出醇真之味。

四、仿写训练，走出文本

在教学中，仅仅关注挖掘文本内涵，深化主题思想，追求课堂灵动鲜活和精彩的生成，多多少少会让我们的课堂显得有些空洞而乏力。阅读教学教师要有意地进行写的训练的渗透。渗透的方式可以多种多样，有显著写作特点的段落可以仿写；新学的修辞手法可以练写；文章的留白处可以发挥想象进行续写；阅读过程中使得心灵产生波动的感触点也可以写……

教学设计：《智烧敌舰》

一、课前预习，走进文本

学生通过预习，已经大致了解故事的来龙去脉，对主人公饶有兴趣。

二、提出疑问，探究文本

学生提出的问题归纳如下：阿基米德的“智慧”主要表现在哪里？烧毁敌舰需要些什

么条件？怎么才是一字儿排开？

三、品味语言，感悟文本

1. 两千多年前的罗马帝国和希腊分别是什么样的？我们先来看一幅图，你从图上了解了什么？

2. 两国不仅是版图之间差异巨大，而且在国力和兵力上的差距也很悬殊。

出示句子，指名读，再读。

3. 这个时候的希腊，正是国力空虚的时候（释：虚）。

4. 敌人来了，军舰近了，希腊百姓在海岸上看到了什么？出示第3节。

（1）引读第3节。

（2）你们读准了“惶”的读音，那这个词语是什么意思？（板书：惊惶失措）

惊惶失措——害怕紧张得一点办法也没有。当时的情况可真是十万火急。你从哪里可以看出？

眼睁睁——束手无策

（3）再读。

5. 想象说话：岸边的妇女呢？老人呢？孩子？

6. 此时，阿基米德也在人群中，大家看到的危急的景象他也看到了。可是，这位全希腊最聪明的人还看到了一些别人忽略的细节，他想到了什么？

请同学们读读第2、6两节，用波浪线画出他看到了什么？思考一下，他会想到什么？（板书：看到的　想到的）

7. 根据学生交流出示。

（1）军舰　理解：桅杆　布帆　读读句子

（2）阿基米德看到这样的军舰，他会想到……（板书：怕火）

（3）太阳

（4）想到：用镜子反射阳光（板书：镜子）

8. 这是阿基米德利用科学知识想出的方法。此时此刻，也只有这个方法才可以救国家、救百姓。这时候，阿基米德又是怎么做的？

自读第4—6节，用直线划出相关的句子。

9. 根据学生回答随机出示句子，指导朗读。

（1）为什么要大声喊叫？

（2）句中有几个“快”？为什么？

10. 阿基米德有条不紊地做了哪些事情，请用表示先后顺序的词，把这个过程说一说。（注意指导）

11. 教师小结，补充板书，理清“看到的”和“想到的”之间的关系。

12. 奇迹发生了！动画演示。

13. 多么振奋人心的结果，书上的描写更精彩。

引读第6节中的句子（也真奇怪……）

14. 见到这样的景象，岸上的希腊人……（板书：欣喜若狂）理解词义。

你什么时候也会欣喜若狂？（造句）

15. 性命保住了，国家也保住了，怎能不高兴呢！

引读：你们看，他们围着阿基米德欢呼起来……

出示句子，读出感情。

16. 可是阿基米德怎么说？请一生读句子。

17. 同学们说说看，阿基米德到底有没有本事？为什么？

四、仿写训练，走出文本

1. 阿基米德用自己的智慧巧妙地运用了科学知识挽救了希腊人民。我们要从小学好知识，做一个智慧的人。

2. 写一写自己聪明的一件事。（200字左右）

（杨娟英）

第19位

智慧数学：课堂流动着智慧和情感

“智慧数学”课堂是流动着智慧、情感的课堂。它顺应孩童的天性和心灵需求，鼓励他们积极探索知识。在课堂上，学生可以畅所欲言，无拘无束；教师饱含激情投入教学，用鲜活的教学机智和方法创造课堂，引领学生深入智慧的海洋，使学生仿佛亲眼所见、亲身所历，通过自己的体会，深刻认识到知识的本质和体会知识的价值。

教学主张：智慧数学

数学是什么？恩格斯说："数学是研究现实世界数量关系与空间形式的科学。"数学家克莱因则说："如果美的组成和艺术作品的特征包括洞察力和想象力、对称性、比例和简洁，以及精确地适应达到目的的手段，那么数学就是一门具有其特有完美性的艺术。"

数学是一种智慧，数学中蕴藏着一种至简至和的智慧、一种至真至通的智慧、一种创造探索的智慧。"数学教育，自然以'数学'内容为核心。数学课堂的优劣，自然以学生是否能学好'数学'为依归。数学教学设计的核心是如何体现'数学的本质'、'精中求简'、'返璞归真'，呈现数学特有的'教育形态'，使得学生高效率、高质量地领会和体验数学的价值和魅力。多一些数学本质的探究，少一些空洞的说教。""智慧数学"不是一种教学法的名称，"智慧数学"课堂也不存在一种固定的模式。"智慧数学"是一种理念，"智慧数学"是一种课堂教学的实践形态。

智慧无形，因而"智慧数学"课堂是没有固定模式的，没有僵化教条的环节或步骤，但也不是不可捉摸，没有丝毫要素要点，"智慧数学"课堂有着可操作的结构特质。

一、"智慧数学"是简洁的

我们视数学为有机的整体，数学内在的统一尤为显著，我们的教学设计只有从整体出发，通过"板块"来实施教学，设计概念的引入、概念的建立、概念的深化、概念的应用与拓展等教学板块，才能体现数学内在的整体性。"板块"式设计是数学学科整体性的必然选择，也是数学简洁性的应然要求。

案例：我们视数学为有机的整体，数学内在的统一尤为显著，即便是四则运算的教学，我们应认识到“加”与“减”互逆，“乘”是“加”的简便运算，除即是一种“连减”，而“乘”和“除”又是互逆的，四则内在是统一的。如果教学设计细碎成一串串问题、一道道练习，就不能建立相应的知识结构，不能引领学生整体感悟数学思维。

二、“智慧数学”是探索的

音乐教学中有“合唱”，体育活动中讲“合作”，劳技实践中需“动手”，语文教学中倡导“书声琅琅”，而数学课堂上更多的是“静思默想”。这种“静思默想”是一种独立思考的状态，数学学科的理性特点需要我们的教学注重学生思维品质的培养，思维倡导的是“独立”，在“独立”的前提下，才有思维的交流与碰撞，才有合作的基础及质量。思维是一种深度活动，不是群体的情绪感染、环境的氛围熏陶、他人的动作暗示所能达到的，这种深度活动通过学生独立练习、独立操作等思维活动来完成。有过各自独立的探索，方可出现多向的交流碰撞。有了独立，才能遏制教师一讲到底的现象。

案例：数学教学中应进行思维的发散、创造，“数学的本质是自由的”（康托语），学生在自由的氛围中打开思维的天窗。切忌单线的教学设计阻碍封闭了学生的思维，不是自古华山一条道，而是条条大路通罗马。数学教学活动又是一种探索活动，通过观察、实验、想象、直觉、猜测、检验等活动，经历智慧的生长过程。“我们的数学文化是停留在好胜的阶层呢？还是好奇的阶层呢？在好奇心的驱动下，我们才能取得数学的创新和突破。”（张奠宙语）教学中要保护好奇，多向探索。切忌教师全面的直接的牵引、给予、灌输。

三、“智慧数学”是和谐的

数学问题是数学发展的主要源泉，问题是数学的核心。数学课堂教学中，一方面引导学生逐步抽象，进入思维纵深，另一方面要纵横联系，发现数学间的和谐。教学中少一点技能性的问题和考题操练，数学课不是停留于一道道题目的圆满答案，更高境界是多一点猜想、质疑，多一点从整体上设计数学问题，多一点具有开创意义、发展意义的大问题。

案例：抽象能反映事物的本质属性，数学的抽象是有层次的和永无止境的。抽象提升思维的品质和境界，数学不是停留在“生活剧”中，数学追求深度思考的价值，不是停留在简单的实用上。数学科学是一个统一的整体，和谐是数学美的终极境界。让学生感悟数学不是孤立对抗的，也不是零散杂乱的，数学是一个和谐的整体，只是我们认识能力的局限和表述的需要，才把数学分割成数、形等一个个部分。我们的数学教育是让学生感受到数学之和谐，而不是怪异。

四、“智慧数学”是生长的

“智慧心语”是穿插于课堂教学之中的总结、发问、猜想、深思之语，“智慧心语”是教师基于学生智慧自然生长状态下，教师遵循智慧生长的规律，予以点拨、追问、设疑。这种点拨、追问、设疑不是囿于一道题目之中，而是从思维规律，进而是哲学的高度启迪学生的智慧。

案例：在教学“异分母分数加减法”时，教师为学生设计了四组计算题，前三组分别是整数加减、小数加减、同分母分数加减，第四组是异分母分数加减。学生很快完成了前三组计算，正对第四组感到困惑时，教师提出了以下的系列问题：计算整数加减时，为什么要注意相同数位对齐？计算小数加减时，为什么要强调小数点对齐？同分母分数加减法的算理是什么？解决了这三个问题后，教师适时出示“智慧心语”：“在计算加减法时，必须统一计数单位。”那怎样统一异分母分数的分数单位，把异分母分数相加减转化成同分母分数相加减？顺着这样的“问题链”，学生在新旧知识之间的矛盾，或新旧发展水平之间的矛盾，构成学生认知活动的内部矛盾。由于教师让学生合理调用了储备知识，促成了学生智慧的生成，造就了课堂的精彩，很自然地流淌出“智慧心语”：“计算异分母分数相加减，要先通分，把异分母分数化成同分母分数。整数、小数、分数加减的基本道理是一样的。”当学生自己总结出异分母分数加减法的方法后，教师又引领学生回顾本课学习的全部过程，进一步体会知识的来龙去脉，“智慧心语”又一次迸发：“在探索某个未知领域的过程中，往往是从已知领域出发，利用已有的基础和条件，逐步完成从未知到已知的转化。”

总之,“智慧数学”课堂是建立在改造数学的基础之上,借鉴发现法和尝试法的因子,化用探究研讨法和自学辅导法的原理,形成独立的多向探索活动。“智慧数学”课堂重新定位小学数学课程内容的核心为智慧,以板块的结构、独立的活动、问题的思索、智慧的心语为特征的课堂实践形态,是教育思想、教学内容、教学方法高度综合的教育形态。

教学建模:情境引智——感悟促智——体验生智——延伸用智

智慧数学课堂是流动着智慧的情感的课堂。它是顺应孩童的天性和心灵需求,鼓励他们积极探索知识的人性化课堂。在课堂上,学生可以畅所欲言,无拘无束。教师饱含激情投入教学,用鲜活的教学机智和方法创造课堂,引领学生深入智慧的海洋,使学生仿佛亲眼所见、亲身所历,通过自己的体会,深入认识的本质和体现知识的价值。

“情境引智——感悟促智——体验生智——延伸用智”教学模式就是教师通过创设生动的教学情境,开放性的引导,让学生主体参与教学全过程,张扬学生个性,激发创造,使在场的每一颗童心都飞扬起来。

“情境引智——感悟促智——体验生智——延伸用智”教学模式大体可分为四个阶段:情境导入,激发兴趣——情境体验,初步感受——角色体验,感悟知识——活动体验,拓展延伸。

一、情境导入,激发兴趣

情境导入,是一种通过设置具体的、生动的环境,让学生在课堂教学开始时,就置身于某种与课堂教学内容相关的情境之中，促使学生在形象的、直观的氛围中参与课堂教学。实践证明，利用“生活情境导入”进行数学知识教学，更有利于激发学生的探究思维和学习兴趣，完成课堂教育教学目标。其种类有以下几种：教师语言描绘情境；利用多媒体创设情景；现场模拟创设情境。

二、情境体验，初步感受

在这教学过程中，教师有目的地引入或创设具有一定情绪色彩的、以形象为主体的生动具体的场景，以引起学生一定的态度体验，从而帮助学生理解教材，并使学生的心理机能得到发展的教学过程。情境体验教学的核心在于激发学生的情感。情境教学十分讲究直观手段与语言描绘的结合。在情境出现时，教师伴以语言描绘，这对学生的认知活动起着一定的导向性作用。语言描绘提高了感知的效应，情境会更加鲜明，并且带着感情色彩作用于学生的感官。学生因感官的兴奋，主观感受得到强化，从而激起情感，促进自己进入特定的情境之中。

三、角色体验，感悟知识

人对各式各样问题进行思考、体会，每个人的水准各不一样，但是可以多参考资料，从多方面去领会。可从自己撑握的情况开始，再综合问题出现原因，不要急于一时求结论。感字的意思就是从自己开始，悟字的意思就是思考，二字合一就要你思索出比较合理的结论。感悟问题的能力是可以不断提高的，也就是泛语所谓感悟性。单从词语定义：凭自身感觉去领会。

四、活动体验，拓展延伸

知识的拓展，既要与书本衔接，还要符合学生的认知规律。在数学拓展中，一要延伸适度，注重知识的前后联系；二要拓展学生的视野，在课堂不便拓宽的，为了满足学生的求知欲，可以设置问题，让学生课下思考；三要培养讨论交流的习惯；四要让学生尝试亲自动手，体验数学的趣味。在教学中给学生留有余地，既能促进学生自主学习意识的提高，又能拓宽学习的渠道，体验数学的魅力，展示自己的智慧。

教学设计：折线统计图的认识

教学目标：

1. 初步认识单式折线统计图，知道折线统计图的特点。

2. 会看单式折线统计图，分析数量的增减变化情况，并回答问题。

教学重点：

会看单式折线统计图，分析数量的增减变化情况，并回答问题。

教学过程设计：

一、情境引智

1. 课件出示：第42页主题图。

2. 有时，我们为了要了解一些情况，就需要作一些统计工作。今天开始，我们就进入到统计这一单元进行学习。

二、感悟促智

1. 除了用统计表来表示统计的情况，还可以用什么方法清晰地表示出气温变化的情况呢？用条形统计图。

2. 我们已经学过条形统计图的制作。在方格纸上试着画一画，回忆一下条形统计图。

3. 教师根据学生的汇报制作条形统计图。

4. 我们一起来看一看小胖画的条形统计图。能够清楚地看出什么来？

每个月的平均气温值，很直观。

5. 但是条形统计图不能直观地反映每月之间月平均气温的变化情况，用什么方法能够直观地反映每月之间月平均气温的变化情况呢？

6. 课件出示：P42/2004年上海市月平均气温变化情况折线统计图。

7. 折线统计图中怎样直观地反映出每月之间月平均气温的变化情况呢？

8. 怎样看？那我们就看一看折线上升、下降的含义。

9. 条形统计图和折线统计图都反映了些什么情况？它们之间各有什么特点？

三、体验生智

1. 下面哪些问题适合使用折线统计图表示？

（1）4月份测量的每个同学的身高。

（2）每年4月测量的自己的身高。

（3）每天定时测到的气温。

（4）同一时刻测到的不同场所的气温。

2. 看看我们身边有哪些可值得统计的内容？

四、延伸用智

今天的学习你有什么收获？收集一些不同的折线统计图，看看你能知道一些什么信息。

（姚金根）

第20位

动感数学：让学生在学中玩、在玩中学

学生学习应当是一个生动活泼的、主动的和富有个性的过程。数学教学活动必须激发学生兴趣，调动学生积极性，引发学生思考，掌握知识并学会有效的学习方法。动感数学让数学课堂充满动感，以学生学习兴趣的内在需要为基础，让数学课堂动起来，有所动，有所获，促进学生的个性发展，让学生在学中玩，在玩中学，享受着数学带给自己的快乐。

教学主张：动感数学

小学数学新课程标准指出："有效的数学教学活动是教师教与学生学的统一，学生是数学学习的主体，教师是数学学习的组织者与引导者。数学教学活动必须激发学生兴趣，调动学生积极性，引发学生思考；要注重培养学生良好的学习习惯，掌握有效的学习方法。学生学习应当是一个生动活泼的、主动的和富有个性的过程。"

动感数学就是让数学课堂充满动感，以学生学习兴趣的内在需要为基础，以学生主体能力综合发展为目标，借助学生主动探索、变革、改造的主体活动来构建具有针对性、实效性、主动性、创新性的教学形式。

数学学科的性质决定了数学学习是充满动感的，是"思维的体操"、"逻辑的艺术"。

一、课堂生活化，营造"动感数学"的氛围

课堂教学是一种师生双边参与的动态变化的过程，学生和教师各自扮演不同的角色，学生是学习的主人，是课堂上主动求知、主动探索的主体；教师是教学的主人，是学习过程的组织者、引导者和合作者；教学不能无视学生的原有经验，学生并不是空着脑袋走进教室的，在日常生活中，在以往的学习中，他们已经积累了丰富的经验。在新课导入时，如果能从学生熟知的实际生活情境出发，引导他们去思考去发现，往往能取得事半功倍的效果。

在教学“常见的数量关系”这一内容时，学生都有过“买东西”这一经历。我就从这个入手进行教学。

我先问学生，你们自己到商店买过东西吗？学生回答：买过。我又问，买过些什么？学生说，钢笔、铅笔、作业本……

接着，我说，买过的东西真不少，像你们买的那些东西都可以称作商品。那么，你在买商品时，应付多少钱是怎样确定的呢？这时候，学生的回答各不相同，有的说，看看要买的东西的价钱是多少就行了。有的说，不行，有时还得乘。我马上问，怎么乘？你能举个例子说说吗？学生就回答，比如作业本每本5角，买2本就得用5乘以2，买3本就得用5乘以3，这样才知道应付多少钱。

我大声表扬了学生的回答。看来，我们学过的乘法的知识这下可派上用场了。那么商品的价钱，买东西的多少和应付的钱数，它们之间有没有关系，有什么样的关系呢？这就是今天要研究的问题——常见的数量关系。

上面的这个教学片段，紧紧围绕学生熟悉的“买东西”这一人人都有亲身体验的生活实际，提出问题，引导讨论，无形中诱发了学生主动参与探究的心理意向，使新课课题的出示水到渠成。从这里可以看出：课堂教学，应该从学生的生活经验和知识基础出发，努力为学生创设一个贴近学生生活实际的情境，选择学生身边的、感兴趣的事物，提出有关的数学问题，以激发学生学习的兴趣与动机，使学生感受到数学与日常生活的密切联系，营造“动感数学”的氛围，让学生在生动具体的现实情境中学习数学，体验和理解数学。

二、方法多样化，寻找“动感数学”的课略

数学知识有两种形态，即过程和结论。传统教学注重若干个结论，现代教学取其过程。在当今知识爆炸的时代，掌握知识的多少已经不是最重要的，而如何掌握知识才是至关重要的，这个道理已经被越来越多的人所接受。为此，我们的课堂教学方法应多样化，关注学生获取知识的过程与方法，从学生的角度出发，引导学生进行富有个性的学习，从中指导学生掌握学习方法，培养学生的创造精神和实践能力。

1. 注重过程教学

知识是学生内化、信息交流、情境交换等的过程。这个过程的内容包括：(1) 学生对所学的新知要经过吸收与内化，方能为自己所掌握。(2) 课堂上的信息来源于书本、社会及教师和学生。(3) 师生感情交流也是上好课的关键。

我在教学“长正方体的表面积与体积复习课”时，长方体表面积的计算公式是思维的结果——数学结论，是很抽象的。要让学生理解它，而不是机械地记忆，就必须给学生提供丰富的感性材料。

首先，我采用“送礼物”进行激趣，用与实际相联系，符合学生心理过程的事例来引发学生的兴趣，使学生愿意学。这也正是符合了心理学中：教学过程始终是伴随着学生的情绪，并且智力活动也受其极大的影响的论点。在良好的情景创设下，学生学习十分容易地投入。

接着，提出：“至少要用多少包装纸？”这个问题，希望学生充分利用已有的知识经验，通过小组的合作，从不同角度探究出解决问题的方法。再让学生说说思考过程，使学生看到在获取知识的过程中，思维是怎样进行的，接受“怎样正确思维”的信息，受到恰当的思维训练。

2. 利用“合作探究法”组织教学

“合作探究法”是分小组，通过生生合作、师生合作，共同探究解决方法来进行教学的。它既能把学习的主动权交给学生，又能培养学生探索规律的能力和解决问题的能力。但也不是随便运用，合作探究法也不是走走形式而已，对什么时候讨论很有讲究。凡是学生能独立思考的，就放手让学生自己获得；凡是能通过小组合作解决的问题，就通过班级适当交流取得共识。当学生独立思考、合作学习都不能很好解决时，教师再适时指导、点拨。

在教学“长正方体的表面积与体积复习课”时，一共进行了三次合作探究。第一次在讨论长方体表面积的求法时，学生在小组合作中发现规律、探索问题解决的方法。第二次在选择题中大多数学生只选了第一个答案：利用长方体表面积公式求表面积。但当他们发现三个答案都正确时，激起了疑问，学生十分想知道其余两个为什么也是对的，都积极地投入了讨论，从而得到了当长方体相对的2个面是正方形时的特殊解法。第三次是在思考题中，在解决实际问题时遇到困难，通过合作努力解决。在讨论的过程中，使学生养成在组内能认真听别人的发言，能主动地纠正别人不正确的地方和补充别人的不足之处，增强小组的整体感，形成合作意识，充分发挥了他们的主动性。

课堂教学方法的多样化，为学生创设了一个个生动的数学学习氛围，使学生主动参与学习，从中感到学数学的快乐。

三、练习情景化，凸显“动感数学”的特点

课堂练习是小学数学课堂教学的重要组成部分，是学生学习过程中不可缺少的重要环节，是学生掌握知识、形成技能、发展智力、挖掘创新潜能的重要手段，是教师了解学生知识掌握情况的主要途径，高质量的课堂教学必须有较高的练习质量作基础。因此，课堂练习在小学数学教学中有着特殊重要的地位，必须精心设计。

在教学“长正方体的表面积与体积复习课”时，因为求长方体的表面积最终是为了解决实际问题，所以 我在设计练习时，先让学生在课前找出在生活中常见的实物测量它的长、宽、高，课上再让同桌求它的表面积。由于每道题目不是教师出的，而是学生自己提出的，真正体现了以学生为主体的教学思想，更能激发学生的兴趣，也有利于挖掘每一位学生的学习潜能。在学生求出表面积后我还问学生“求了表面积有什么用”，渗透了数学知识本身是来源于生活，为生活中的实际需要而服务的思想。

在教学“小数四则混合运算”时，由于小数四则混合运算是非常枯燥乏味的，为了激发学生的兴趣，我结合生活来巩固这部分知识。我要求学生课前到超市去逛一逛、看一看，或者买些所需的物品，回来后在课上把活动过程说一说、议一议，然后编出相应的小数四则运算习题，再以四人小组为单位，大家做一做、评一评，学生练习激情很高，因为这些都是学生自己发现或试过的。通过练习，还能使学生认识到自身的价值，产生成功的体验。

四、多媒体运用的可视化，彰显“动感数学”的活力

小学数学新课程标准指出：数学课程的设计与实施应根据实际情况合理地运用现代信息技术，要充分考虑计算器、计算机对数学学习内容和方式的影响以及所具有的优势，把现代信息技术作为学生学习数学和解决问题的强有力工具，致力于改变学生的学习方式，使学生乐意并有更多的精力投入到现实的、探索性的数学活动中去。多媒体的运用使许多不能用言语表达的思维、动作，清晰地展现在学生的眼前。

在学习长方体表面积的计算方法的推导过程中，通过教师多媒体课件的演示，展示了整个思考过程，使学生的感官协同作用，帮助他们形成鲜明的表象，为抽象的“长×宽、长×高、宽×高”的理解奠定基础，促进对长方体表面积计算公式的理解。在小学数学中，图形的面积、体积公式的推导大都是通过多媒体课件的演示，能帮助学生更好地理解。

在教学“轴对称图形”一课时，为了使学生了解轴对称图形的特征，我运用了多媒体出示剪纸的图案、车轮、枫叶、风筝的图形，然后提示学生注意观察它们有什么相同与不同的特征？又让学生带着问题看动画：“喜羊羊”在折纸——画图——剪纸——展开，最后形成了一朵美丽的花，这时全班学生立刻被吸引了，一些平时不爱上数学课的学生也活跃起来。接着我用鼠标一点击，展出轴对称图形和对称轴的概念，“喜羊羊”在图纸折痕处画出黄色虚线，表示“对称轴”，同学们一下子全部都明白过来了。

这种运用多媒体的声像结合，让学生在直观感知之后有了深刻的表象认识。在这样的形象化教学中，学生一点也不觉得枯燥，反而在互动过程中始终兴趣盎然地认真观察、主动思考，从而极大地激发了学生的学习兴趣，达到了寓教于乐、寓教于玩、寓教于做的目的，彰显了“动感数学”的活力。

新课程背景下的小学数学课堂已不再是封闭的知识集中训练营，不再是单纯的知识传递。新课程标准指出：要面向全体学生，适应学生个性发展的需要，使得：人人都能获得良好的数学教育，不同的人在数学上得到不同的发展。学生是学习活动的主体，是学习的主人，我们应把课堂还给学生，多给学生自由发挥的机会，让学生自主学习，合作探究，

激发学习的兴趣，培养学生的创造精神和实践能力。“动感数学”就是要让数学课堂动起来，有所动，有所获，促进学生的个性发展，让学生在学中玩，在玩中学，享受着数学带给自己的快乐。

教学建模：入境——探索——练习——贯通——延伸

动感数学就是让数学课堂充满动感，以学生学习兴趣的内在需要为基础，以学生主体能力综合发展为目标，借助学生主动探索、变革、改造的主体活动来构建具有针对性、实效性、主动性、创新性的教学形式。就是要让数学课堂动起来，有所动，有所获，促进学生的个性发展，让学生在学中玩，在玩中学，享受着数学带给自己的快乐。

“入境——探索——练习——贯通——延伸”教学模式就是教师通过创设生动的教学情境，开放性的引导，让学生主体参与教学全过程，积极探索，激发创造，促进学生的个性发展，享受着数学带给自己的快乐。

“入境——探索——练习——贯通——延伸”分为五个阶段：情境导入，激发兴趣——引导探索，形成知识——分层练习，巩固知识——变式贯通，形成结构——拓展延伸，灵活运用。

一、情境导入，激发兴趣

学生的活动离不开具体的情境，都是在相应的情境中展开的。情境对学生的活动具有推动、暗示、移情作用，能使学生活动达到最佳状态。因此，在这一阶段，教师要结合所学内容，精心设计活动情境，带领学生入情入境，让学生对所学内容及活动产生浓厚的兴趣，以兴趣为动力，促进活动的顺利开展，为学生的下阶段学习奠定基础。

二、引导探索，形成知识

引导探索就是学生根据问题情境中提出的问题，利用教师提供的学习资源，用自己的思维方式自由地、开放地去探索、去发现、去创造有关数学的知识。教师应参与学生的活动，而不是做旁观者，这样才能及时有效地激励、点拨学生进行探索。探索知识的目的不仅在于获取数学知识，更在于让学生在探索新知的过程中学习科学探究方法，从而增强学生的自主意识，培养学生的探索精神和创造力。

三、分层练习，巩固知识

学生通过探索，形成知识后，学生要通过练习才能达到知识的巩固。巩固练习应由模仿练习到独立练习，由简单到复杂，由浅到深。

四、变式贯通，形成结构

这是第二次的集中反馈，学生经过了前面的探究、练习，巩固了知识，但还没有从本质上抓住问题的特征。这一层次教师要通过变式题的训练使学生从本质上了解所学知识，从多角度掌握解题的方法从而达到训练学生的思维和掌握解题技能技巧的目的。

五、拓展延伸，灵活应用

在一堂课的最后，教师设计一些拓展性练习，思考容量大，使学生必须“跳一跳，才能摘到果子”，这样，学有余力的学生就会在解题过程中出现强烈的表现欲望，产生浓厚的学习兴趣。

教学设计:《年、月、日》

教学目标:

1. 能够说出、写出月份名称和月份的长短(天数)。

2. 知道平年和闰年。

3. 能够在年历中找到日期并会查找星期几。

4. 能够将具体的日期缩写。

5. 通过观察和比较年历卡,得到有关年、月、日的系统知识。

6. 体会数学知识来源于生活,学好数学十分有用。

7. 激发学生的兴趣和探究精神。

教学重点:知道月份名称和月份的天数。

教学难点:怎样记大月、小月和平月。

教学策略:运用已有的生活经验,结合年历卡进行系统地串联。

教具准备:多媒体课件,历年的年历卡,彩色水笔。

教学过程:

一、情境导入,激发兴趣

1. 展示三张图片。

2. 像刚才这样,我们在说明一件事情的时候,往往要告诉人们是哪一年、哪一月、哪一日。年、月、日同时、分、秒一样,也是时间单位。这节课我们就来学习新的时间单位——年、月、日。

3. 板书课题:年、月、日。

二、引导探索,形成知识

1. 关于年、月、日的知识,同学们可能已经知道了一些,谁愿意把你知道的给大家讲一讲?

2. 学生发言,教师板书。

3. 学生小组交流,验证知识。

4. 我们把有31天的月份叫作大月。有30天的月份起个什么名字？

5. 互动小游戏。

6. 这就是说，要确定某一年是平年还是闰年，要看哪个月的天数。

7. 根据2月份的天数查一查2000—2010年，哪几年是闰年？

8. 小结：这就是说，要判断某一年是不是闰年，就可以用这一年的年份除以4，看是不是4的倍数。关于闰年的知识还有很多，我们可以课外再学习。

9. 学生讨论如何记大小月。

10. 完成小练习并汇报。

11. 介绍查找星期几和日期缩写。

三、分层练习，巩固知识

判断题。

四、变式贯通，形成结构

生活中的年、月、日。

五、拓展延伸，灵活应用

以小组为单位，编写2009年1月份的月历。

六、总结

1. 今天学了什么。

2. 查找闰年的来历。

（曹蓓蕾）

第21位

活力数学：让课堂教学焕发出生命的活力

数学即生活，数学不应该只传授一些刻板知识，而应该源于生活，寓于生活，用于生活。“活力数学”主张，课堂应该将数学学习与学生生活结合起来，让学生熟知、亲近、现实的生活数学走进学生视野，使数学教材变得具体、生动、直观。努力实现数学的应用价值，让学生学习有用的、活生生的数学。让数学课堂焕发出生命活力，让学生在轻松、愉快的氛围中自主学习、探究并获得基础知识和基本技能。

教学主张：活力数学

《数学课程标准》指出：数学学习内容是现实的、有意义的、富有挑战性的。所以，数学学习活动应当是一个生动活泼的、充满活力的过程。但在传统的数学课堂教学中往往都是教学机械化，缺乏生机和乐趣，缺乏对智慧的挑战和对学生好奇心的刺激。那么如何让数学课堂教学焕发出生命的活力，让学生在轻松、愉快的氛围中自主学习、探究并获得基础知识和基本技能呢？于是，我通过几年的教学实践，提出了“活力数学”的教学主张。

一、借助生活经验学数学

1. 挖掘生活资源学数学

在数学教学中，教师可以根据学生的年龄特点和生活体验，科学、有效地创造生活情景，让学生在熟悉的数学生活情景中去探究问题，找到解决问题的规律。例如，在教学《用字母表示数》时，教师拿出一副扑克牌，让学生认扑克牌的字母A、K、Q、J各代表什么数字？这对学生来说是非常熟悉的，于是很快就说出了答案，接着教师顺势引导，学习新的知识。可见联系实际，创设情景，既提高了学生的学习兴趣，又使学生掌握了所学的知识。其实，在我们身边还有许许多多这样鲜活而生动的教学资源，教师只要善于利用和开发，就能搭起获取知识的桥梁，激起学生的联想和创意，自然而然达到课程标准要求的三维目标。像这样把比较抽象的数学知识放在生活中来学习，使学生看到所学的内容就是发生在自己周围的事物，能让学生认识到生活中充满了数学，从而更加认真地学习数学，进而强化他们从小爱数学、学数学、用数学的情感。

2. 提供生活事例学数学

数学知识取材于生活，是实际问题的简化和模拟，我们教师要做生活中的有心人，教学时一定要从学生平时看得见、摸得着的事物出发，通过具体、形象的感知来获取知识，使学生在乐中学、趣中学。例如，在教学“同分母分数加减法”时，教师可以从学生较感兴趣的“猪八戒吃西瓜”的故事引入，让学生自主提出一些有价值的数学问题，从中提炼出今天要学习的内容，激发了学生主动探索知识的热情和兴趣。又如，在教学《年、月、日》这节课时，教师就充分考虑到了学生的实际生活经验，教学中不再拘泥于传统的教学模式，而是根据实际情况，让学生在课前先查找、收集有关“年、月、日”的资料，查找的方式可以是多样化的，有的去图书馆查，有的网上查，有的向家长询问……这样就突破了数学教学的封闭状态，扩展了学生学习的空间，将数学知识与生活、学习有机地结合起来，让学生真正感受到数学在生活中无处不在，使他们获得了探索数学的体验，也提高了利用数学知识解决实际问题的能力。

二、运用生活语言学数学

1. 运用生活语言形象教学

数学语言是师生进行信息传递、情感交流的中介。生活化的教学语言可以拉近数学与学生的心理距离，让学生感受到数学的趣味性，从而激起学生的探索欲望，使他们乐于学数学。苏联数学教育家斯托利亚尔曾说过：数学教学也就是数学语言的教学。掌握和巧妙运用生活化、情趣化、童趣化的数学语言是每个数学教师必备的基本功。因为数学知识通常比较抽象，而小学生的思维又主要以形象思维为主，因此，教师在数学教学中要善于运用诙谐幽默的形象化语言，通过这种方式来刺激学生的感官，进而激活思维。如，在教学“图形的认识”时，当一些学生回答出是由哪些图形拼成的机器人时，教师可点评：你回答得非常正确，“机器人”表扬你。又如，把教学“小数的认识”改成去超市当个“小小营业员”等等，学生对这些生活味十足的知识感到非常好奇，这可以激发他们学习数学的欲望，课堂成了学生争辩、探究的课堂，教师只是参与者，组织者。

2. 运用生活语言理解数学概念

教学实践告诉我们，能否用生活语言阐释概念的内涵与外延，是衡量概念掌握程度的重要标志。数学语言虽然来源于现实世界，但经过了多次建模与抽象。对于学生来说，心理距离还是较远的。而生活语言是学生熟悉的，用这些语言来阐述数学概念，学生会感到亲近，也容易理解。因此教师可以借助于生活语言来理解数学概念的内涵。例如：在教学平行线时，学生难以理解“互相平行”，常常说成直线L是平行线。这时可以借助于生活中的“朋友”关系、“同学”关系来理解平行线间的依存关系。再如，可以借助于一年中的“春、夏、秋、冬”来理解循环小数的“依次不断重复出现”等知识。像这种借助于生活语言将数学学习与生活经验紧密联系在一起，不仅使课堂充满了活力，还能帮助学生充分理解数学知识，推动了他们的领悟力，并使他们感受到数学学习的乐趣。

三、通过实践活动学数学

学以致用是数学教学的一个基本原则。《数学课程标准》中也明确指出：“教师应该充分利用学生已有的生活经验，引导学生把所学的数学知识应用到现实中去，以体会数学在现实生活中的应用价值。”因此，我们在数学生活化的学习过程中，教师要注重引导学生领悟数学“源于生活，又用于生活”的道理，把有些数学知识完全可以让学生在生活实践中感知，学会在生活实践中解决数学问题。例如，教学“长方形和正方形的面积”时，教师创设了这样一个情境：有一间长4米，宽3米的书房，妈妈准备花600元铺地砖。你和父母一起去商店挑选材料，其中有两种规格的地砖。甲种：边长为20厘米的正方形地砖，每块10元。乙种：边长为40厘米的正方形地砖，每块8元。你能为你父母做参谋，买到适合你家的地砖吗？这个题型，将学生所学的知识返回到日常生活中去，又从生活实践中弥补课本上学不到的知识，自然满足了学生的求知欲，同时也让学生在生活实践中学会了解决数学问题。

实践证明，让日常生活课堂化，让课堂教学生活化，使课堂教学充满了对智慧的挑战和对好奇心的满足，同时也激发了师生的生命活力。数学教学生活化，能够更好地引导学生在生活中体验、感受数学，学好数学、用好数学，从而更积极、生动、活泼地促进学生的全面发展。也让学生充分感受到我们的数学教学是充满活力的，从而使之更加热爱我们的数学。

教学建模：情景引入——方法指引——变式活用——巩固延伸

《数学课程标准》指出："义务教育阶段的数学课程，它不仅要考虑数学自身的特点，更应遵循学生学习数学的心理规律，强调从学生已有的生活经验出发，让学生亲身经历将实际问题抽象成数学模型并进行解释与应用的过程，进而使学生获得对数学的理解。"对此，我的理解是：数学即生活，数学教学不应该只是一些刻板的知识的传授，而应该遵循源于生活，寓于生活，用于生活的理念。教师就应该将学生的生活与数学学习结合起来，让学生熟知、亲近、现实的生活数学走进学生视野，进入数学课堂，使数学教材变的具体、生动、直观。通过数学活动的教学，实现数学的应用价值，让学生学习有用的、活生生的数学。

"情景引入——方法指引——变式活用——巩固延伸"的教学模式就是从现实中创设并引入数学情境，从现实生活中引入数学知识，使数学生活化，让学生带着生活问题进入课堂，使他们觉得所学习的内容是和实际生活息息相关的，是生活中亟待解决的问题。

"情景引入——方法指引——变式活用——巩固延伸"的教学模式大体可分为三个阶段：引入新知结合生活实际、学习新知挖掘生活素材、巩固新知回归现实生活。

一、结合生活，引入新知

小学数学教材的内容来源于生活实际，但生动的内容被列入教材后就成了抽象的概

念。如果教师在教学中能创造性地再把教材还原于现实生活，将数学教学与生活融合，勾勒出“生活画面”，就可帮助学生学好数学。心理学研究表明，当学习内容和学生熟悉的生活情境越贴近，学生自觉接纳知识的程度就越高。所以，教师要善于挖掘数学内容中的生活情境，让数学贴近生活；要尽量地去创设一些生活情境，从中引出数学问题，并以此让学生感悟到数学问题的存在，引起一种学习的需要，从而使学生能积极主动地投入到学习、探索之中。

二、方法指引，探究算法

该环节是新课的主体，主要是依据教学内容，开展相应的教学活动。起始课主要通过情境创设、提出问题，然后组织学生开展独立探究（可操作学具）和合作学习，让学生经历计算的过程，体验算理，学习算法；后续课可组织学生在具体情境中进行尝试练习、小组交流等方式探索算法。

三、学习新知挖掘生活素材

新的课程标准更多地强调学生用客观的眼光，从生活中捕捉数学问题，探索数学规律，主动地运用数学知识，分析生活现象，自主地解决生活中的实际问题，在教学中我们要善于从学生的生活中抽象数学问题，从学生的已有生活经验出发，设计学生感兴趣的生活素材，以丰富多彩的形式展现给学生，使学生感受到数学与生活的联系——数学无处不在，生活中处处有数学。因此，通过向学生展示他们比较了解、熟悉的社会实际问题，为学生创设生动活泼的探究知识的情境，从而充分激发学生学习数学的兴趣和欲望，达到数学课堂教学的最佳效果。

四、巩固新知回归现实生活

数学教学的本质是让学生体会数学与人类社会之间的密切关系，理解数学的价值，学会用数学的思路去观察、分析实际生活，去解决日常生活中的实际问题，增强应用数学的意识。《数学课程标准》中指出："学生能够认识到数学存在于现实生活中，并被广泛应用于现实世界，才能切实体会到数学的应用价值。"把所学的知识运用到实际生活中，是学习数学的最终目的。重视知识的应用，让学生运用所学数学知识，分析、解决一些简单的实际问题，使学生感受到数学知识与生活实际的密切联系，可以激发学生形成学数学、用数学的意识，培养正确的数学观，这样就能让学生养成主动探索新知识的实际价值的习惯。因此，每一次学完新课后，我就编一些实际应用的题目，让学生练习，培养学生运用所学的知识解决实际问题的能力。

教学设计:《正归一应用题》

一、引入新知结合生活实际

"小亚在超市买了3袋同样的上好佳，一共用了9元"，根据这条信息，你能提出什么问题？

（学生自由提问，师板书）

二、学习新知挖掘生活素材

师完善应用题："小亚在超市买了3袋同样的上好佳，一共用了9元，照这样计算，买8袋一共要多少钱？"

（通过熟悉的生活实例，引导学生理解"照这样计算"的含义，为下面的解题思路作科学的铺垫）

1. 独立思考。请每位学生在自己本子上列出算式。

2. 小组合作交流。

3. 说说各自的解题思路。

4. 汇报交流。让学生说说是怎样列的，又是怎样想的。通过交流，引导学生学会用分析法找到中间问题，理解并掌握"先求单一量，再求总量的解题思路"。

分步列式：$9\div3=3$（元）

$3\times8=24$（元）

综合算式：$9\div3\times8$

$=3\times8$

$=24$（元）

答：买8袋一共要24元。

三、变式练习，巩固新知

1. 数学魔术：变变变

（1）模仿练习出示“买2袋巧克力付款24元，照这样计算，买5袋需要多少钱？”请学生说说“照这样计算的含义”。

（2）如果求6袋、7袋、8袋呢？只列式，不计算。通过练习，你发现了什么？（让学生进一步掌握正归一应用题的结构特征和解题思路。并感悟到先求单一量，再求总量这种解题思路的优越性。）

（3）练一练

A. 张师傅3小时加工21个零件。照这样计算，8小时能加工多少个零件？

B. 一只蜻蜓5秒飞行35千米。用这样的速度，9秒飞行多少千米？

2. 巩固练习

A. 一辆汽车2小时行驶64千米。照这样的速度，从甲地到乙地共行驶5小时，甲乙两地之间的公路长多少千米？

B. 一辆汽车从甲地开往乙地，每小时行使32千米，5小时到达。如果要4小时到达，每小时需要行使多少千米？

四、巩固延伸，回归生活

思考题：学校买2个篮球和3个足球共用240元，如果买3个这样的篮球和2个足球需要260元，照这样计算，买4个篮球一共要多少钱？

（邓爱华）

第22位

立体数学：让数学课堂更富情趣

数学不应该是简单的数学，而是立体的、富有情感、贴近生活、具有活力的知识。在教学中结合教学内容教师尽可能地创设一些生动、有趣、贴近生活的例子，把生活中的数学原形生动地展现在课堂中；教学设计要贴近学生生活，让学生感受到数学的奇妙无穷。在教学中还要同时训练学生从不同角度思考问题，不要求所有的学生都能找出所有答案，而让学生乐在寻求多个答案的过程之中，培养出应用创造性。

教学主张：立体数学

数学是一门充满魅力的科学，随着教学改革的深入，我们的数学课堂教学开始变得更自由、更灵活，学生在愉快的状态下积极地学习数学。著名数学家华罗庚曾说："就数学本身来说，是壮丽多彩、千姿百态、引人入胜的……"立体数学就是生活的数学、有用的数学，有体系的、有逻辑、有结构的数学。

数学学科具有抽象性高、连贯性强的特点，使得一些学生望而生畏，因为数学而头疼。他们碰到问题常常束手无策，不知道从哪里开始思考，在被打击n次后，变得消极、反应迟钝、焦虑，有的甚至就此放弃，数学成了这些学生学习路上的拦路虎。

那么，怎样才能让数学学习变得快乐起来？入迷才能叩开思维的大门，兴趣是学生积极思维，追求知识的内驱力。对于活泼好动，乐于接受新奇、趣味性强的事物而又个性张扬、自我意识比较强的学生来说，如何引领他们走进数学课堂，品味那精彩纷呈的数学知识是摆在我们数学教师面前的一个重要课题。这就要求我们教师要善于诱发学生的学习兴趣，要充分利用数学课堂，把它创设成充满活力、魅力无穷的空间，从而激发学生的思维，让他们积极地感受数学美，去追求数学美。

一、创设立体情境，感受数学趣味

1. 创设问题情境

学生的学习兴趣，学习愿望总是在一定情境中发生的，离开了一定的情境，学生的学习兴趣、学习愿望就会成为无源之水，无本之木。巧妙地利用数学教学本身的魅力提出问题，能深深吸引学数学的人，这对激发其学习能动性有着十分重要的意义。例如：在讲“比例尺”时，我首先提出了这样有趣的问题：“李叔叔看到地图，不用实地测量，就可以知道北京至深圳的实际距离；王师傅看到图纸就可以制造出符合要求的零件；是谁暗中帮助了他们？”教师板书课题：比例尺。尽管学生对比例尺还不理解，但是从刚才的谈话条件中，同学们已感受到“比例尺”神奇的力量。

2. 创设动画情境

单靠一幅图、一段话是很难创设出让学生感兴趣的情境的。通过多媒体课件表现出生动有趣的画面，能直观生动地对学生的心理进行“催化”，有效地激发学生探究新知识的兴趣，使教与学双方始终处于“活化”状态。

在“圆的认识”一课中，用多媒体在屏幕上演示：出现了一片绿草地，草地上一只猴子坐在一辆安装着方形车轮的车上，在音乐的伴奏下前进，只见小猴子被车颠簸得一上一下，学生见了哄堂大笑。这时，我趁势引导学生讨论：小猴子为什么会感觉颠簸？一位学生回答说：“因为车轮是方的，有棱有角，行进起来当然感觉颠簸。”我接着追问：“难道坐在没棱没角的车轮的车上就不会感觉颠簸吗？请同学们再看屏幕。”屏幕上又出现一只小猴子坐在安装着椭圆形车轮的车上，伴着模拟的声音向前进，仍见小猴子随着车轮的转动上下颠簸。“这又是为什么呢？”此刻，学生的思维真正被激活，开启了心智。学生经过热烈的讨论，运用所学的知识，回答了老师的提问，也达到了教学设计的目的：因为在同一个圆里，所有半径长度都相等，车轮做成圆形的，在滚动时，车轴到地面的距离可以始终保持不变，这样车子在前进时，就会保持平稳。所以车轮要做成圆的。在学生肯定的回答后，再次引导学生看屏幕：一只小猴子端坐在安装着圆形车轮的车上，在悦耳的音乐伴奏下，平稳地前进。车轮向前滚动时，车轴“画”出了一条与地面平行的“直线”，鲜明地揭示了车轴与地面的距离始终保持不变的道理。

二、利用生活经验，感受数学的立体

1. 教学引入与生活接轨

数学来源于实践，在获得对现实的数学认识并总结到数学原理或规律后，还必须回复到现实生活中去，在某种程度上进行检验。这既是检验原理、规律可靠性的过程，也是数学应用的过程，并且是保持数学生气勃勃和有效性的必要条件。

例如：在学过“比多比少应用题”后，我出了一道题：“爸爸今年33岁，比儿子大10岁，儿子今年几岁？”

有位学生说：33 + 10 = 43岁

师问：你为什么这样解答？（生：因为大10岁就加上10岁，所以就是43岁。）

其他学生回答：不符合实际。

教师肯定学生用生活验证的作法。指出要形成自觉从生活经验角度去检测数学学习的结论，使学生感悟到数学的合理性。

2. 教学活动与生活牵手

新理念下的数学教学不但要紧扣课程标准，而且更要密切联系学生的生活实际来组织教学活动。若能围绕学生的活动来展开课堂教学，由学生身边的事产生一种情感上的亲切度与感召力，可使学生切切实实地感受到数学与生活的关系，从而激发学生作为生活主体参与教学活动。如在教学“轴对称图形”时，不同的学生根据各自不同的生活经验进行轴对称图形的设计：有很多学生想到了我们中国民间的剪纸——先将纸对折，在折痕的一边剪下一幅图案，打开即得一个轴对称图形；有的同学想到了做墨迹——取一张质地较软、吸水性较好的纸，在纸的一侧滴上一滴墨水，将纸打开并铺平，所得的图形就是轴对称图形；同时又有同学想到了针刺——将一张纸对折，拿起自己手上的圆规当作针，在纸上戳出一个漂亮的图案，然后将纸打开得到的也是一个轴对称图形……由此而知，不同的学生有着不同的生活背景和生活阅历，得到的也就是不同的轴对称图形。再通过学生之间的相互交流，实现他们对轴对称图形本质的理解和认识。

三、解决实际问题，体验数学的立体

1. 开设数学实践课，创造应用环境

在课堂教学中结合学科活动，强调数学与现实生活的联系，开设生活数学实践课，是培养运用数学知识解决实际问题的能力的重要保证和有效途径。例如，在教学“面积和面积单位”后，安排学生用面积单位测量书本、课桌、教室地面、自家客厅的地面面积，让学生把在学校学到的知识，及时运用到实际中去，使学生感到学习数学知识的确有好处，同时又能诱发学生了解要解决实际问题，还需探索更加丰富的知识，使其感到身边的许多实际问题仍有待解决，从而增强继续学习的主动性和积极性。

2. 开展数学交流活动，营造应用氛围

把课堂所学的知识通过精心组织的数学交流活动，化进实际中，应用于生活中。例如：在教学“认识图形”后，开展了“看谁拼图形最巧妙”活动；在教学“简单的数据整理与统计”后，开展“学生优秀统计员”活动；在教学“元、角、分的认识”后，开展了“学做售货员”活动；在教学“平面图形面积计算”和“土地面积单位”知识后，开展“农田计算员”活动等等。通过这些活动，让学生体会到数学遍及生活的各个角落，应用在生活中的各个行业，体会到数学的实用性。同时领悟到只有具备扎实的数学知识和应用知识解决问题的能力，才能更好地服务于社会。

3. 设计开放问题，培养学生应用的独创性

练习设计上，注重开放题的设计，给学生留下广阔的空间，让学生补充问题、搜集条件、探索不同的答案，逐步培养学生应用数学解决实际问题的独创性。

例如：一个长方形木板，锯掉一个角，还剩几个角？

学生跃跃欲试，想出无数种答案（1个、2个、3个、4个、5个、6个……）。

设计贴近学生生活的开放题给学生打开了一扇窗，让学生感受到数学的奇妙无穷，同

时训练学生从不同角度思考问题，虽然不是要求所有的学生都能找出所有答案，意义在于乐在寻求多个答案的过程之中，培养了学生的应用创造性。

总之，教师要结合教学内容尽可能地创设一些生动、有趣、贴近生活的例子，把生活中的数学原形生动地展现在课堂中，使学生眼中的数学不再是简单的数学，而是立体的、富有情感、贴近生活、具有活力的知识。

教学建模：情境引入——立体探究——多维应用——拓展归纳

立体数学是生活的数学，要让学生在快乐中学习，掌握知识。兴趣是学习的动力，对于活泼好动，乐于接受新奇、有趣事物的学生来说，如何引领他们走进数学课堂，品味那精彩纷呈的数学知识，我们教师就要充分利用数学课堂，把它创设成充满活力、魅力无穷的空间，从而激发学生的思维，让他们积极地感受数学美，去追求数学美。

"情境引入——立体探究——多维应用——拓展归纳"的教学模式就是教师通过创设生动的教学情境，引导学生操作实践，主动参与教学过程，激发创造，培养能力，并将所学知识应用于实际生活中去。

"情境引入——立体探究——多维应用——拓展归纳"的教学模式分为四个阶段：情境引入，激发兴趣——实践操作，立体探究——联系生活，多维应用——拓展延伸，归纳总结。

一、情境引入，激发兴趣

创设教学情境引入，不仅可以使学生容易掌握数学知识和技能，而且可以"以境生情”，可以使学生更好地体验数学内容中的情感，使原来枯燥、抽象的数学知识变得生动形象、富有情趣。可以说，良好的教学情境引入的创设，能激发学生的学习兴趣，并为学生提供良好的学习环境。

二、实践操作，立体探究

学生学习数学是与具体实践活动分不开的，重视动手操作，是发展学生思维，培养学生数学能力最有效的途径之一。动手操作对小学生学习数学确有独特的作用。首先，有利于促进学生积极、主动地参与学习活动，激发他们的学习兴趣。其次，能从学生的年龄特点和心理发展规律出发，有利于学生由动作思维到表象再到抽象思维的形成，促进数学思维的逐步发展，促进学生理解数学知识。再次，学生在动手操作活动中可以自己发现问题，自己探索解决问题，使理论联系实际，培养了学生的创新精神和实践能力。

三、联系生活，多维应用

学数学是为了应用，应用数学是学数学的出发点和归宿。学生在生活问题数学化过程中抽象出数学知识、理解数学思想，就学生学习而言只是数学学习的一个方面。而把这些数学知识运用到实际生活中去，会用数学观点和方法来认识周围的事物，并能解答一些简单的实际问题，这又是数学学习的另一个重要方面。像这样多维地给学生提供生活中的场景和材料，也就是开放的生活场景，将课堂教学与生活联系，使问题和条件开放，学生经过条件和问题的筛选、重组来解决问题，找到解决方案，从而提高学生数学应用的能力。

四、拓展延伸，归纳总结

在教学中充分拓展延伸知识，设置开放性、实践性等作业形式，让学生能及时将数学知识应用、验证于日常生活，再次积累新经验进行反复验证。并在此基础上，归纳总结也是学习过程中一个重要的环节。它能帮助学生理清知识结构，把握知识的本质，掌握知识点之间的联系。因此在教学中，应当注重归纳总结，以提高课堂效率，培养学生归纳总结的能力。

教学设计：《轴对称图形》

教学目标：

1. 认识轴对称图形的特征，会用自己的语言描述轴对称图形。

2. 在画、折、剪等自主探索的活动中培养学生的观察、表达、思维、空间想象能力，同时进一步培养学生的探索意识和合作精神。

3. 联系生活实际，通过感知、认识、欣赏、制作轴对称图形，体验学习数学的乐趣，感悟学习的价值。

教学重点：

认识轴对称图形的特征。

教学难点：

会用自己的语言描述轴对称图形。

教学过程：

一、情境引入，激发兴趣

投影出示：A. 美术作品　B. 天安门城楼建筑　C. 衣服

师：这些作品都美吗？为什么他们都很美呢？

是因为作者在设计这些作品时都采用了对称手法，使作品具有对称美。今天我们就一起来学习《轴对称图形》。（板书课题）

二、实践操作，立体探究

生：把一张纸对折，在折好的一侧用剪刀任意剪下一个图形，再把图形打开，仔细观察剪下的图形，折痕的两侧有什么特征？

具有这种特征的图形就是轴对称图形。

师：谁能用自己的话说说什么是轴对称图形？轴对称和对称轴有什么区别？

生：将准备的纸片进行对折，检验是不是轴对称图形，再试试有几种对折方法，操作结果填入下表：

图　形	长方形	正方形	三角形	等腰三角形	等边三角形	平行四边形	梯形	等腰梯形	圆
是否轴对称图形									
几条对称轴									

三、联系生活，多维应用

1. 举出生活中的轴对称图形，并说明可以画几条对称轴，怎样画？

2. 学生再观察引出课开始时的三个投影作品，说说对称轴该怎样画？

四、拓展延伸，归纳总结

1. 这节课你通过动手操作，发现了什么？有什么收获？

2. 请你设计一幅具有轴对称特征的美术作品。（可以是绘画，可以是建筑，也可是几何图形。）

（陈伟忠）

第23位

墨韵美术：陶冶学生审美情趣和品德情操

"墨韵美术"追求墨韵之趣味、墨韵之个性、墨韵之神韵。对学生的辅导强调掌握中国画的技法精神，重视培养学生的学习兴趣。帮助学生掌握中国画用笔、蔽墨、蔽水、调色等基本方法，使之养成良好的习惯；耐心倾听学生表述作品制作的过程和内心世界，并欣赏他们成功的喜悦；逐步培养学生自信心和保持对国画的兴趣，进而感受中国传统文化的博大精深、内涵深厚。

教学主张：墨韵美术

中国画是中国传统文化的精华，也是世界绘画艺术的瑰宝。它博大精深，文化内涵深厚。中国画所使用的工具有宣纸、湖笔、徽墨、端砚等等，古往今来多少文人墨客就是用这样传奇的工具和材料，为我们留下了许多优秀的书画作品。

在学习的过程中，引导学生在涂鸦式练习中逐步掌握中国画的笔法技巧。对小学生的辅导要强调掌握中国画的技法精神，重视培养学生的学习兴趣。应帮助学生掌握中国画用笔、蔽墨、蔽水、调色等基本方法，使之养成良好的习惯。在讲授过程中，我引导学生欣赏优秀大师的作品，激发起学生对中国画的兴趣。水和墨在宣纸上能产生许多出人意料的晕染效果，而我们的古人也正是运用这种特有的笔墨效果才表现出许多传世佳作。初学中国画，让学生动手勾画长短、粗细不同的直线、波浪线、折线等，可以增强学生对毛笔的控制能力，体验到柔软的笔毛在宣纸上划过时产生的顺畅感，初步获得对用笔方法的感悟。教师可以利用线条构成一些图形，增强学生的练习兴趣。

在小学美术教学中，绘画课里的中国画教学，有着重要的教育意义。小学美术教学中，应注重用现代教育理念来进行中国画教学，这样能取得较好的教学效果。它可以帮助学生了解祖国的优秀艺术传统，提高民族自豪感和自信心，同时还可以在学习的过程中陶冶和培养健康的审美情趣和品德情操，促进学生个性的和谐发展。那么如何探索和创造更加适合儿童学习特点的中国画教学呢？我认为小学美术中国画课主要是写意画课，其教学也主要是写意画教学。要实施好小学中国画教学，必须要认识到以下的这些问题。

一、显性与隐性："墨韵美术"的教学目标

1. 要理解好中国画教学中显性的内容与目标，即学生应知、应会的知识点和隐性的内容与目标，即需要渗透的知识点。

学生应知的知识包括，工具及其性能以及中国画初步的表现方法等。学生应会的包括学生能用干、湿、浓、淡的墨色，轻、重、缓、疾的笔法画中国画。

在教学中要渗透的知识点是：通过中国画的学习，使学生了解祖国优秀的传统文化，从而提高民族自豪感和自尊心以及人格品位、创造能力等。

2. 要处理好显性的内容与目标和隐性的内容与目标的关系。

在教学中，显性的知识与目标是很容易明确并进行处理的，而在哪些地方渗透隐性的知识和目标就很难把握。在教学中又如何解决这个问题呢？

一是从笔墨情趣即在笔墨训练中入手。中国画作为中国的传统文化，它集中体现了中国人传统观念和价值取向。也就是说在中国画中包含了中国人的道德标准、审美标准以及对不同时期的政治、经济、文化的形象描述等等。墨的干、湿、浓、淡，笔的轻、重、缓、疾的和谐，正是中国画审美情趣的一种取向。我们进行中国画教学，很大程度上就是要让学生从这一文化层面上提高自己的认识，提升自己的文化的内涵和艺术修养。

二是从欣赏入手，中国画博大精深的文化内涵和画法技巧是需要在教学中不断渗透反复实践，才能有所收获的。中国画作为人文科学范畴下的绘画种类，我们许多优秀的画家在画写意画的时候都注重了借景抒情，借物言志。我们在欣赏中感受画家的高超技艺的同时直面画家的人格魅力，从而将隐性的内容与目标渗透于教学之中。比如欣赏郑板桥的画，我们就可以从郑板桥具有浓厚的笔墨情趣的画中感受画家的铮铮铁骨和崇高的品格。欣赏《清明上河图》，我们就可以了解当时的政治、经济、文化和画家的爱国热情。

二、示范与自悟:"墨韵美术"的教学方法

中国水墨画传统的学习方法是从临摹入手,中国画的临摹要临著名画家的优秀绘画作品,俗话说得好,"学其上上,得其中中;学其中中,得其下下"。临摹也要有法有变,初始临摹,教师要示范重点,示范要精炼、准确,要有启迪性。教师要通过示范引导学生学习画法,了解内涵。学生的练习要到位,要有充足的时间,要注意信息反馈。要求学生边临摹边思考,找规律,以加深理解,后期临摹,要在欣赏中初步体会画家的思想感情,融入自己的想法,培养儿童举一反三的创造能力。画出与画家不同的作品。如学习树的基本画法之后,要求画出除老师示范的树之外的不同的树的形态。让学生在临摹的过程中不仅要有技法上的收获,又要有审美能力、思维能力的提高,更要让学生产生强烈的成功感,激发学生进一步学习中国画的欲望。

老师示范、学生临摹是中国画学习中必不可少的阶段。然而在没有进行亲身体验与观察物象的情况下,一味照本临摹会使学生的思维定势化,对临本的依赖性会越来越强,离了临本便无从下手,画画不再是一种乐趣,而是负担,发展心理学认为儿童有他们自己观察世界和解释世界的方式,他们有天生的创造语言的能力。

《论画》中指出:"外师造化,中得心源"、"进此当以天地为师"。因此,当学生临摹进行到一定的阶段,学生掌握基本的水墨法技能技巧及表现方法时,最好的办法是引导学生到生活中去,通过写生使儿童更细致、更深刻、更具个性的认识事物和感悟事物。因此在教学中应该尽可能地为学生提供写生的机会,让学生出去走走、看看,让学生充分体验、感受物象的多样性与丰富性。与学生一起探讨如何将身边熟悉的场景变成水墨画,提高学生对客观物象的认识和表现能力,充分体会水墨画写生的乐趣,积累丰富的作画经验。与学生倾心聊天,在培养他们美术技能技巧的同时,让他们学会以礼见人、以诚待人、以信服人,适时启发他们观察生活,热爱生活,关心亲人,关心环保,关心时事;鼓励他们大胆地把自己在生活中的所见、所闻、所想用手中的画笔表现出来。这样在写生绘画活动中,逐步培养儿童的观察力和感受力,为儿童中国画的创作提供了源泉,同时又使师生之间产生了深厚的情感。

三、规范与创意："墨韵美术"的教学追求

1. 规范性中融入趣味性——墨韵之趣味

中国画的临摹和创作，有很强的规范性，同时对笔、墨、纸、砚都有特定的要求。在技法表述上，专业用语很多，对少儿初学者如果照本宣科，既难以被接受，也枯燥无味。于是，我将执笔方法、墨色运用等，尽量变成朗朗上口的儿歌，如中锋运笔可以说成"中锋笔直线条细，笔尖留在墨线里，由左向右顺着画，线条光滑又有力"。既形象，又容易记忆，起到了良好效果。在教授笔墨技巧时，简化传统的笔墨过程，强化水、墨、色的交相呼应，使画面具有现代感，增强趣味性，更乐于、易于被学生所接受。

在中国画笔墨练习教学中，墨色的交融，干、湿、浓、淡、清构成水墨淋漓的情趣世界，使学生在这种笔墨的变化中得到无穷的乐趣，这对学生既是一种美的启迪、情操的陶冶，也是一种国画技法训练。通过教师在宣纸上演示以墨撞水、以水撞墨、以色冲墨、以墨冲色、泼墨等用笔用色技法，使学生产生强烈的好奇心。学生开始练习时，教师要巡视指导，不要求具体绘画内容，只是随意画，用毛笔沾水、沾墨、沾色，使水、墨、色在宣纸上自然交融，再用长短粗细不同的笔触，产生奇特的韵味，使学生在无意之中学到中国画的笔墨技法。待学生对用笔、用墨、用色有了初步的掌握之后，再画简单的藤蔓植物，如：葡萄、黄瓜、丝瓜等。因为藤蔓植物的叶子、藤都有相似之处，只在果实上改动一下即可，有利于学生掌握。

2. 共同爱好中兼顾偏爱性——墨韵之个性

中国画教学时，我是从学生熟悉的花鸟画入手的。但是在教学过程中，我却发现有一些学生偏爱人物和山水画。如有一位同学画花鸟始终较差，后来练了一幅山水画，却生动自然。这时就需要因势利导，从注重形状的花鸟画转向注重笔墨效果的写意山水画方面训练，以便鼓励学生发挥自己的个性与创造性，增强自信心。在学习过程中同样要贯彻因人而异，因人而教，因材施教的原则，贯彻教改的精神，张扬每个学生的个性发展。

四、抽象与具象:"墨韵美术" 之神韵

中国画是由点、线、面组成,画好中国画,线条的质量起着非常关键的作用,学生一般会感到抽象、单调。为了激发他们的兴趣,我将线条与少儿喜闻乐见的图形、动物、人物结合起来,并不断变换方式,以达到训练目的,创设学生乐学的情景。如我在画《鸟》这一课中,采用讲故事的形式激发兴趣,接着分析鸟的基本结构和形体特征,运用国画的工具和方法,教学生画几只不同姿态的鸟,例如一头多身的方法、一身多头的方法,并依据想象添加不同的环境,描绘出不同的画面情节,打破了以往单纯临摹的模式,既能够引导学生有效地进行点、线、面的练习,又培养了学生的创造精神。

五、展示与评价:"墨韵美术" 之成果展现

全方位多角度的教学方法是成功完成国画教学的重要组成部分,国画教学不仅局限于课堂内,也可以课内课外相结合。如在校内举办学生的美术作品展览和开展美术第二课堂活动。因为在这种作品展示中,作者是学生本人或自己的同学,同学们看了倍感亲切。通过美展互相切磋技艺、交流经验、交流感受,对提高学生的审美能力、增强自信心和成功意识、反馈教学信息都是不可缺少的。为学生提供一个平台和空间,展示自己所创造的作品。让学生互相欣赏,对比和总结,提高学生自信心和保持对国画的兴趣,耐心倾听学生所表现的作品制作过程和内心世界,并欣赏他们成功的喜悦。听学生心中的语言,了解学生在每一个作品中所表达的体验。

同时,通过展示也能在全校学生中产生积极的影响,带动一批学生中的绘画爱好者能积极投入到中国画的学习中。

总之,中国画教学还需要我们所有教师认真学习,深入研究,不断提高绘画技艺和教学技艺,才能做得更好。

教学建模：创情引趣——自主探讨——感悟尝试——互动交流——归纳评价

墨韵美术是流动诗情画意的课堂。它是顺应孩童的天性和心灵对美的需求，鼓励他们通过笔墨表达出真情实感的人性化课堂。在课堂上，学生可以体验使用毛笔作画的感受，畅所欲言，无拘无束。发现隐形的变化，感受到线的柔韧和墨的干湿，顺理成章的掌握水墨画的常识。

“创情引趣——自主探讨——感悟尝试——互动交流——归纳评价”教学模式就是教师通过创设生动的教学情境，开放性的引导，让学生主体参与教学全过程，张扬学生个性，激发创造，使在场的每一颗童心都飞扬在墨情画趣中。

一、创情引趣

学生的活动离不开具体的情境，都是在相应的情境中展开的。情境对学生的活动具有推动、暗示、移情作用，能使学生活动达到最佳状态。因此，在这一阶段，教师要结合内容，设计情境活动，带领学生入情、入境、入意，让学生对所学内容及活动产生浓厚的兴趣，以兴趣为动力，促进活动的顺利开展，为学生的自主活动奠定基础。

二、自主探讨

在创设情境后，让学生在情境体验中感受美、感受水墨韵味。自主探索交流，感知作品中的墨情画趣，调动学生的学习兴趣，使他们急切地想通过自己手中的笔墨来书画作品，以获得强烈的体验。

三、感悟尝试

通过自主探讨，激发了学生的兴趣，让学生自主的通过自己的感悟和理解，尝试书画，不断尝试、不断感悟，以此推进学生的学习热情。

四、互动交流

在学生不断尝试感悟中，让学生进行体会交流，并以故事形式述说自己所表现的意境。

五、归纳评价

教师鼓励学生将自己的见解表述出来，发现好在哪里，不足在哪里，既尊重了学生的感受，同时又培养了学生的欣赏与审美能力。

教学设计:《瓶子里的花》

一、创情引趣

1. 出示空气污染的图片，感受植物的重要性。

小结：瓶花经常被用来装饰生活、美化生活环境。

2. 通过课件了解国画大师齐白石，欣赏他用水墨画形式表现的花卉作品，感受其独特风格。

（1）介绍国画大师齐白石。

（2）欣赏齐白石的水墨画瓶花。学生说说大师用怎样的形式表现瓶花。

3. 揭示课题:《瓶子里的花》

二、自主探讨

1. 观察花在瓶子里的组织安排。

（1）交流花在瓶子里的组织安排。

（2）小结：花要有大小、高低、疏密、前后的变化才显得生动。

2. 观察花卉的花形特点。

（1）说说你认识的花。

（2）介绍各种花卉：太阳花、牵牛花、三色堇、马蹄莲、一串红等，说说花形特点。

3. 观察花瓶特点。

（1）花瓶的组成：瓶口、瓶颈、瓶身、瓶底等。

（2）了解各种不同造型特点的花瓶。

4. 学习运用水墨画技法画瓶花。

（1）认识毛笔的组成，了解中锋、侧锋、浓墨、淡墨的运用。

（2）观察画叶子的两种不同方法。

（3）观察墨色交融的变化。

（4）欣赏彩墨瓶花绘画步骤。

5. 欣赏同龄人的彩墨瓶花作品。

三、感悟尝试

1. 尝试水墨画瓶花。

2. 彩墨瓶花渲染。

四、互动交流

1. 学生交流讨论画哪一种花，说说花的花形特点。

2. 学生交流自己在画的过程中如何用笔、用墨。

3. 学生再创作绘画。

五、归纳评价

1. 给自己作品取名，达到更深一步认识花的作用。

2. 了解自己作品的成功处。

3. 学生学习任务掌握情况汇报。

4. 评价内容：

（1）画面中浓淡墨色运用是否合理。

（2）墨色的交融是否使画面更丰富。

（3）花瓶的表现方式是否多样。

（4）花卉组合是否富有变化。

（5）构图是否饱满。

（葛　涛）

第24位

快乐体育：让学生在课堂中真正享受体育

快乐体育是体育教学的追求所在，目的在于让学生在快乐的气氛中接受知识、学会方法。它重视体育课中所具有的独特乐趣，以此来满足运动的欲望，发展体力和智力，驱散疲劳和烦恼，真正做到“课伊始、趣已生；课进行、趣正浓；课结束、趣犹存”。在小学体育课实施中，特别强调情境的创设，重视营造良好的氛围，让学生体验上体育课的乐趣，营造出生动活泼的教学氛围。

教学主张：快乐体育

跨入21世纪，学校体育教育必须适应学生身心全面发展的需要，应在社会健康观和体育观的基础上形成新的体育思想。所以，快乐体育思想就运用而生，它是时代的产物，是时代精神的反映，是与整个社会政治、经济、文化离不开的，特别是与当前进行“二期”课程改革以及整个体育的改革与发展紧密联系的。

快乐体育是体育教学的目标所在，追求所在，目的在于让学生在快乐的气氛中接受知识，学会方法。它重视体育课中所具有的独特乐趣，以此来满足运动的欲望，发展体力和智力，驱散疲劳和烦恼。真正做到“课伊始、趣已生；课进行、趣正浓；课结束、趣犹存”。教学过程是一个教与学的双边活动，教学过程中，教师的热情唤起了学生的学习兴趣，学生的兴趣又作用于教师的热情。教师“乐教”，学生“乐学”，两者有机地结合在一起，就能够成为“教与学”的最佳点，取得教学的最佳效果。教师必须从传统的师生关系中解放出来，变“尊师”、“爱生”的单向行为为民主和谐、互尊互爱、平等合作的新型师生关系。

一、课伊始、趣已生

人的情感总是在一定的情境中产生的，良好的教学情境不但能丰富学生的感性知识，而且还能激发其强烈的好奇心。“快乐体育”在小学体育课实施中，特别强调情境的创设，重视营造良好的氛围。让学生体验上体育课的乐趣，从而增强学生自主学习的愿望，激发学生主动参与、合作探究的热情，营造出生动活泼的教学氛围，有利于课堂教学目标的实现。例如：将《立定跳远》设计成"青蛙过荷"的情景，开始让小青蛙们利用短绳做游戏（自由发挥），然后让学生们用跳绳设计、创造出各种图形的荷叶，接着学着小青蛙的样子在荷叶上来回跳动。这样，通过一个简单的教学情景，将所教的技术动作渗透在里面，既使学生体验到学习的乐趣同时也完成了教学目标。游戏是一项学生十分感兴趣的体育活动，它内容丰富多样，形式生动活泼，利于激发学生的学习动机。例如：将障碍跑的教学过程设计成送"鸡毛信"的游戏。铺设垫子作"草地"，把栏架当作"钢丝网"，用两条绳子摆设成一条"小河"，用实心球作"地雷"；让学生进行爬、钻、跨、绕等动作的练习，最后将信送到"目的地"的故事情景。在这样的教学活动中，学生的思维异常活跃，练习的情绪十分高涨，学习的效果也得到极大的提高。体育场地、活动器械，都能以具体感性的形象作用于学生的感官，影响学生的生理、心理，进而感染学生的情绪。但客观的设备本身是没有生命和情感的，这就需要我们体育教师精心的设计和创造，使体育场地、器材"活"起来。根据小学生活泼好动，有意注意持续时间短，所以创设整洁、优美的教学环境，将体育器材摆放成富有情趣的艺术图案，开设"练习超市"供学生自由选择等，都能唤醒和激活他们主动学习的兴趣，使之产生强烈的参与欲望，积极地投入到教学活动中来。如在游戏教学中，教师可变废旧纸箱为"山洞"进行钻山洞游戏，变农用袋为"袋鼠"进行袋鼠跳，变矿泉水瓶和实心球为"保龄球"进行保龄球游戏……五彩的颜色，新颖别致的环境大大增强了学生主动参与的积极性，既锻炼了身体，又启发了学生的创造性思维，真正做到了课伊始、趣已生。

二、课进行、趣正浓

（一）追求开放多样的教学内容

根据儿童好动、好玩的心理特点，每堂课的教学内容要多样化，一般不少于三个项目，各项目的时间安排不宜过长，组织教学要紧凑。即使同一内容的教学也可以从不同的角度切入。例如，在30米跑的教学中，我们可以变换跑的形式，如往返跑、各种姿势的起跑、抢物跑、折线跑、过障碍跑等，丰富教学内容的内涵和外延。做到教学内容游戏化：小学低年级的教学内容一般都比较简单，没有较难的技术，是可以通过游戏的形式进行教学的。把教学内容进行游戏化的改造，让学生在体验乐趣的同时掌握一定的技能。如在进行队列队形练习时进行游戏化改造，学大雁排排队、推火车等形式，提高了学生的练习积极性。

教学内容的单一重复有利于掌握一定的动作技术，但是也易引起学生厌烦，我们可以对多个内容进行一定的循环，每节课可以从不同的点切入，每节课的切入点要有一定的联系和提高。这样每节课渗透一点新的内容，让学生在不知不觉中得到了提高。做到教学内容生活化，许多的教学内容和我们的生活紧密相连，教学内容生活化可以从两个方面切入，一方面我们的教学内容设计的主题更贴近学生的生活实际，如一次郊游，走在平路上——慢跑；爬山——原地高抬腿跑；过独木桥——两手侧平举，足尖跳；盘山道走——曲线行进。另一方面我们可以引用学生日常玩耍中对教学内容有帮助的活动，如打沙包、跳皮筋等。

（二）通过游戏竞赛来激发学生的练习兴趣

体育教学与其他教学不同之处甚多，其区别主要在于，室外课较多，学生活动情况明显，对此，在体育教学中，多利用游戏练习，使学生始终处于一种“角色情境”中，创设一种宽松、活泼和谐的教学氛围，就能充分发挥学生的主动性、积极性、兴趣性，提高教学质量。例如，在投实心球练习中，我们先让学生练习投较轻的物体“篮球”作为游戏教具，学生兴趣盎然，跃跃欲试，并在游戏中领会了技术要领，体验蹬腿、收腹、挥臂，顺利地掌握了技术动作。又如在上短跑教学中，我们多利用“迎面接力赛”、“50米往返接力”、“障碍跑”等。又如，“大鱼网”的游戏，学生初做会觉得有意思，再做就开始觉得单调，有些乏味，不再吸引他们。为此，我把游戏改为“聪明的小鱼”，再精心设计场地。创设了“大海”的景象，跳箱作“礁石”，垫子作小鱼的家，还有水草、渔网，老师当渔夫，学生是大海里自由自在的小鱼，并在游戏中启发他们通过大家的智慧，如何不被渔夫抓住，如何去救被抓住的小鱼。再加上老师的表情动作，会给儿童带来一定的情绪色彩。虽然这是一个奔跑游戏，有一定强度，但在游戏中，他们的表情却是兴奋、欢快的，忘记了疲劳，连一些平时不好动的学生都要求：“我们再做一次吧！”练习形式活了，气氛也活了，使学生在兴趣盎然中学习，收获甚多，也培养了学生的主动性、自学性，发展了创造能力，从而达到“我想学”、“我要学”、“我会学”、“我爱学”的效果。

三、课结束、趣犹存

课堂教学结束后，教师、学生的评价都能让学生从成功中体验快乐。法国教育家第斯多惠说："教学的艺术不在于传授的本领，而在于鼓励、唤醒、鼓舞。" 首先，课堂教学中体育教师应运用鼓励性评价方式，即用肯定、鼓励、尊重、信任的语言，对学生的行为表现进行评定。鼓励性评价能使学生改变消极的自我概念，增强其参与的信心和主动性。如：试一试，老师相信你能行；勇敢一点你一定能跳过去；你重新再做一次，改过来好不好等。激发学生学习的强烈动机，产生更大的学习兴趣。除此以外，还可以通过小组竞争等方式，鼓励学生的勇气，激发学生的热情。使学生在超越自我、战胜他人的过程中享受达到目标的快乐和获得成功的喜悦。其次，学生互评可以使学生了解自己无法知道或体验的效果。如：在做"前平举和侧平举"的时候，学生可通过同学的评价来了解自己所做动作的到位率。通过及时的评价和反馈的信息来提高自己动作质量，从而提高了课堂教学效果。学生互评不仅使学生参加体育活动的热情提高了，同时还培养了学生积极思考、仔细观察的能力和语言表达能力，并且促进学生之间的合作与交往，学生社会交往能力也得到充分的培养。最后，学生自评是学生自我认识、自我教育的方法，是教师掌握学生学习兴趣的直接来源。是改进教学的动力和手段，有利于解决学生学习中"要我学"和"我要学"的矛盾转变，改变了学生被动学习，体现了学生主体性，对改善教学效果提高教学质量起到重要作用。自我评价也是培养学生健康心理素质的一条重要途径。这样，一节课下来，学生会感觉真快啊，刚刚开始玩一会儿怎么已经下课了，真正做到了课结束、趣犹存。

快乐体育是体育教师追求的目标，也是体育教学的最大成功之一，在实践中要不断探索、不断学习、不断努力，要在体育教学中增强意识、开拓思路、寻找方案、追求实效，让学生在体育课堂中，真正享受体育的快乐。总而言之，我们在教学中采用了一些新的手段和方法，培养其良好的兴趣和养成锻炼的习惯，使学生身心得到健康全面的发展和培养，提高学生的兴趣，是关键之所在，最大限度地调动了学生的能动性、主动性，调动教师因势利导，在体育教学中进行德育渗透，在体育中进行智育教育。

教学建模：创设情境——体验乐趣——主动参与——延伸快乐

快乐体育是体育教学的目标所在，追求所在，目的在于让学生在快乐的气氛中接受知识，学会方法。它重视体育课中所具有的独特乐趣，以此来满足运动的欲望，发展体力和智力，驱散疲劳和烦恼。真正做到"课伊始、趣已生；课进行、趣正浓；课结束、趣犹存"。

"创设情境——体验乐趣——主动参与——延伸快乐"快乐体育教学模式就是教师通过创设生动的教学情境，教师进行开放性的引导，让学生体验上体育课的乐趣，从而增强学生自主学习的愿望，激发学生主动参与、合作创新的热情，营造出生动活泼的教学氛围，有利于课堂教学目标的实现。

一、情境导入，激发兴趣

游戏是一项学生十分感兴趣的体育活动，它内容丰富多样，形式生动活泼，利于激发学生的学习动机。例如：在《立定跳远》的教学中，教师首先进行导入："小朋友，你们知道小动物是怎么走路的吗？"学生马上说出各种动物的名字，并且模仿各种动物走路的样子。在这样的教学活动中，学生的思维异常活跃，练习的情绪十分高涨，学习的效果也得到极大的提高。

二、形式多样，体验乐趣

根据儿童好动、好玩的心理特点，每堂课的教学内容要多样化，即使同一内容的教学也可以从不同的角度切入。例如，在《立定跳远》的教学中，我们可以变换形式，如一组一起进行、两人一组等，丰富教学内容的内涵和外延。

三、主动参与，游戏竞赛

体育教学与其他教学不同之处甚多，其区别主要在于，室外课较多，学生活动情况明显，对此，在体育教学中，多利用游戏练习，使学生始终处于一种“角色情境”中，创设一种宽松、活泼和谐的教学氛围，就能充分发挥学生的主动性、积极性、兴趣性，提高教学质量。例如，在《立定跳远》练习中，我们利用两人一组决出的优胜，进行最终的PK赛、挑战赛，学生兴趣盎然，跃跃欲试，并在游戏中领会了技术要领，体验蹬地有力、落地平稳、身体协调用力，顺利地掌握了技术动作。

四、自主合作，延伸快乐

通过比赛的方式，不仅可以激发学生的潜能，而且可以形成优良的意志品质。同时也能提高学生的运动技能、规则意识和行为规范，以养成学生之间相互合作、增进交流、共同提高的优良作风。例如，在《立定跳远》中，通过竞赛方式，从而使部分学生的运动潜能得到最佳发挥。还可以使学生明确在创新发展中个体与集体的关系，集体力量是无限的，其意义更深远。

教学设计：《立定跳远》

一、情境导入，激发兴趣

师：小朋友，你们看见小动物们是怎样走路的吗？

生：模仿各种动物走路的样子。

师：下面跟着老师一起来做动物模仿操。

二、形式多样，体验乐趣

师：今天我们学习青蛙的动作。

1. 教师讲解示范动作与要求。

2. 学生探索练习。

3. 请做得好的同学上前演示。

4. 学生分散练习，教师巡视辅导、纠错。

5. 适时给予鼓励。

三、主动参与，游戏竞赛

1. 学生两人一组进行游戏。

2. 胜利的进行最终的PK赛。

3. 表扬优胜和鼓励其他学生。

四、自主合作，延伸快乐

师：今天，我们学习了立定跳远，基本都掌握了动作要领，接下来，我们利用今天学习的本领来个接力赛，看哪组的小朋友最厉害，跳得最远。

1. 教师讲解游戏方法和规则。

2. 学生进行练习。

3. 教师巡视。

4. 小结讲评、表扬优胜。

（叶　青）

第25位

"秀"语文：展现儿童的心灵轨迹

教师要尽可能给学生创造成功的机会。学生站在讲台上的每一次发言，都是对环境的一次适应；每一次完整的发言，都是语言表达能力的一次提高；每一次踏上讲台，对学生来说都是一次胆识的提高、一次新的人生体验。让每个学生都能在课堂上"秀一秀"，积极主动地参与学习，规律让学生去发现，知识让学生去探究，方法让学生去寻找，问题让学生去解决，让学生充分展示自己，充分沉淀自己。

教学主张:"秀"语文

苏霍姆林斯基说:"教育如果没有美,没有艺术,那是不可思议的。"语文教学应努力引领学生进入美的情境,因为美的情境能激发学生情感,帮助学生体验,感受生活情趣。然而,在"应试"教育的指挥棒下,理性认识排挤了感性体验,被动接受压抑了个性自由,学生的个性被压抑得难以忍受,课堂上教师讲,学生听,教师教什么,学生学什么。学生没有积极主动的学习意识和探究精神,以至于出现了一批"目光呆滞、反应迟钝、动手能力差、心理负担重、厌学情绪高"的学生。这不能不引起我们的警觉与深思。在课堂上,我们教师只是一个组织者、引导者、合作者、指导者。学生才是学习活动的主体。教师只有积极引导学生参与到学习活动中去,才能真正发挥他们的积极性和创造力。可是,由于学生个体差异的存在,每个班级里总有一部分学生不愿意或者不主动参与学习活动,课堂上教师指导的学习活动往往演绎成优生或部分中等生的"专场演出",久而久之,导致差生面过大,厌学的学生日益增多,造成恶性循环。这种后果与新课改所倡导的"以人为本,全面发展"的教学理念相悖,不利于全面推行素质教育。认真分析不难发现,造成这种局面的原因主要是这些学生的基础偏差,对自己缺乏自信,不敢大胆在课堂上发表自己的意见。美国教育家杜威曾说过这样一句话:"给孩子一个什么样的教育,就意味着给孩子一个什么样的生活!"的确,孩子的童年生活大部分时间都是在学校中度过的。因此,作为一名小学语文教师,我不能不经常思考着这样一个问题:应该给孩子一个什么样的语文课堂?给孩子什么样的生活?回顾教学实践,感慨颇深,深感我们每一位语文老师有责任给学生营造一个快乐的语文课堂,让课堂成为学生展示自己的舞台,让每个学生来"秀一秀",让学生的心灵在语文课堂上自由翱翔,在语文课堂上度过他们一生中最幸福、最快乐的时光。对此,我采取以下方式来激发他们的参与意识,为学生们塑造个性而存在的,是学生们展示个性的空间,给学生在课堂上展示自我的机会。

一、倾听心声,"秀"个性

语文课上要让每个学生张扬个性,就得蹲下来倾听学生的心声,用"儿童的眼睛和心态"看待"儿童世界"。有个词叫"童言无忌",在平时的语文课中,小朋友会说,"我想变成一朵小荷花","我想请美丽的白雪公主到我家来住","我希望长一对翅膀,到天空中去翱翔"……孩子的心灵是自由的,他们的想象在翻飞,个性在张扬,智慧的火花在炽烈地燃烧,他们并不能意识到自身语言的艺术魅力。而我们教师要和学生的心灵融为一体,始终用微笑来容纳学生的一切,对于小学生的幼稚忽略不计,用一颗宽容、理解的心来对其表现出来的创新思维和想象能力应加以肯定与赞赏:"你真了不起!""你多像一位小诗人呀!""你真会说!""你真棒!""你赛过老师啦!"这种做法就能满足学生内心的自我肯定的要求,强化其积极向上的欲望。"海阔任鱼跃,天高任鸟飞",这支撑宽阔海洋、高广天空的责任则需我们教师来承担。这样,小朋友在课堂上会情绪高涨,都会争先恐后地来大胆地展示自己的才能了。

二、各抒己见,"秀"情感

情感教学是师生之间真诚的情感交流,它可以创造一种轻松自如、气氛活跃、心情愉悦的教学氛围。传统的教学只重视知识传授和技能的培养,忽视了学生在学习过程中的情感体验。在教学中,老师可以借助情感交流有意识地营造适宜的课堂氛围,激励学生各抒己见,切实使学生处于主体地位,保护学生的积极性,允许学生标新立异,使课堂真正成为教师与学生共同商讨的场所。这样,学生在这种和谐的氛围中畅所欲言,尽情讨论,学生的意见得以展现,学生的思想得以交流,学生的潜力得以挖掘,学生的创新能力得以培养，学生真正动起来，课堂真正活起来，课堂效果也就好起来。学生在课堂中张扬个性，展示自我，收获知识，收获成功，收获自信，收获快乐，体现了“以人为本，全面发展”的教学理念。

三、放飞思维，“秀”互动

在语文教学中，构建语义的理解、体会，要引导学生仁者见仁，智者见智，大胆地各抒己见。我们老师应因势利导，让学生对问题充分思考后，学生根据已有的经验，知识的积累等发表不同的见解，对有分歧的问题进行辩论。通过辩论，让学生进一步理解感悟，懂得了知识是无穷的，再博学的人也会有所不知，体会学习是无止境的道理。这样的课，课堂气氛很活跃，其间，开放的课堂教学给了学生更多的自主学习空间，教师也毫不吝惜地让学生去思考，争辩，真正让学生的思维在无拘无束的讨论中碰撞出智慧的火花，给课堂教学注入生机。

四、品味成功，“秀”亮点

在日常教学活动中，我们应该仔细注意学生的一言一行，尤其是要注意观察那些学困生的言行。老师应该有一双善于发现学生美的眼睛，留心学生某一方面的优点、亮点，引导他们参与合适的学习，发挥他们的特长优势。而教师的冷淡、责怪、不适当的批评往往会挫伤学生的自信心，而一旦丧失自信心，那么他们学习的主动性就会大大削弱，当然对语文学习也就提不起兴趣了。所以，作为语文教师应努力创造条件让学困生在语文课堂上获取成功，尝到成功的喜悦，从而激起他们的学习兴趣，让这一部分课堂上的弱势群体动起来，使课堂真真实实地活起来。另外，对于学困生我还经常作出一些激励性的评价。例如：“其实你很聪明，只要多一些努力，你一定会学得很棒。”“这个问题你说得很好，证明你是个爱动脑筋的学生，只要努力，你完全能学得好！”诸如此类的评价，不但承认了学生的进步，而且强化了学生的进步，并使学生在心理上也感受到进步。由此喜欢上语文老师，也喜欢上语文课。

五、走上讲台，“秀”胆识

有的小学生在人前胆怯，不能完整表达自己的想法，语言的流畅性也受到影响；在众人面前，在台上，他们语言表达的完整性、流畅性也都受到明显的影响。这些现象既说明小学生具备了在讲台上发言的生理基础与实践经验，又说明他们的生理基础不成熟，实践经验还不足。这一点正好启发老师让小学生在讲台上发言。但是，教师又不要对他们有太高的期望值，不要急于求成。可以把小学生在讲台上发言的过程，看作是积累实践经验的过程，看作是提高语言表达能力的过程，而不是希望小学生在讲台上像成年人那样胸有成竹，像节目主持人那样挥洒自如。鼓励学生尽最大可能完整地分析一个问题，叙述一件事情，让小学生到讲台上发言，不是为了发言而发言，不是重复教师的话和重复别人讲过的话，也不单纯是为了提高学生的语言表达能力，它是学生在课堂教学中地位转变的一个标志，是学生面向全班同学讲授自己的感受、自己的学习体会、自己的思考、自己的体验。每个人的第一次登台发言都很重要，都能在小学生的心里留下深刻的印象。因此，老师要尽可能给学生创造一个成功的机会。在失败的情况下，不是埋怨，而是帮助学生找出原因，祝学生下一次成功。学生站在讲台上的每一次发言，都是对环境的一次适应；每一次完整的发言，都是语言表达能力的一次提高；每一次踏上讲台，对学生来说都是一次胆识的提高、一次新的人生体验。

总之，要真正让课堂高效，教学过程必然是学生主动参与学习活动的过程。只有在教学过程中，通过老师引导，让所有的学生都能积极主动地参与到学习过程中，规律让学生去发现，知识让学生去探究，方法让学生去寻找，问题让学生去解决，真正确立学生的主体地位，使学生在课堂上充分展示自己，使学生素质得到全面自主的发展，要让我们的语文课堂充满活力就一定要把它变成学生乐于学习的场所，把学习的权利还给学生，让每个学生在课堂能“秀一秀”，让他们的个性在课堂上飞扬。

教学建模：激趣——入境——放飞

“秀语文”是给学生营造一个快乐的语文课堂，让课堂成为学生展示自己的舞台，让每个学生来“秀一秀”，让学生的心灵在语文课堂上自由翱翔，在语文课堂上度过他们一生中最幸福、最快乐的时光。使学生素质得到全面自主的发展，让学生的个性在课堂上飞扬。

“激趣——入境——放飞”阅读教学模式可分为三个阶段：激趣导入，拓展视野——入境感悟，体验快乐——直观形象，创新放飞。具体操作流程如下：

一、激趣导入，拓展视野

在《国庆节的晚上》一课中，我出示了多幅有关“焰火”的图片，穿插于课文教学之间。在导入新课时，出示一大幅天安门广场焰火图，“哇，多美的焰火呀！”学生脱口而出的言语，充分说明了他们的学习劲头有多高，学习兴趣得到激发。接着，在指导朗读重点段落时，展示多幅美丽造型的焰火图。让学生欣赏之后再进行朗读。俗话说“有感而发”，丰富的生活实际给了学生真实的内心感受，情感也自然流露，拓展了孩子们的视野，让小朋友体会到伟大祖国美丽，从而激发了小朋友对祖国的热爱之情。

二、入境感悟，体验快乐

在《国庆节的晚上》一课中，随着一幅幅美丽图画的出示，将学生带入了一个如诗如梦的境界，再加上教师生动的语言描述，一下子就调动起学生学习的兴奋点和激动度，使学生马上进入了状态。在这种强烈的求知欲的促动下，学生的学习点就会始终维持在一定的高度，学习的效果自然会达到最佳，与此同时一种愉悦、和谐的课堂氛围也油然而生了。学生体验到了学习的快乐。

三、直观形象，创新放飞

一年级的孩子还没有完全从幼儿园简单、生动的生活过渡到复杂、抽象的学习活动中来。在课堂中时刻注意运用有趣、能引起学生兴趣的直观形象来开展教学。此刻多媒体的出现就更加加强了这一效果。那鲜艳的色彩，出人意料的动画效果，配合以适当的音乐，恰如其分地表现了课的内容。它深深吸引着上课的孩子，激发起学生高昂的学习兴趣。例如：在学生说话训练时，再让学生逐幅仔细观察图片，分步骤进行说话练习。这样反复多次呈现的画面，让学生记忆犹新，说话的难点也不攻自破了。基于以上几个环节的多媒体运用，使原本短短的一篇课文扩充到庄严的天安门广场，夜空中的焰火，乃至于学生头脑中无限的遐想，让学生展开想象，自由地放飞。让学生的个性在课堂上飞扬，使小朋友的思想感情得到了升华。

总之，我在教学过程一定要让学生主动参与学习活动的过程。让所有的学生都能积极主动地参与到学习过程中，规律让学生去发现，知识让学生去探究，方法让学生去寻找，问题让学生去解决，真正确立学生的主体地位，使学生在课堂上充分展示自己，使学生素质得到全面自主的发展，要让我们的语文课堂充满活力就一定要把它变成学生乐于学习的场所，把学习的权利还给学生。

教学设计：《国庆节的晚上》

教学目标：

1. 能借助拼音读准"国、庆、安、门、广、场、如、美"8个生字的字音，并能在语言环境中正确认读这些生字；在老师的指导下描写"庆、安、门、无"。

2. 能借助拼音读通课文，基本做到不加字，不漏字；了解十月一日是我国的国庆节；

能大致了解课文的内容。

3. 学习课文后，能联系生活说说“节日的晚上，你看到的焰火是什么样的”。

重点与难点：

1. 读准生字的字音。

2. 联系生活展开想象，大胆说话。

课时：1课时

教学过程：

一、激趣导入，拓展视野

1. 请看国庆节晚上美丽的焰火（出示多媒体画面）。提问：小朋友，你们知道这是什么地方，你看到了什么？

2.（窃窃私语）真好看，真漂亮……（请小朋友用一句话说一说）

3. 请大家边看边思考想象，这些焰火像什么？（给一些时间思考）

4. 边看边思考讨论，同桌交流。

二、入境感悟，体验快乐

1. 请再仔细看一下，准备发言。（放大单幅画面，逐幅出示）

2. 交流：

天空中的焰火像菊花。天空中的焰火像流星。天空中的焰火像珍珠……

出示句子：焰火一个接一个，像一颗颗流星，像一朵朵菊花，像一串串珍珠，像一挂挂瀑布……（指导朗读句子）体会国庆节晚上的焰火的美丽、漂亮。同时让小朋友理解为什么这个节日要这么隆重，要燃放这么绚丽多姿的焰火，从而使小朋友从内心产生对伟大祖国的热爱。

三、直观形象，创新放飞

1. 想一想：节日的焰火还有哪些样子？（出示多媒体）

天空中的焰火像一条火龙。天空中的焰火像一串红。天空中的焰火像一条毛茸茸的围巾。天空中的焰火像音乐喷泉。天空中的焰火像一颗颗五角星……

2.（把各单幅图集中在一起，定格出示）请选择几幅连起来说说。

天空中的焰火像（　　　　　），像（　　　　　），像（　　　　　），啊，国庆节的晚

上！……（学生练习说话）

3. 天空中的焰火像一条毛茸茸的围巾，像一串红，又像音乐喷泉……（学生发言十分踊跃）

4. 朗读课文。

师：看到这么美的焰火，你想说些什么？

……

（顾美娟）

第26位

童味语文：追寻适合儿童的课堂教学

教育是为了儿童的，教育是依靠儿童来展开和进行的，从儿童出发的立场鲜明地揭示了教育的根本命义。为了能更好地使学生体会到语文学习的快乐，在愉悦中学到知识，培养各种能力，我们必须了解儿童、研究儿童、掌握儿童的趣向，要在语文课中体现“儿童味”，让童声、童心、童趣在教学中得到真实体现，从儿童的立场出发，努力追寻适合儿童的语文教学。

教学主张：童味语文

成尚荣在《儿童立场》中阐明：教育应是有立场的——尽管你可能不自觉也可能你未思考。毋庸置疑，教育是为了儿童的，教育是依靠儿童来展开和进行的，因此，教育的立场应是儿童立场。儿童立场鲜明地揭示了教育的根本命义，直达教育的主旨。

是的，教育应从儿童出发，这就是教育的立场。我们小学语文教师的任务，是通过文本向学生提供一个更活跃、更开阔的语文实践平台。教师应该自始至终、自觉自愿地成为学生实践的组织者、服务者和帮助者。为了能更好地使学生体会到语文学习的快乐，在愉悦中学到知识，培养各种能力，我们必须了解儿童、研究儿童、掌握儿童的趣向，要在语文课中体现“儿童味”，让童声、童心、童趣在教学中得到真实体现，从儿童的立场出发，努力追寻适合儿童的语文教学。

一、巧设辩论，享受思维激荡的乐趣

儿童争强好胜是他们的天性，而“辩论”给了他们充分展示自我的平台，所以在教学中巧设“辩论”，能调动学生的积极性，激活学生的思维，使学生增加学习的乐趣。通过辩论能使学生对课文重点进行较全面、较深入的分析，而且使学生的语言表达能力、创造性思维和逻辑思维都得到锻炼。

如在教学《大自然警号长鸣》时，结合当前语文二期课改，教师可这样展开教学。

出示辩论题：

师：生活中就是有那么多矛盾的东西，我们人类在发展经济时总免不了要影响到生态环境，那么你认为在当前情况下，发展经济和保护生态环境哪个更重要？

（1）学生开始讨论；

（2）展开辩论。

反方学生也可以这样认为：是发展经济重要，因为经济发展了就可以造出环保汽车一类的东西。人们吃不饱，喝不足，怎么有心思去搞环保。先把经济搞上去了，其他什么都好谈等。

正方学生可以认为在当前形势下保护环境最重要。如果一个国家不注意保护环境，到处都是脏兮兮的，外国人来旅游，还会有好心情吗？下次他们还会来吗？那么这个国家又怎样去发展经济。如果环境不保护，世界就会被破坏，世界被破坏了，那么人类怎么生存，还怎么发展经济！人类连自己的家园都保护不了，又怎能奢谈其他呢……

课上学生争辩得面红耳赤，气氛浓烈，学生的大脑处于高度兴奋状态，激发了学生的感兴趣点，激起了学生主动学习的机制，教学就能达到事半功倍的效果。

又如我在教学四年级第二学期课文《我们家的男子汉》时，全文没有过多的教师的讲解，而是采用了辩论的方法，使整堂课的学习气氛异常活跃。课文主要用三个小故事"他对食物的兴趣"、"他对独立的要求"、"他对父亲的崇拜"来介绍一个天真可爱、个性鲜明的小男孩的形象。教学中在阅读课文后，我让学生说说文中的小男孩给你的初步印象，然后提出了这样的问题：你认为文中的小男孩是不是个男子汉？于是大家议论纷纷，有的人说是的，有的人则说不是。"那好，如果你认为是的，请在文中找出依据，把有关的句子画出来，说说你的理解。如果你认为不是的，同样在文中找出依据，把有关的句子画出来，也说说你的理解。我们来一场辩论会，看哪一方说得有理。"听到这，学生们的情绪一下子被调动了起来，纷纷认真地在书中找了起来，然后展开了激烈的辩论，两方各不相让，都拿出了文中找到的依据去反驳对方，最后由老师进行总结性发言。整堂课大部分时间是在辩论中进行的，学生通过在文中找依据，通过辩论，吃透了课文内容，理解了课文的主旨，在乐趣中学到了知识，锻炼了能力，教学效果非常好。

二、融合音乐、绘画，激发心灵深处的情趣

音乐是人类心灵的诗章，音乐能打动所有真诚而丰富的心灵。音乐也是学生特别喜欢的。用学生熟悉的、喜爱的并且与课文内容有内在联系的歌来进行教学，能让学生在欣赏音乐歌曲的过程中进入或体会到所描绘的境界中去，从情境中与课文中人物的思想、情感产生共鸣，让学生真正进入角色，深深打动学生的内心，激起学生的兴奋点。正如一位名人所说的那样：通过音乐来打动的就是最深刻的主体内心生活。

例如，朱自清的抒情散文《春》，是一篇蕴含韵律美、词汇美、节奏美的"美"文。这样一篇佳作，在教学时就可采用这种方法导入：在板书课题《春》后，让学生齐唱描写春天的歌《滴哩，滴哩》。学生在歌声中创设了春天到来的情景，营造了春天的意境。接着，教师可以这样说："春天在哪里？春天在那绿色的山林里，春天在我们小朋友的心底里，春天也在朱自清爷爷的文章里。让我们一起来领略朱自清笔下的《春》吧！"听罢这席诗意化的导语，学生的学习情绪一下被调动起来了，思维一下子活跃起来，课堂效率也就提高上去了。

又如四年级新教材《我的第一本书》，讲的是一位瘦弱、疲惫的母亲为了生计拚命地工作，自己舍不得花一分钱，而当儿子需要买一本价格不菲的书时，丝毫没有一点吝啬，凑足了钱给他，歌颂了母爱的伟大。教师在一开始放歌曲《烛光里的妈妈》，让学生低声吟唱，教师边范读课文，一下子使学生进入角色，擦出情感的火花，有的学生唱到感动处，还闪出晶莹的泪花。此时学生的情感和思维被调动起来了，整堂课就成了一节生动、感人，甚至是催人泪下的课了。

绘画也是学生喜欢的，直观的绘画能有助于学生对课文的理解，掌握课文的表达方法。我在教学五年级课文《开国大典》时，在讲到天安门广场这部分内容时，采用了这一方法，激起了学生学习的乐趣，收到了较好的学习效果。

课文的内容是这样描写的："会场在天安门广场。广场成丁字形。丁字形一横的北面是一道河……8面红旗迎风招展。"我在学生朗读了这两节后，在黑板上画出了简笔画：先画了一个"丁字形"，然后在"丁"字一横的北面画"一道河"，河上画"五座桥"。在北面画

一座“城墙”，在城墙的中央简笔画一座“城楼”，左右各有4盏“灯笼”和4面“红旗”。然后又在“一横一竖”的交点的南面画一根旗杆……寥寥数笔勾勒出当时举行隆重的开国大典的天安门的场景，学生顿时兴致浓厚。然后向学生讲明介绍一个地方要按照一定的方位顺序写才能使人一目了然。紧接着，让学生根据这种介绍方法，简单介绍自己的教室，这样大部分学生都能抓住方位顺序进行介绍，起到了较好的学习效果，同时又提高了学生的学习兴趣。

三、打破框框，勾起求异出奇的兴趣

“求异出奇”是每个儿童的天性，也最能引发学生学习、探究的乐趣，但我们的许多教师在教学中片面追求所谓的“标准答案”，往往在教学中否定学生的一些具有创意的答案，在无意中抹杀了学生的创造性，自然也抹杀了学生的乐趣。

《葡萄是酸的》这篇课文是一则寓言故事，寓言内容大家都是耳熟能详的。我在对课文进行了细致地分析讲读后，自然而然地回到了寓意上来。我问道：“寓言故事是在一个很简短的故事中蕴含着一个很深奥的道理，那么同学们，学到这你们知道这则寓言故事告诉了我们一个什么道理呢？”同学们思索了一会儿纷纷举起了手。有的说：“我们不能嫉妒别人。”有的说：“我们不能像狐狸一样，得不到的东西，就说他不好。”……反正都在批评、讽刺那只狐狸。也是的，本来狐狸在很多人的印象中都是负面的。我听了，不住地点头，暗想大家学得很认真，这节课的教学效果很好。正想着，突然一个男生站起来说：“我不同意大家的说法，我认为这是只聪明的狐狸，它在面对根本得不到的东西时，为什么一定要伤心呢？它这样说，心里不是得到安慰，它也就快乐了吗？”我刚听他说时，原本想批评他一顿，批评他根本没看懂课文。但听到后面仔细一想，这很有道理啊！我们生活中就是有许多人在面对困难时，在面对失意、挫折时，缺少这种心理暗示，使自己久久生活在郁闷当中，甚至会做出一些极端的事情出来。于是我想何不跳出课文的固有框框，让学生来一场讨论会：狐狸这样做究竟好不好，你同意它这样做吗？结果，同学们发言都特别的热烈，都争着发表自己的观点。原本有些“冷清”的课堂一下子“热闹”起来，求异好奇的儿童的本性一下子爆发出来，因为此时他们不需要担心老师的“标准答

案”了，他们可以有的放矢地发表自己的想法，他们的兴趣一下子提起来了，课堂气氛怎么会不热烈起来呢！ 同时，大家在热烈的讨论中，通过老师的引导，也学到了许多书本上没讲到的人生中的哲理。

四、分层教学，体验获得知识过程的乐趣

在教学中对文本采用分层的教学方法，由易及难，层层递进，使学生容易掌握学习的内容，同时也能体验到学习过程的乐趣，提高学生学习的积极性。

如我在上三年级第一学期第27课《镇定的女主人》一文时，首先让学生默读课文，并思考：当眼镜蛇盘在脚上时，女主人是怎样镇定的呢？划出有关句子，然后进行交流。当学生交流到句子“突然女主人把保姆叫来，低声吩咐了几句”时，我是这样教学的：

出示：突然女主人把保姆叫来，低声吩咐了几句。

学生质疑：

1. 理解“吩咐”的意思；写出几个表示“说”的词语。

2. 了解“吩咐”的具体内容。

（1）课文中没有具体写出女主人吩咐保姆的话，你们认为她会说些什么呢？哪些内容是必须要吩咐保姆的。

（2）小组讨论交流、点评：

女主人把保姆叫来，低声吩咐道：“______________。”

（必须交代清楚：当时发生了什么事、该怎么做。不必说明原因，因为当时情况紧急）

（有一条眼镜蛇盘在我的脚上。（事情）倒一碗牛奶；把牛奶放到阳台上；眼镜蛇到阳台上，马上把门关起来。（方法））

（3）师：不过老师觉得一开始还得提醒她两个字“别慌”。你觉得有必要吗？为什么？

（4）师：用“先……然后……最后……”的句式完整地写下来。

（5）进行交流。

刚刚迈入三年级大门的小学生在表达上有其不同的特点，表现为表达相对较简单，考虑问题不是很全面，往往忽视当时特有的环境等情况。针对这一特点，我进行了分层次的表达训练方法，以真正达到提高学生表达能力的目的。

第一步：理解“吩咐”的意思，并能再写出几个表示说的词语，如“嘱咐”、“嘱托”等。

第二步：进行口头表达训练，让学生说出当时女主人吩咐的内容。

学生的初步交流大都是不全面的，有的甚至忽视当时毒蛇缠在女主人脚上时命悬一线的极其危急的情况，所以，通过学生交流、互相点评，使学生明白女主人吩咐的话应注意这几点：

1. 必须交代清楚当时发生了什么事，考虑到当时情况危急，所以要简洁明了。

2. 讲清要让保姆该怎么做，同样要讲得清楚，但不能啰嗦。

3. 不必说明原因，因为当时情况紧急。

4. 另外，女主人有必要在一开始还得提醒她两个字“别慌”，使保姆有所心理准备，避免由于一时慌张，惊扰毒蛇，造成严重的后果。

这样练习，不但使学生知道表达要结合当时的环境、背景，同时还使学生体会女主人当时身处的环境，有助于学生真正领会女主人智慧、勇敢的特点。

第三步：进行书面表达训练，让学生用“先……然后……最后……”的句式完整地把女主人的话写下来。三年级的学生有时表达不是很连贯，缺少一些连接词把语句有机地联系起来。所以，老师经常有意识地加强这一方面的训练，就能使学生表达更连贯通顺。如此一来，学生能结合女主人当时所处的环境，能较为合理地把女主人吩咐的内容有条理地表达出来，从而体会出女主人的机智勇敢、临危不惧，懂得自己在危急时刻要沉着、冷静，用智慧解决问题的道理。

实施效果与反思：

在教学这部分内容时，我采用了分层次的表达教学方法，提高了课堂实效。学生基本上都能结合当时的环境，连贯而有条理地把女主人吩咐的内容写清楚，达到了提高学生表达能力的目的，同时也提高了学生的学习兴趣，整个过程中学生的表现积极踊跃，达到了较好的教学效果。

站在儿童立场教语文，就是紧贴儿童的心灵层面，以儿童的认知为起点，充分考虑儿童的身心发展规律，将童趣融入课堂，将会使语文课堂教学富有诱惑力，也能更有效地提高儿童的知识水平和各种能力。

教学建模：情景激趣——初读融趣——精读悟趣——延伸展趣

一堂好的语文课应符合儿童特点，上出"童味"来。教学中应从学生的角度出发，充分体现学生的主体地位，激发起学生学习的兴趣，唤起儿童内心求知的欲望，为儿童提供展示自己能力的舞台。而"情景激趣——初读融趣——精读悟趣——延伸展趣"阅读教学模式能从一开始就把学生引入文本中来，再通过初步感知及深入感悟，使学生在文本中自由翱翔，体验课堂教学的快乐。最后进行拓展延伸，进一步丰富学生知识，激起学生探究、求知的欲望。

一、情景激趣

情景导入教学法，是一种通过设置具体的、生动的环境，让学生在课堂教学开始时，就置身于某种与课堂教学内容相关的情景之中，促使学生在形象的、直观的氛围中参与课堂教学。一堂课有一个精彩的开始，就能一下子抓住学生的心，吸引学生的注意力，使他们对于学习产生了浓厚的兴趣，很快进入良好的学习状态。

在教学中，教师根据文本的不同特点，可采用教师生动、优美的语言描绘、音乐、绘画等创设情境，或采用视频、图片等多媒体手段创设情境，也可用现场模拟的方法创设情境，使学生仿佛置身其间，引起学生的情感体验，便于学生对课文主旨的领悟。

二、初读融趣

人们认识一样事物总是先对事物有一个整体的关照，获得一种初步的感知，形成初步的表象，而后深入其理，研究本质。这是认识事物的普遍规律。

因此，在“情境导入”后，进行“初读感知”，使学生理清文本中人物或事物之间的关系，初步了解文本的结构思路，初步感受文本所体现的思想感情，这些对文章的初步的感悟，是进行其他学习的前提。

三、精读悟趣

在“初读感知”后，接下来就是“精读感悟”。学生再读课文，要对文本精读细品，落实语言文字训练，不断提高阅读能力。要紧紧抓住文中的重点字、词，重点语句，重点段落去品味，去感悟，在品味中感受祖国的语言美，体会作者的精妙的谋篇布局，感悟文本体现的思想内涵，从而受到熏陶、感染。这样在“精读感悟”中不但学到了扎实、丰富的知识，而且陶冶了自己的情操。

四、延伸展趣

拓展延伸指的是在课堂教学中，教师依据语文的学科特征、学生的自身特点，引导和激发学生实现知识由课内向课外适当延伸，进行思维的发散性、创造性训练，以拓展学生视野，吸收更多信息和知识的教学过程。拓展延伸内容学生是容易接受，非常喜欢的，用得合理、恰当，能使学生享受到学习的乐趣。

站在儿童的立场上，拓展延伸不但能提高学生的能力，拓展学生的视野，且很能激起学生学习、探究的欲望。它在立足于文本的基础上，又突破了文本的限制，所以，是对文本的有益补充，也有益于学生学到更多、更扎实的本领。

教学设计：《一夜的工作》

一、情景激趣

1. 出示周总理图片，简介周总理。

2. 播放一段《十里长街送总理》的视频。

师：这么多人送别总理，周总理为什么这么受人爱戴呢？

3. 导入新课。

今天，我们一起来学习课文《一夜的工作》，让我们一起来体验一下总理是怎样进行一夜的工作的。（板书课题）

二、初读融趣

1. 朗读《一夜的工作》，一边读一边思考一个问题：课文从哪些方面叙述了周总理一夜的工作？

2. 用笔画出文章的中心句。（"他是多么劳苦，多么简朴！"）

三、精读悟趣

1. 可能有人对劳苦感受特别深，可能有人对简朴感受特别深，好，就把这个词儿抓住，带着这个词儿，再去读书，看看书的哪些句子，让你对这一点有了更加深切的感受，请把它用波浪线划下来。

让学生读出叙述总理工作的语句，并说出这些语句说明了什么？

2. 讨论（教师相机点拨重点语句）：

（1）课文中哪些句子表现了周总理工作的"劳苦"？（板书：工作劳苦）

A."总理见了我，指着写字台上一尺来高的一叠文件……到时候叫你。"

"一尺来高"、"一叠"、"今晚上"说明了什么？（文件多、工作繁重，工作紧张，十分辛苦）

B."他一句一句地审阅……有时问我一两句。"

理解"浏览"

思考：哪些地方可以看出总理不是简单的浏览？

教师相机点拨：找出表现周总理审稿过程中的动词（看、画、想、问）。

这些动词说明了什么？（周总理工作仔细、认真、负责的精神，所有这些都是为了保证文件准确无误，可见工作量之大，十分辛苦）

朗读

他会思考些什么？

C.“喝了一会儿茶……你也回去睡觉吧。”

这段话说明了什么？（总理工作了整整一夜，时间长）下午又要“参加活动”说明了什么？（总理夜以继日地工作，十分辛苦）

总理让别人抓紧时间睡觉与自己不停地工作对比，你想到了什么？（总理关心别人胜过关心自己，无私）

（2）课文中哪些句子表现了周总理生活的“简朴”？（板书：生活简朴）

A.“我走进总理的办公室……如此而已。”

出示总理办公室图片：

“极其简单”是什么意思？（简单到了不能再简单）

给“极其”换个词，比较一下，作者为什么用“极其”？

“如此而已”是什么意思？（仅仅这几样，再没别的东西了）

比较用与不用的区别。

联系生活实际看到的办公室，结合总理“室内陈设及其简单”的办公室，说说你的理解。

指导朗读，进一步体会总理生活的简朴。

B.“值班室的同志送来两杯热腾腾的绿茶……好像并没有因为多了一个人而增加了分量。”

教师设疑激趣：有同学认为，上述这句话意思是花生米跟平时一样多，没有增加分量。你同意吗？为什么？（鼓励学生充分发表看法）

增加了的花生米都可以数得清颗数，说明了什么？（平时没有客人时就更少了）

周总理工作十分劳苦同食物简单的对比，你想到了什么？

3. 作者亲身经历过这件事后，他会想些什么，会说些什么？引读第7、8两节。

4. 你看见了总理怎样的一夜？小结板书。

四、延伸展趣

1. 补充周总理的一天工作时间安排表。（幻灯片出示）

2. 看到这些，你最想对总理说些什么？

（周善清）

第27位

微笑教学：教师就是面带微笑的知识

西方有句谚语说得好："教师就是面带微笑的知识。"的确，微笑是活跃课堂气氛的润滑剂。教师带着微笑出现在课堂上，就会在教与学之间架起一座情感交流的桥梁，就能让学生在愉悦的氛围中享受科学的乳浆。教师灿烂的笑容能给学生带来亲切感，能赢得学生的爱戴。在这里，我要高声呼吁：请把微笑带进课堂。

教学主张：微笑教学

刚毕业任教六年级的时候，我发现大部分同学有很多不良习惯，如上课开小差、同学间斤斤计较、不会尊重老师等等。看到同学们的种种不良习惯，我整日里难有一丝笑容。作为一名教师，要让每一堂课让学生深受喜爱，实属不易。这么多年来的教学生涯使我深切体会到只有充分调动学生积极性，激活学生参与意识和参与热情，使学生成为学习的主体，让学生笑眯眯地学习，才能取得良好的教学效果。

“以人为本”，创造一个和谐、活跃、幽默的课堂气氛是关键，怎样创设这样一个和谐、轻松的课堂氛围呢？从教二十年，我有我的教学主张——微笑教学。

西方有句谚语说得好：“教师就是面带微笑的知识。”教育心理学家说：微笑是活跃课堂气氛的润滑剂；老师带着微笑出现在课堂上，就会在教与学之间架起一座情感交流的桥梁，就能让学生在和蔼亲切的愉快的气氛中喝下科学的乳浆。的确，微笑能够在师生之间架起一座沟通情感的桥梁。老师灿烂的笑容，能给学生带来亲切感，能赢得学生的爱戴，也是一个学生的期望和需要。在这里，我高声呼吁：请把“微笑”带进课堂。

一、微笑可以促进和谐融洽的师生关系，是沟通师生关系的桥梁

教育是一种需要心灵参与的活动，教育效果如何，是由学生内心的认同度决定的。微笑面对学生，做学生喜爱的老师。老师微笑着给学生们上课，可以消除学生们的紧张情绪，深感老师的亲切，使学生会慢慢地喜欢你，从而喜欢听你所教授的课程。课堂上

态度和谐，面带微笑，师生关系融洽，学生乐意与老师交流，心智被启动，思维被激活，学习活动自然愉悦、轻松。如果教师的教育行为能让学生感到快乐，学生就会按照教师的要求塑造自己。所以教师要用自己的微笑服务创造和谐、友善的教育环境，在教师与学生之间搭建沟通心灵的桥梁，缩短师生间的距离，用微笑去打动学生的心灵。也许有人会说，这样做会不会导致学生不怕老师，纪律涣散呢？不会，恰恰相反，这样做能使学生更集中注意力。老师在课堂上能恰到好处的微笑，学生在精神上能很轻松，能大胆思考大胆发言，能畅所欲言，学生往往在这样的气氛中"发了光"。就这样，教师可以更好地、更及时地了解学生，获得反馈，进而有针对性地进行指导，对自己的教学进行调整。在微笑之中，师生之间心与心相连，师生关系融洽，学生尝试到成功的滋味，更有了信心。教师微笑的表情，幽默的语言有利于吸引学生注意力，我认为能让学生"笑眯眯学习"就是快乐教学。

有一次带班主任时发现教室里太脏了，有一大团餐巾纸，便问学生："谁扔的？"没有一个学生回答，连班干部也说不知道。于是我很恼火，但学生对我的发火却毫无反应。这件事也就拖到了下课。课后在办公室，正当我静思苦想，想着总得为这件事怎样画上"解决"的句号时，有个平时很愿意和我闲聊的学生跑来告诉我："老师，您好，刚才您太严肃了，我们都害怕，不敢说话，我喜欢看到老师露出快乐的笑脸！"哦！我一下子开窍了。最后一节课上我真诚地向同学们道歉，将刚才那位学生跟我说的话以纸条的形式在班上宣读，同时向同学们检讨自己的过失，并决心在今后的教育教学过程中改进自己的教育教学方法，话音刚落，掌声四起，场景很感人。更想不到的是有一位同学站起来说："那团纸是我扔的，当时看到老师很凶，因为害怕不敢承认。"当场我表扬了这位同学。

后来，我经常深入学生中间，与他们交流，了解他们的内心世界，建立好师生关系。教育教学过程中对学生我耐心辅导，循循善诱，学生进步了，多鼓励和表扬；学生犯错了，以慈母般和蔼可亲的教育，使他们晓之以理，动之以情，心悦诚服接受教育。课堂上总是面带微笑地对他们，让他们看到在鼓励里面有一张真诚可亲的笑脸，让他们感受到赏识后的会心一笑。日转星移，我的改变使学生变得爱回答问题，有什么疑难问题也敢向老师请教。从此，班上的纪律也渐渐好转。微笑效应也结出了丰硕的成果，班上学生的成绩有了显著提高。

二、微笑可以增强学生克服困难的勇气，成为学习的主人

在教学生涯中，碰到过太多各种各样的学生，尤其是面对那些不爱学习的、成绩糟糕的学生，一定要用微笑而不是嘲笑的态度面对他们，要在微笑中纠正学生各方面的错误。动之以情的微笑，真正地爱学生，才能正确引导学生，挖掘出学生的潜能。老师的微笑可以使学生心情愉悦；老师的微笑可以给学生增添信心；老师的微笑可以激发学生的学习兴趣；老师的微笑可以打开学生封闭的心扉！既然老师的微笑有如此重要的作用，何不让微笑走进课堂呢？

今年，一（6）班的一位胆子很小的小朋友站起来却始终不敢回答问题，怎么办呢？我利用下课有意无意找他说说话，让他感觉我很喜欢他。时机成熟，我在课上请他回答问题时他还是胆怯，于是我在适当的时候给他一个微笑，一次、两次……通过多次的锻炼，最起码，他现在在我的课上能回答问题，有时还自己主动举手呢？

微笑，并不费力，但它具有无限的力量。因为老师的笑容，学生上课时少了拘谨，内向的学生也敢发言了；因为老师的笑容，活跃了课堂氛围，学生可以无拘束地发表自己的见解，轻松愉快地获取知识；因为老师的笑容，让学生感到亲切，从而愿意把心中的秘密告诉老师，使老师能走进他们的心灵，成为他们的朋友。 在学生看来，老师的微笑是对学生的信任、理解、鼓励、动力、支持、宽容和友爱；老师的微笑是学生心中一朵圣洁的百合；老师的微笑是学生心田一泓透亮的甘泉；老师的微笑是学生克服困难的力量。因为老师的微笑是最美丽最动人的语言！

前苏联著名的教育家马卡连柯曾经有这样一句话：用放大镜看学生的优点，用缩小镜看学生的缺点魅力。何况，新时代的教师更应该具有一颗宽容的心。在教学中，不妨多笑一笑。因为，你的笑对学生很重要！

三、微笑可以促进教学发展，提高课堂教学效果

人非草木，孰能无情，教师也难免在生活中遇到这样那样的烦恼，但是，这烦恼不

能带进校园，更不能带进课堂。学会微笑，学会坦然，才能做好其他事情；课堂里的微笑，能把一切杂念从教室里驱逐出“境”，使教师不易发脾气；使孩子感到亲切、温暖，体会到教师对他们的关怀。教师要把微笑带进课堂，把激情带进课堂，把欢乐带进课堂。甜美的微笑可以使学生心情愉悦，而人只有在愉悦轻松和谐的环境里，思维才表现得最活跃；反之，在压抑的思想环境里，在禁锢的课堂教学气氛里，很难产生创造性思维。因此，在课堂教学中，教师应多给学生营造轻松的课堂氛围，尽可能地说说唱唱、表演表演，一堂课在欢声笑语中结束了。学生在愉悦中获得了知识，在欢乐中锻炼了能力。这样的氛围，也已从单纯的教学主体的微笑，变成了教学双方主体微笑的互动，寓教于乐，既活跃了课堂，又提高了课堂效率，达到了事半功倍的教学目的。何乐而不为呢？

如果说，绿叶是红花的背景；爱是心的背景；那么，“微笑”恐怕是课堂的润滑剂。经历二十年的教学生涯，深感：微笑是激活学生的重要手段；微笑，是课堂高潮迭起的好帮手。我想，微笑，应是人生一道亮丽的风景线。学校需要老师的微笑，学生更需要老师的微笑，一个爱微笑的老师才能教出千千万万个爱微笑的学生。当学生学会微笑时，就已经迈上了成功的第一步。作为教师，我要高声呼吁：不论何种情况下，请把“微笑”带入课堂！请不要总是板着个面孔面对学生！当然，笑必须有度、有时机、有分寸，而非分分秒秒、随处在笑。

教学建模：融情入境——扣准落点——角色共鸣——情感升华

“把微笑带进教室，带进课堂”是教师的基本准则。微笑教学是顺应孩子的天性和心灵需求，鼓励他们表达出真情实感的人性化课堂。“诚于中而形于外。”教师的微笑应该是真诚的，自然的，不能有半点虚假、勉强。我将最美的微笑带入课堂，留给那些需要关爱的稚嫩心灵，创造活泼、充满情趣的课堂。

“融情入境——扣准落点——角色共鸣——情感升华”微笑教学模式即在心理课堂中，教师通过创设合适的教学情境，开放性地引导，让学生主体参与教学全过程，张扬个性，感悟共性，使在场的每一颗童心都飞扬起来。

“融情入境——扣准落点——角色共鸣——情感升华”微笑教学模式大体可分为五个阶段：融情入境，师生互信——扣准落点，创设情景——角色共鸣，感悟共性——心灵碰撞，情感升华。

一、融情入境，师生互信

教师带着真诚、自然的微笑进入课堂，建立师生互信基础。当然，学生的活动也都是在相应的情境中展开的，教师带着微笑带领学生入境，能使学生活动达到最佳状态。因此，在这一阶段，教师要结合教学内容，精心设计游戏导入，带领学生入情入境，让学生对整堂课产生浓厚的兴趣，以兴趣为动力，促进活动的顺利开展，为学生的自主活动奠定基础。

二、扣准落点，创设情景

找准落点，以真实事例的视频为情景，让学生讨论观看后的心得，在情境中获得感知，引人入胜，营造一种“风乍起，吹皱一池春水”的教学氛围。

三、角色共鸣，感悟共性

教师借助情景组织学生进行模拟练习，通过角色换位思考（如果我是小明，当时心里的感受是什么？你会怎么做？），并联系生活实际，唤起学生的角色体验进行教学，引导深入体悟；在此过程中，学生的主体作用得到充分发挥，学生在身临其境感悟共性。

四、心灵碰撞，情感升华

学生由于各自的生活阅历、知识储备和家庭背景的不同，其看问题的角度、眼光也会有所不同，呈现出不同的个性。教师要珍视学生独特的感受、体验和理解。因此，通过头脑风暴，教师鼓励并引导学生发表自己的见解，让学生的心灵在交流中互相碰撞，思想情感得到升华。

教学设计：《学会控制情绪》

一、融情入境，师生互信

首先来识别一些情绪。老师表演，来考考大家是孙悟空的“火眼金睛”呢？还是……

1. 老师做快乐、生气的情绪，指名同学识别出来。

2. 课件出示情绪表情，其他同学来识别情绪。

二、扣准落点，创设情景

1. 观看视频新闻。

2. 同学交流感受。

3. 老师点拨：“悲剧的起因是丢粉笔头等一些琐事，可是酿成悲剧仅仅就是这些琐事吗？”

4. 小结：酿成惨剧的真凶其实是我们的情绪失去了控制。

三、角色共鸣，感悟共性

情境一：

情境二：

模拟练习

情境：……

提问：如果我是小明，当时心里的感受是什么？你会怎么做？

1. 小组讨论：如果我是小明，当时我会怎么做？

2. 指名交流自己的方法。

四、心灵碰撞，情感升华

钉子的启示：……

（1）头脑风暴：给故事写一个结尾。

全班讨论：在故事的最后，同学们认为父亲会和儿子说什么呢？

（2）全班交流。

（李　辉）

第28位

享受数学：体验数学学习的快乐

苏霍姆林斯基曾说过，如果教师不想方设法使学生进入情绪高昂和智力振奋状态，就急于传授知识，那么这种知识只能使人产生冷漠的态度。数学课堂上教师首要任务是营造一个接纳、支持性、宽容的课堂氛围，创设能引导学生主动参与的教育环境，让学生受到激励和鼓舞，进而享受数学：享受数学的乐趣，体会数学带来的快乐，享受数学带来的成功体验以及享受数学的“深刻”。

教学主张：享受数学

长期以来，作为小学学科的数学，一直被认为就是指存在于数学科学体系中的，并经专业人士或专家加工和重新组织的一部分——被精简了的和形象化了的最基础的那一部分。而从作为小学课程的数学性质来看，它具有生活数学的性质，是存在于生活实践活动中的非形式数学，是人们在社会生活的实践活动中获得交流和理解的数学。作为小学学科的数学，更多的是通过教师有效的组织儿童开展充分和积极的数学活动，帮助和引导儿童在实践、操作以及使用具体材料的过程中，获取知识和技能，不断运用数学知识去发现和解决现实问题，并且帮助他们处理由课程其他领域或其他学科提出的问题。使儿童在不断将自己经验“数学化”的过程中，知道要学好数学就要用数学对具体情境进行思考和探索。在这一数学活动过程中，教师的首要任务是营造一个接纳的、支持性的、宽容的课堂氛围，创设能引导学生主动参与的教育环境，让学生在平等、尊重、信任、理解和宽容中受到激励和鼓舞，达到享受数学。

新课程标准的基本理念指出“数学教学是数学活动的教学，是师生之间，学生之间交往互动与共同发展的过程。数学教学要求紧密联系学生的生活实际，从学生的生活经验和已有的知识水平出发，创设各种情境，为学生提供从事数学活动的机会，激发对数学的兴趣以及学好数学的愿望”。我们知道，小学生具有强烈的求知欲和好奇心，要引起学生对学习数学的强烈好奇心和求知欲，关键是要提高学生对数学学习的兴趣、体验学习数学的快乐和增加数学学习的热情。因此，作为一名小学数学教师如何适应改革的形式，如何充分认识自己在数学教育改革中的作用，以及如何通过数学改革切实提高数学教育质量是一个值得深思的问题。我认为转变自己的教学观念，确立全新的教育观在课改中显得尤为重要。其实就是让我们教育者思考这样一个问题：让学生享受数学的乐趣，在学习数学的过程中体会数学带来的快乐，享受数学带来的成功体验，享受数学的"深刻"。

一、享受数学的"乐趣"

苏霍姆林斯基曾说过："如果教师不想方设法使学生进入情绪高昂和智力振奋状态，就急于传授知识，那么这种知识只能使人产生冷漠的态度，而不动感情的脑力活动就会带来疲倦。"小学生的年龄特点和心理特征决定了他们的学习行为要由兴趣主导。虽然数学常常以抽象概括的方式进行形式化的表达，但小学数学教学不应该照本宣科，而应该是"教育状态"下的数学学习。应该让抽象的数学变得鲜活有趣、充满活力。数学来源于生活，生活中处处充满着数学。如教学《大于小于等于》时，可以先让几个小朋友比比身高，再请学生自己拿出长短不一的铅笔，说一说谁比谁长、谁比谁短。由此揭示主题，在数学上我们可以用大于、小于和等于来表示两个物体比的结果。这样，教学中就把数学知识和生活经验相结合，学生学起来轻松主动，又能感受数学学习是自己感兴趣的，是有用的。

二、享受数学的"快乐"

心理学家皮亚杰指出："活动是认识的基础，智慧是从动作开始的。"只有让学生自己经历新知的形成过程，不在教师的指令下默默接受，学生的知识和能力才能同时得到发展，动手操作活动，以动促思，能吸引学生主动参与知识的形成过程，积极进行探究。因此教师要引导学生积极参加操作实践活动，在操作实践活动中理解数学知识，掌握数学思想方法，发展数学思维方式，体验学习数学的快乐。如教学《长度比较》时，学生不难发现长方形纸的长和宽的长短，但在如何比较时，通过实践操作，学生不仅采取了对折法，还用"一拃"来估量。因此，通过动手实践，学生充分开动脑筋的同时，交流表达和实践创新能力也在提高。这样在动手实践的过程，学生才能真切体验到数学学科的魅力，在体验中享受数学学习的快乐。

三、享受数学学习的"成功"

德国著名教育家第斯多惠说过："教育的艺术不在于传授知识和本领，而在于激励、唤醒和鼓舞。"国家新的课程标准又把"情感价值观"作为课程目标之一，且列为最重要、最核心的目标之一。作为教育者的我们更应不断转变观念，在数学教学中关注学生情感态度的发展，让学生在数学学习过程中获得成功的体验，增加数学学习热情。我们知道，教育，是一种温暖的抚爱，"没有爱就没有教育"。因此，教学中，教育者要注重评价。评价是一束赏识学生的灵光，充满了关爱和呵护，真诚地赏识每一位学生的点滴进步，真诚地呵护每一位学生的成长。课堂上要将鼓励的眼神、赞许的话语、积极的评价不时地送给学生。比如，学生回答了有创新的见解，教师可以竖起大拇指或者全班鼓掌表示肯定，低年级学生还可以学着刚才的话再说一遍。当学生的回答不成熟时，教师可以给予鼓励。"你能再想一想吗？想好了待会再告诉我们答案，好吗？""嗯，你真爱动脑，继续努力！""谁来帮帮他回答的更好？"……批改作业在错题上打一个×，只要改对了就把它变成√。每次批改以分数计，如果得了80分，只要改正好的，就在80分的旁边加上20分，也就是加满100分。作业全做对的学生，如果字写得不认真的就只有100分，如果作业全做对，字也写得漂亮并能按照规定时间完成的就在100分旁边再加个☆。如此一来学生劲头十足，作业书写和正确率有很大提高，而且每个学生都感受到成功的体验，同时也在感受着学习数学的乐趣。

四、享受数学的"深刻"

从数学的特点看：数学具有抽象性和逻辑严密性。数学本身是由许多判断组成的确定体系。作为教师要抓住逻辑推理这个关键来进行教学运算，让学生体会到数字之间的微妙关系。在教学过程中强调教学注重发展学生的智力。而从心理学角度来看，智力的核心是思维能力。从小学生的思维特点看：小学生正处在从具体形象思维向抽象逻辑思维过渡的阶段。特别是中、高年级，学生的抽象思维发生了"飞跃"或"质变"。具体地说，10—11岁学生开始能逐步分出概念的本质特征，能初步掌握比较科学的定义，能领会概念之间的逻辑关系，也能独立进行一些简单的逻辑分析，并进行间接的推理（即由几个判断推出新的判断）。因此，我们教师要利用好发展学生形式逻辑思维的有利时期，培养学生学习数学的逻辑严密性，让学生体验到数学知识本身的严谨性和深刻性的同时，培养学生实事求是、诚实守信的人生态度。真正享受数学学习的"深刻"。

数学学习过程是一个习得新本领、获得新知识、培养新能力的过程。作为新一代的教师，只有不断反思自己对新课程的认识，充分认识自己在数学教育改革中的作用，通过数学改革切实提高数学教育质量，在实践中调整和更新自己的观念，让学生轻松地学习数学，让学生真正地享受数学，在快乐的数学学习中获得发展。同时作为教师，也在学生的每次发展中得到进步和提升，在享受数学教学中获得不一样的发展。

教学建模：情境引入——合作探究——巩固训练——拓展延伸

数学教学是数学活动的教学，是师生之间、学生之间交往互动与共同发展的过程。要让学生在享受数学中学习数学，教师要紧密联系学生的生活实际，从学生的经验和已有知识出发，创设有助于学生自主学习，合作交流的情境，使学生通过观察、操作归纳、类比、猜测、交流、反思等活动，获得基本的知识和技能，进一步发展思维能力，激发学生的学习兴趣，增强学生学好数学的信心。

"情境引入——合作探究——巩固训练——拓展延伸"概念课教学模式是采用创设现

实的、有趣的、有思考性的问题情境；然后组织学生自主探索，合作交流，主动获取知识；让学生在经历、体验中逐步抽象、概括出概念的本质属性；最后拓展应用。体现了数学知识来源于实际，又应用到实际中去。这样的教学模式，强调学生的自主意识，在参加数学活动的过程中去感受和体验学习数学的快乐，体现“以人为本”。

“情境引入——合作探究——巩固训练——拓展延伸”概念课教学模式大体可以分为四个阶段：联系生活，引入概念——抽象概括，形成概念——分层训练，巩固概念——拓展延伸，发展概念。

一、联系生活，引入概念

学生的活动离不开具体的情境，都是在相应的情境中展开的。情境对学生的活动具有推动和暗示作用，能使学生活动达到最佳状态。在这样的背景下需要设计以与学生生活贴近的、学生感兴趣的丰富的感性材料为基础引入概念，这样也可以唤醒学生已有的认知经验，为学习新知积累作准备。

二、抽象概括，形成概念

在这一环节教学中，作为教师要组织学生自主探究，积极开展师生交流、生生交流等活动，经历概念的形成过程。在丰富表象的基础上，通过教师组织有效的教学活动，让学生通过亲身经历和体验逐步将抽象的概念进行概括，形成概念的本质属性。这一环节也是课堂的重点，因此教学中要注重提炼过程，要注重引导学生自主体会，真切体验到数学学科的魅力，在体验中享受数学学习的快乐。

三、分层训练，巩固概念

通过多形式、多层次的练习或数学活动，提供学生对所学知识进行应用、理解和巩固的机会，使学生达到对概念清晰认识的目的。练习设计应紧扣知识点，题型也要富有变化，内容更要富有思考性及趣味性，同时，也要注重练习过程中的及时反馈和评价，并做好有针对性的跟踪补缺。当然也可以解决实际生活问题，让学生感受数学知识与生活的密切联系，提高学生应用能力的同时，培养他们的应用意识，体验学习数学的价值，感受着学习数学的乐趣。

四、拓展延伸，发展概念

这一环节是一个概念提升的过程，通过综合性、开放性的练习，提升学生运用概念解决问题的能力，提升学生的思维能力，因此，这一部分的设计要注重综合性、灵活性、应用性。教师可适当设计一些有趣味性且有挑战性的问题让学生自主研究，将课内学习延伸到课外，激发学生的练习兴趣的同时，促进学生思维品质和思维能力的提高。

教学设计：《分拆成几个几加几个几》

教学内容：九年义务教育课本数学二年级第二学期（试用本）P4

教学目标：1. 能将14×6这类表外乘法题拆成两个表内乘法题来完成。

2. 用分拆成几个几加几个几的方法，进一步感知乘法分配律。

3. 学会用递等式的格式书写解题过程。

4. 通过联系生活，解决实际问题，让学生感受数学源于生活。

教学重点：会将14×6这类表外乘法题分拆成两个表内乘法题。

教学难点：会将14×6这类表外乘法题分拆成两个表内乘法题。

一、联系生活，引入概念

1. 出示题目：看谁做得又快又好？

$3\times7+5\times7=$　　　　$4\times8+6\times8=$　　　　$2\times6+7\times6=$

师：谁来说一说你是怎么算的？（鼓励学生用几个几加几个几的形式表达）

2. 课件出示：水果店从海南岛运来了一批无籽西瓜，一共有多少个？

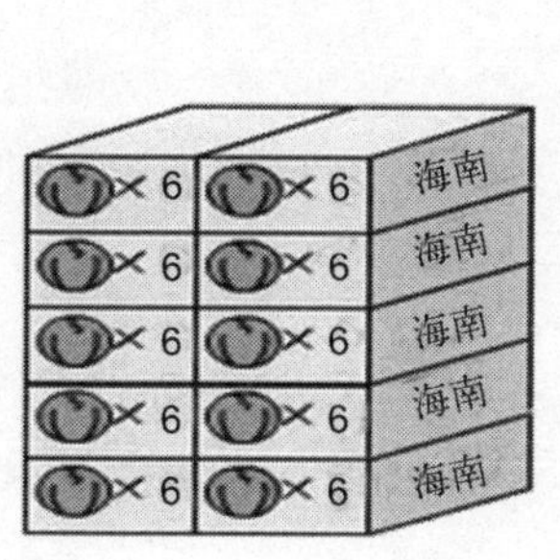

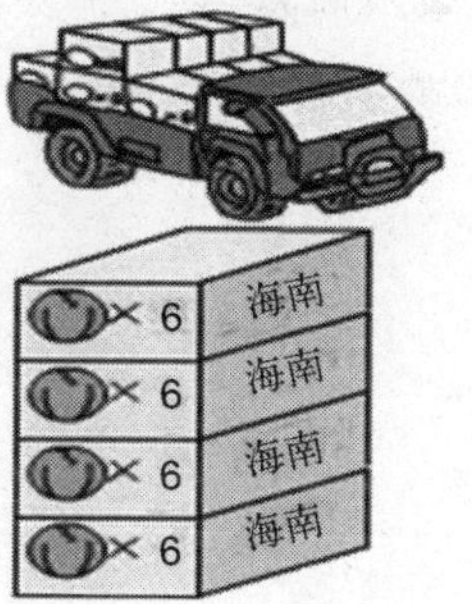

二、抽象概括，形成概念

1. 师：14×6没有口诀，这怎么算呢？请同桌2人合作讨论。

分组交流：将14个6可以分拆成10个6加上4个6。

师：像这样，把十几个几分拆成几个几加几个几的形式，就是我们今天要学习的本领。揭示课题并板书：分拆成几个几加几个几。

2. 学生的方法很多，14个6可以分拆成9个6加5个6，14个6可以分拆成8个6加6个6，14个6也可以分拆成7个6加7个6，重点介绍把14分拆成10和4的计算过程，并介绍表达计算过程的新方法——递等式。

三、分层训练，巩固概念

1. "12×8" 有多种分拆方法，你能接着往下算吗？

12×8	12×8
＝10×8＋2×8	＝6×8＋6×8
＝(　　)＋(　　)	＝(　　)＋(　　)
＝(　　)	＝(　　)

2. 用你喜欢的方法进行分拆计算。

11×4　　　　7×12

3. 解决问题。

（1）新城小区新造一幢16层的小高层，每层有6套居室，这幢楼一共有多少套居室？

（2）二（1）班讲台上摆放了3堆数学练习本，每堆有15本，一共有多少本？

四、拓展延伸，发展概念

用你喜欢的方法来分拆。

22×8　　　　　　　　　　35×6

（马　吉）

后 记

历时一年半时间，几经修改，《微笑不止一个角度：28位教师的教学智慧》终于和大家见面了。

近些年来，我们围绕着提升学校教育品质这一诉求，在学校全面深入推进“微笑教育”。在前行的道路上，我们有欢乐，有兴奋，也有迷茫和困惑，所幸的是我们一直坚持、坚持、再坚持，从一个起点走到另一个起点……

围绕“微笑教育”，我校所有教师都提出了自己的教学主张。这里选出的是其中28位教师的教学主张以及基于教学主张的教学建模和教学设计。《微笑不止一个角度——28位教师的教学智慧》一书是我校“特色学科建设的三棱锥模型及其应用研究”课题研究的成果之一。

当我们打开这本书籍，用心去触摸这些鲜活而智慧的文字，我们内心的尘垢会被轻轻拭去，我们的心灵充盈着感动，我们被文字牵引，我们为教师们的真诚、美好和善良而感动。每一滴水都闪耀着光辉，每一个教学智慧都折射出教师的纯粹。于是，我们发现，虽然他们还未能写出“笔落惊风雨，诗成泣鬼神”的篇章，但我们坚信，只要执着地去做一件事，他们就可以用手中的笔写出使人眼睛发亮的文字。

我们一直认为：教学主张能改变教师的行走方式，为“品质课堂”奠定坚实的基础；

通过教学建模，能促进课堂教学的扎实转型，让教师在转型中实现成长的华丽转身。

《微笑不止一个角度：28位教师的教学智慧》的出版，首先要感谢上海市教育科学研究院的杨四耕老师。他治学严谨，热情悉心，提供了无微不至的专业指引。这本书凝聚了他的智慧和热忱，我们将永远铭记在心。同时，这本书凝聚着袁鹰、王燕、张京芬、韩燕敏、杨钢、周善清、潘福德等编委的心血。我们还要感谢我校的全体教师，他们用智慧、用执着，让一个个鲜活生动的教学主张、教学建模和教学设计跃然纸上，这本书是我校广大教师和管理团队共同努力的成果。

这本书是我们在推进"微笑教育"过程中留下的一点痕迹。我们希望我们的思考能给教育带来一丝光，他者能透过这丝光，欣然前行，到达理想的彼岸！

袁　鹰

2013年8月18日